Bösche
Handbuch für Rats- und Ausschussmitglieder in Nordrhein-Westfalen

Handbuch für Rats- und Ausschussmitglieder in Nordrhein-Westfalen

Kommunalrechtliche Grundlagen

von

Ernst-Dieter Bösche

Bürgermeister a. D.
Stadtdirektor a. D.

1. Auflage 2014

Die Deutsche Nationalbibliothek verzeichnet diese Publikation in der Deutschen Nationalbibliografie; detaillierte bibliografische Daten sind im Internet unter http://dnb.d-nb.de abrufbar.

Alle Rechte vorbehalten.
Nachdruck, auch auszugsweise, verboten.

Ohne schriftliche Genehmigung des Verlages ist es nicht gestattet, das Werk oder Teile daraus in irgendeiner Form (Fotokopie, Mikrofilm oder ein anderes Verfahren) zu reproduzieren oder unter Verwendung elektronischer Systeme zu verarbeiten, zu vervielfältigen oder zu verbreiten.

© Verlag W. Reckinger GmbH & Co. KG, Siegburg, 2014
Umschlaggestaltung: Huwer Grafik Design, Hürth
Druck: ScandinavianBook
Satz: Cicero Computer GmbH, Bonn

ISBN 978-3-7922-0144-2
1. Auflage 2014
www.reckinger.de

Vorwort

Das Handbuch wendet sich an Rats- und Ausschussmitglieder in Nordrhein-Westfalen. Ziel des Buches ist es, den Rats- und Ausschussmitgliedern das kommunalrechtliche Rüstzeug für ihre Mandatstätigkeit an die Hand zu geben.

Schwerpunktmäßig werden neben den Rechten und Pflichten die Verfahrensregeln für die Rats- und Ausschussarbeit, die Zuständigkeiten von Rat und Ausschüssen und das Verhältnis zwischen Rat, Ausschüssen und Bürgermeister bei der Willensbildung und -ausführung im Rahmen der Entscheidungsabläufe dargestellt.

Außerdem enthält das Handbuch ein Schema für den Praktiker zur schnellen und sicheren Prüfung der Rechtmäßigkeit des Sitzungsablaufs und der gefassten Beschlüsse.

Ein umfangreiches Stichwortverzeichnis soll das schnelle Auffinden gesuchter Textstellen erleichtern.

Erftstadt-Kierdorf, Mai 2014   Ernst-Dieter Bösche

Vorwort

Inhaltsverzeichnis

		Seite
Vorwort		5
Literaturverzeichnis		15
Abkürzungsverzeichnis		17
1 Rechtsstellung des Rates		21
2 Rechte der Ratsmitglieder		22
2.1 Allgemeine Rechtsstellung		22
2.2 Einzelnutzbare Rechte		23
2.2.1 Beteiligungsrechte		23
2.2.2 Auskunftsrecht		25
2.2.3 Akteneinsicht		25
2.2.4 Recht auf mindestens eine Ausschussmitgliedschaft mit beratender Stimme		26
2.2.5 Entschädigungsrechte		26
2.2.5.1 Recht auf Aufwandsentschädigung		26
2.2.5.2 Recht auf Ersatz des Verdienstausfalls		28
2.2.5.3 Recht auf sonstigen Auslagenersatz		29
2.2.6 Recht auf ungestörte Mandatsausübung		30
2.3 Sozialnutzbare Rechte		32
2.3.1 Recht auf Fraktionsbildung		33
2.3.2 Recht auf Einberufung des Rates		35
2.3.3 Recht auf Bestimmung von Tagesordnungspunkten		37
2.3.4 Recht auf namentliche oder geheime Abstimmung		38
2.3.5 Recht auf Akteneinsicht		39
2.3.6 Einspruchsrecht gegen Ausschussbeschlüsse		40
2.3.7 Widerspruchsrecht gegen die Einigung über die Verteilung der Ausschussvorsitze		40
2.3.8 Recht auf Stellungnahme des Bürgermeisters zu einem Punkt der Tagesordnung		40
2.4 Ausweitung der sozialnutzbaren Rechte		41
2.5 Rechtsschutz der Ratsmitglieder bei Beeinträchtigung ihrer Rechte		41

Inhaltsverzeichnis

3 Kommunalverfassungsstreitigkeiten 43
3.1 Begriff 43
3.2 Zulässigkeit des Kommunalverfassungsstreitverfahrens 44
    3.2.1 Klageart 44
    3.2.2 Klagebefugnis 46
    3.2.3 Rechtsschutzbedürfnis 46
    3.2.4 Beteiligtenfähigkeit 46
3.3 Relative Seltenheit des Verfahrens 47

4 Pflichten der Ratsmitglieder 48
4.1 Allgemeine Treuepflicht 48
4.2 Besondere Treuepflichten 48
    4.2.1 Verschwiegenheitspflicht 48
        4.2.1.1 Umfang 48
        4.2.1.2 Folgen der Pflichtverletzung 50
    4.2.2 Mitwirkungsenthaltungspflicht bei Interessenkollision .. 51
        4.2.2.1 Umfang und Voraussetzungen 51
        4.2.2.2 Ausnahmen 57
        4.2.2.3 Folgen für den Betroffenen 58
            4.2.2.3.1 Offenbarungspflicht 58
            4.2.2.3.2 Enthaltung von Beratung und Beschlussfassung 59
            4.2.2.3.3 Verlassen des Raumes bzw. Platzes 59
            4.2.2.3.4 Haftung 60
        4.2.2.4 Feststellung des Mitwirkungsverbotes 60
        4.2.2.5 Rechtsfolgen bei unzulässiger Mitwirkung 61
        4.2.2.6: Zusammenfassende Darstellung: Mitwirkungsverbot bei Befangenheit 62
    4.2.3 Vertretungsverbot 63
        4.2.3.1 Umfang 63
        4.2.3.2 Ausnahmen 65
        4.2.3.3 Geltung für sachkundige Bürger und Einwohner sowie Mitglieder der Bezirksvertretungen 65
    4.2.4 Pflicht zur Offenbarung persönlicher und wirtschaftlicher Verhältnisse 65

Inhaltsverzeichnis

5	**Haftung der Ratsmitglieder**	67
5.1	Voraussetzungen	67
5.2	Umfang	67
5.3	Geltendmachung des Haftungsanspruchs	68
6	**Verfahren des Rates**	69
6.1	Geschäftsordnung	69
	6.1.1 Inhalt	69
	6.1.2 Rechtscharakter	69
6.2	Einberufung	73
6.3	Tagesordnung	76
	6.3.1 Festsetzung	76
	6.3.2 Funktion	77
	6.3.2.1 Information der Ratsmitglieder	78
	6.3.2.2 Information der Öffentlichkeit	79
	6.3.3 Konkretisierungsgebot	79
6.4	Beschlussfähigkeit	80
	6.4.1 Grundsatz	80
	6.4.2 Fiktion	81
	6.4.3 Funktionsfähigkeit	82
	6.4.4 Beschlussfähigkeit nach zweiter Ladung	82
6.5	Öffentlichkeit	84
6.6	Ausschluss der Öffentlichkeit	86
6.7	Teilnahme von Nichtmitgliedern an nichtöffentlichen Sitzungen	87
6.8	Sitzungsleitung	87
	6.8.1 Eröffnung	89
	6.8.2 Unterbrechung	89
	6.8.3 Schließung	89
6.9	Ordnungsgewalt und Hausrecht	90
	6.9.1 Allgemeine Ordnungsgewalt	90
	6.9.2 Besondere Ordnungsgewalt	91
	6.9.2.1 Ruf zur Sache	91
	6.9.2.2 Abmahnung	92
	6.9.2.3 Ordnungsruf	92
	6.9.2.4 Wortentzug	92
	6.9.2.5 Entzug der Sitzungsentschädigung	93
	6.9.2.6 Ausschluss aus der Sitzung	93

Inhaltsverzeichnis

7	**Ratsentscheidungen (Beschlüsse, Wahlen)**			95
7.1	Allgemeines			95
7.2	Beschlüsse			95
	7.2.1	Anträge		95
		7.2.1.1	Antragsarten	95
		7.2.1.2	Zeitpunkt und Form der Antragstellung	97
		7.2.1.3	Abstimmungsreihenfolge	98
	7.2.2	Mehrheiten		99
	7.2.3	Abstimmungsformen		100
7.3	Wahlen			101
	7.3.1	Verfahren		102
7.4	Niederschrift			104
8	**Interventionsmittel gegen Rats- und Ausschussbeschlüsse**			106
8.1	Ausführungshindernis			106
8.2	Interventionsmittel gegen Ratsbeschlüsse			106
	8.2.1	Widerspruch		106
		8.2.1.1	Voraussetzung	106
		8.2.1.2	Frist	107
		8.2.1.3	Form	107
		8.2.1.4	Adressat	108
		8.2.1.5	Wirkung	108
		8.2.1.6	Folgen	108
	8.2.2	Beanstandung		109
		8.2.2.1	Voraussetzung	109
		8.2.2.2	Frist	111
		8.2.2.3	Form, Adressat	111
		8.2.2.4	Wirkung	111
		8.2.2.5	Folgen	111
		8.2.2.6	Beanstandung auch noch nach Ausführung des Beschlusses?	112
		8.2.2.7	Folgen der Unterlassung der Beanstandung	112
8.3	Interventionsmittel gegen Ausschussbeschlüsse			113
	8.3.1	Einspruch		113
		8.3.1.1	Berechtigte	113
		8.3.1.2	Voraussetzung	114
		8.3.1.3	Folgen	114
	8.3.2	Beanstandung		115
		8.3.2.1	Voraussetzung	115
		8.3.2.2	Folgen	115

Inhaltsverzeichnis

8.4	Interventionsmittel gegen Wahlen?	115
8.5	Gleichzeitigkeit beider Interventionsmittel	115

9 Dringliche Entscheidungen ... 119
- 9.1 Bedeutung ... 119
- 9.2 Dringlichkeitsstufen ... 119
- 9.3 Zulässigkeit ... 120
- 9.4 Form ... 121
- 9.5 Einzelprobleme ... 121
  - 9.5.1 „Hausieren" mit Dringlichkeitsentscheidungen ... 121
  - 9.5.2 Bestimmung des mitentscheidenden Ratsmitgliedes ... 121
  - 9.5.3 Dringlichkeitsentscheidung in Ausschusszuständigkeiten ... 121
  - 9.5.4 Interventionsmittel gegen Dringlichkeitsentscheidungen (von Bürgermeister und Ratsmitglied) ... 122
  - 9.5.5 Besonderheiten im Eigenbetriebsrecht ... 123
- 9.6 Verfahren nach der Dringlichkeitsentscheidung ... 124

10 Ausschüsse des Rates ... 129
- 10.1 Bildung ... 129
  - 10.1.1 Zahl der Ausschussmitglieder ... 129
  - 10.1.2 Sachkundige Bürger ... 129
    - 10.1.2.1 Sachkundige Bürger nach § 58 Abs. 3 Satz 1 GO ... 129
    - 10.1.2.2 Sachkundige Bürger gem. § 58 Abs. 1 Sätze 7 bis 10 GO ... 130
  - 10.1.3 Sachkundige Einwohner ... 132
    - 10.1.3.1 Bürger als sachkundige Einwohner? ... 132
    - 10.1.3.2 Inkompatibilität sachkundiger Einwohner? ... 132
    - 10.1.3.3 Sachkundige Einwohner in Pflichtausschüssen? ... 133
- 10.2 Personelle Besetzung ... 133
  - 10.2.1 Einheitlicher Wahlvorschlag ... 133
  - 10.2.2 Verhältniswahl ... 134
  - 10.2.3 Bestimmung der Ausschussvorsitzenden ... 136
- 10.3 Nachbesetzung der Ausschüsse ... 139
- 10.4 Verfahren in den Ausschüssen ... 140
  - 10.4.1 Grundsätzliche Anwendung der Ratsregeln ... 140
  - 10.4.2 Besonderheiten ... 140
    - 10.4.2.1 Festsetzung der Tagesordnung ... 140
    - 10.4.2.2 Veröffentlichung der Tagesordnung ... 141

Inhaltsverzeichnis

        10.4.2.3 Beschlussfähigkeit 141
        10.4.2.4 Einberufung zur konstituierenden Sitzung 142
        10.4.2.5 Niederschrift 142
        10.4.2.6 Fraktionen 143
   10.5 Sitzungsteilnehmer 143
        10.5.1 Ordentliche Ausschussmitglieder 143
        10.5.2 Ratsmitglieder 143
        10.5.3 Sachkundige Bürger und sachkundige Einwohner 143
        10.5.4 Bürgermeister und Verwaltungsmitarbeiter 144
        10.5.5 Öffentlichkeit 145

11 Zuständigkeitsordnung (Organkompetenzen) 146
   11.1 Allzuständigkeit des Rates 146
   11.2 Delegationsarten 146
        11.2.1 Gesetzliche Delegation 146
        11.2.2 Gewillkürte Delegation 147
        11.2.3 Gesetzlich fingierte Delegation 149
   11.3 Rückholrecht 149
        11.3.1 Begriff 149
        11.3.2 Zulässigkeit 149
            11.3.2.1 bei gesetzlicher Delegation 149
            11.3.2.2 bei gewillkürter Delegation 150
            11.3.2.3 bei gesetzlich fingierter Delegation 150
        11.3.3 Ausübung des Rückholrechts 151
   11.4 Ausgewählte Zuständigkeitsbereiche 153
        11.4.1 Organisationsgewalt (Organisations- und Leitungsbefugnis) 153
        11.4.2 Personalgewalt 154
        11.4.3 Geschäfte der laufenden Verwaltung 157

12 Beschlussvorbereitung und Beschlussausführung 159
   12.1 Beschlussvorbereitung 159
   12.2 Beschlussausführung 160

13 Stimmrecht des Bürgermeisters 163
   13.1 Grundsatz 163
   13.2 Stimmrechtsausschluss (Mitwirkungsverbot) 163
        13.2.1 Persönliche Ausschließungsgründe im Einzelfall 163
        13.2.2 Genereller Stimmrechtsausschluss 163
        13.2.3 Umfang des Stimmrechtsausschlusses 164
   13.3 Folgen unzulässiger Mitwirkung des Bürgermeisters 166

Inhaltsverzeichnis

14 Stellvertretung des Bürgermeisters 167
  14.1 „Geteilte" Stellvertretung 167
    14.1.1 Allgemeiner Vertreter 167
    14.1.2 Ehrenamtliche Stellvertreter (stellvertretende Bürgermeister) 167
  14.2 Vertretungszuständigkeiten 167
  14.3 Einzelheiten ehrenamtliche Stellvertreter des Bürgermeisters 169
    14.3.1 Allgemeine Stellung 169
    14.3.2 Anzahl 169
    14.3.3 Wahl 170
    14.3.4 Nachwahl 174
    14.3.5 Abberufung 175
      14.3.5.1 Verfahren 175
      14.3.5.2 Folgen 175

15 Bezirksvertretungen kreisfreier Städte 176
  15.1 Selbstorganisationsrecht 176
  15.2 Verfahren 176
  15.3 Aufgaben 177

16 Schema zur sicheren und schnellen Prüfung der Rechtmäßigkeit eines Rats- oder Ausschussbeschlusses 180

Stichwortverzeichnis 183

Inhaltsverzeichnis

Literaturverzeichnis

Articus, Stefan/Schneider, Bernd Jürgen, Gemeindeordnung für das Land Nordrhein-Westfalen, Kommentar, 2. Auflage, Stuttgart 2004.

Bösche, Ernst-Dieter, Kommunalverfassungsrecht in Nordrhein-Westfalen, 3. Auflage, Siegburg 2013.

Erichsen, Hans-Uwe, Kommunalrecht des Landes Nordrhein-Westfalen, 2. Auflage, Siegburg 1997.

Gern, Alfons, Deutsches Kommunalrecht, 2. Auflage, Baden-Baden 1997.

Gönnenwein, Otto, Gemeinderecht, Tübingen 1963.

Handbuch der kommunalen Wissenschaft und Praxis, herausgegeben von *Günter Püttner,* Bd. 1: Grundlagen, 2. Auflage, Berlin, Heidelberg, New York 1981; Bd. 2: Kommunalverfassung, 2. Auflage, Berlin, Heidelberg, New York 1982; Bd. 3: Kommunale Aufgaben und Aufgabenerfüllung, 2. Auflage, Berlin, Heidelberg, New York 1983; Bd. 4: Die Fachaufgaben, 2. Auflage, Berlin, Heidelberg, New York, Tokyo 1983, Bd. 5: Kommunale Wirtschaft, 2. Auflage, Berlin, Heidelberg, New York, Tokyo 1984; Bd. 6: Kommunale Finanzen, 2. Auflage, Berlin, Heidelberg, New York, Tokyo 1985 (zitiert: Bearbeiter, HBKWP, Bd.).

Held, Friedrich Wilhelm/Winkel, Johannes, Gemeindeordnung Nordrhein-Westfalen, Kommentar, 2. Auflage, Wiesbaden 2009.

Hofmann, Harald/Theisen, Rolf-Dieter, Kommunalrecht in Nordrhein-Westfalen, 13. Auflage, Witten 2008.

Kirchhof, Roland, Kreisordnung für das Land Nordrhein-Westfalen, Kommentar, Wiesbaden 1984.

Kleerbaum, Klaus-Viktor/Palmen, Manfred, Gemeindeordnung Nordrhein-Westfalen, Kommentar, Recklinghausen 2008.

Knemeyer, Franz-Ludwig, Bayerisches Kommunalrecht, 3. Auflage, München 1980.

Kopp, Ferdinand/Schenke, Wolf-Rüdiger, Verwaltungsgerichtsordnung, Kommentar, 13. Auflage, München 2003.

Lange, Ulrike, Der hauptamtliche Bürgermeister, Münster 1999.

Maurer, Hartmut, Allgemeines Verwaltungsrecht, 17. Auflage, München 2009.

Literaturverzeichnis

Rauball, Johannes, Reinhard und Werner/Pappermann, Ernst/Roters, Wolfgang, Gemeindeordnung für Nordrhein-Westfalen, Kommentar, 3. Auflage, München 1981.

Rehn, Erich, Geschäftsordnung für Rat und Ausschüsse in Nordrhein-Westfalen, Köln 1979.

Rehn, Erich/Cronauge, Ulrich/von Lennep, Hans-Gerd/Knirsch, Hanspeter, Gemeindeordnung für das Land Nordrhein-Westfalen, Kommentar, Loseblattwerk, Siegburg.

Seeger, Richard, Handbuch für die Gemeinderatssitzung in Baden-Württemberg, 2. Auflage, Stuttgart 1976.

Schmidt-Aßmann, Eberhard, Die kommunale Rechtsetzung im Gefüge der administrativen Handlungsformen und Rechtsquellen, München 1981.

Schmidt-Jortzig, Edzard, Kommunalrecht, Stuttgart, Berlin, Köln, Mainz 1982.

Waibel, Gerhard, Gemeindeverfassungsrecht Baden-Württemberg, Stuttgart/Berlin/Köln/Mainz 1982.

Zuhorn, Karl/Hoppe, Werner, Gemeinde-Verfassung, 2. Auflage, Siegburg 1962.

Abkürzungsverzeichnis

a. A.	anderer Ansicht
Abs.	Absatz
AG	Aktiengesellschaft, Ausführungsgesetz
Anm.	Anmerkung
AO	Abgabenordnung
Art.	Artikel
AS	Amtliche Sammlung
BAG	Bundesarbeitsgericht
BauGB	Baugesetzbuch
BayVBl.	Bayerische Verwaltungsblätter
BayVGH	Bayerischer Verwaltungsgerichtshof
Bd.	Band
BekanntmVO	Bekanntmachungsverordnung
BGB	Bürgerliches Gesetzbuch
BGH	Bundesgerichtshof
BGHZ	Entscheidungen des Bundesgerichtshofs in Zivilsachen
BSHG	Bundessozialhilfegesetz
Buchst.	Buchstabe
BVerfG	Bundesverfassungsgericht
BVerfGE	Entscheidungen des Bundesverfassungsgerichts (amtliche Sammlung)
BVerfGG	Bundesverfassungsgerichtsgesetz
BVerwG	Bundesverwaltungsgericht
BVerwGE	Entscheidungen des Bundesverwaltungsgerichts (amtliche Sammlung)
BW	Baden-Württemberg
Demokratische Gemeinde	Demokratische Gemeinde (Zeitschrift)
ders.	derselbe (Verfasser)
DG	Durchführungsgesetz
d. h.	das heißt

Abkürzungsverzeichnis

DÖV	Die Öffentliche Verwaltung (Zeitschrift)
DSG NRW	Datenschutzgesetz Nordrhein-Westfalen
DVBl.	Deutsches Verwaltungsblatt (Zeitschrift)
E	(amtliche) Entscheidungssammlung
Ebd.	ebenda
EigVO	Eigenbetriebsverordnung
EildStT NRW	Eildienst des Städtetages Nordrhein-Westfalen (Zeitschrift)
EntschVO	Entschädigungsverordnung
Erl.	Erläuterung
ES	Entscheidungssammlung
Fn.	Fußnote
G	Gesetz
gem.	gemäß
GenG	Genossenschaftsgesetz
GG	Grundgesetz
ggf.	gegebenenfalls
GkG	Gesetz über kommunale Gemeinschaftsarbeit
GmbH	Gesellschaft mit beschränkter Haftung
GO	Gemeindeordnung
GV. NRW.	Gesetz- und Verordnungsblatt für das Land Nordrhein-Westfalen
HBKWP	Handbuch der kommunalen Wissenschaft und Praxis
h. M.	herrschende Meinung
i. d. R.	in der Regel
i. e. S.	im engeren Sinne
i. S. d.	im Sinne der/des
i. S. v.	im Sinne von
i.V.m.	in Verbindung mit
JA	Juristische Arbeitsblätter (Zeitschrift)
JuS	Juristische Schulung (Zeitschrift)
JZ	Juristen Zeitung
KAG	Kommunalabgabengesetz

Abkürzungsverzeichnis

KrO	Kreisordnung
KOPO	Kommunalpolitische Blätter (Zeitschrift)
KWahlG	Kommunalwahlgesetz
LBG	Landesbeamtengesetz
LT-Drs.	Landtagsdrucksache
LV	Landesverfassung
LVerbO	Landschaftsverbandsordnung
LVerf. NRW	Verfassung für das Land Nordrhein-Westfalen
m. E.	meines Erachtens
MittNRWStGB	Mitteilungen des Städte- und Gemeindebundes Nordrhein-Westfalen (Zeitschrift)
m. w. N.	mit weiteren Nachweisen
NJW	Neue Juristische Wochenschrift (Zeitschrift)
Nr.	Nummer
NVwZ	Neue Zeitschrift für Verwaltungsrecht (Zeitschrift)
NVwZ-RR	Neue Zeitschrift für Verwaltungsrecht, Rechtsprechungs-Report (Zeitschrift)
NRW	Nordrhein-Westfalen
NWVBl.	Nordrhein-Westfälische Verwaltungsblätter (Zeitschrift)
NZA	Neue Zeitschrift für Arbeitsrecht
OLG	Oberlandesgericht
OVG	Oberverwaltungsgericht
OVGE	Entscheidungssammlung des OVG
pp.	perge, perge
Rn.	Randnummer
S.	Satz, Seite
s.	siehe
SchulG	Schulgesetz NRW
SKV	Staats- und Kommunalverwaltung (Zeitschrift)
SLG	Sammlung
sog.	sogenannte(-n, -r, -s)
StGB	Strafgesetzbuch
StGR	Städte- und Gemeinderat (Zeitschrift)

Abkürzungsverzeichnis

StPO	Strafprozessordnung
StT	Städtetag (Zeitschrift)
u. Ä.	und Ähnliches
u. U.	unter Umständen
v.	von, vom
VerfGH	Verfassungsgerichtshof
VG	Verwaltungsgericht
VGH	Verwaltungsgerichtshof
VerwArch	VerwaltungsArchiv (Zeitschrift)
vgl.	vergleiche
VR	Verwaltungsrundschau (Zeitschrift)
VV	Verwaltungsverordnung
VwGO	Verwaltungsgerichtsordnung
VwVfG	Verwaltungsverfahrensgesetz
z. B.	zum Beispiel
Ziff.	Ziffer
ZPO	Zivilprozessordnung
z. T.	zum Teil

1 Rechtsstellung des Rates

Der Rat ist Organ der Gemeinde.
Der Rat ist Volksvertretung gem. Art. 28 Abs. 1 GG (§ 40 Abs. 2 GO). Im Sprachgebrauch wird der Rat häufig als Kommunalparlament bezeichnet. Dem Rat fehlen aber wesentliche Merkmale eines Parlaments, insbesondere das Recht, Gesetze im formellen Sinne zu erlassen. Da der Rat kein Parlament ist, stehen den Ratsmitgliedern auch die entscheidenden Parlamentarierrechte, wie z. B. Indemnität und Immunität (Art. 46 GG), nicht zu. Ratsmitglieder sind für ihre Äußerungen und Tätigkeiten voll verantwortlich und darüber hinaus sogar in bestimmten Fällen der Gemeinde schadenersatzpflichtig (§ 43 Abs. 4 GO).

Dem Rat kommt insbesondere das grundsätzliche Recht der Beschlussfassung in allen gemeindlichen Angelegenheiten (§ 41 GO) und die Kontrolle der Verwaltung (§ 55 GO) zu. In einigen Fällen wird der Rat sogar als Verwaltungsbehörde tätig und er ist im Rahmen dieser Tätigkeit auch befugt, Verwaltungsakte zu erlassen.

Beispiele für Verwaltungsakte:
Bestellung und Abberufung des Leiters und der Prüfer des Rechnungsprüfungsamtes (§ 104 Abs. 2 Satz 1 GO)[1].
Abberufung von Beigeordneten[2].
Entscheidungen als oberste Dienstbehörde im beamtenrechtlichen Sinne.
Festsetzung eines Ordnungsgeldes gem. § 29 Abs. 3 GO[3].

---

1 Hofmann/Theisen, S. 302.
2 OVG NRW, DVBl. 1981, 879.
3 Rauball/Pappermann/Roters, Rn. 7 zu § 21 (alt).

2 Rechte der Ratsmitglieder

2.1 Allgemeine Rechtsstellung

Ratsmitglieder stehen in einem Sonderrechtsverhältnis zur Gemeinde. Daraus ergeben sich im Vergleich zu den übrigen Bürgern der Gemeinde besondere Rechte und Pflichten. Nach § 43 Abs. 1 GO besitzen die Ratsmitglieder ein freies Mandat – sie sind an Aufträge und Weisungen nicht gebunden. Sie sind lediglich verpflichtet, in ihrer Tätigkeit ausschließlich nach dem Gesetz und ihrer freien, nur durch Rücksicht auf das öffentliche Wohl bestimmten Überzeugung zu handeln. Diese Entscheidungsfreiheit besitzt das Ratsmitglied auch gegenüber der eigenen Partei und Fraktion[4]. Dementsprechend bewirkt auch ein Parteiaustritt oder -wechsel nicht den Mandatsverlust[5]. Bei der Bindung an das „Gesetz" i. S. v. § 43 Abs. 1 GO ist der Begriff „Gesetz" weit auszulegen und als die gesamte Rechtsordnung zu verstehen[6].

Das „öffentliche Wohl" als Leitlinie des Handelns gem. § 43 Abs. 1 GO ist zu verstehen als das gesamtgemeindliche und sogar übergemeindliche Wohl und soll ausschließen, dass das Ratsmitglied nur zugunsten einzelner Personen oder Personengruppen (Parteiangehörige, Wähler) oder gar aus Eigennutz tätig wird.

Ratsmitglieder sind keine Beamten im staatsrechtlichen Sinne, weil sie nicht durch Aushändigung einer beamtenrechtlichen Ernennungsurkunde in ein öffentlich-rechtliches Dienst- und Treueverhältnis berufen werden, obwohl sie überwiegend hoheitliche Aufgaben wahrnehmen.

Sie sind aber „Personen des öffentlichen Dienstes" i. S. v. § 54 StPO[7] und üben ein „öffentliches Amt" i. S. v. § 45 StGB aus[8]. Ratsmitglieder sind keine „Amtsträger" i. S. v. § 11 Abs. 1 Nr. 2 StGB[9].

Der Rat ist als Teil der Exekutive kein Parlament. Folglich sind Ratsmitglieder auch keine Parlamentarier und genießen nicht wie Bundes- und Landtagsabgeordnete Indemnität und Immunität (z. B. Art. 46 GG, Art. 47 LVerf. NRW). Ebenso sind sie nicht wie Landtagsabgeordnete gem. § 36 StGB ohne strafrechtliche Verantwortung. Eine Schadensersatzpflicht aus der Beschlusstätigkeit sieht § 43 Abs. 4 GO ausdrücklich vor.

---

4 OVG NRW, OVGE 10, 143.
5 Rauball/Pappermann/Roters, Rn. 1 zu § 30 (alt).
6 Wansleben, in: Held/Winkel, Erl. 2 zu § 43.
7 OVG NRW, OVGE 9, 92; Smith, in: Kleerbaum/Palmen, § 43 III.
8 Erlenkämper, in: Articus/Schneider, Erl. 2.2 zu § 43, Smith, in: Kleerbaum/Palmen, § 43 III.; Wansleben, in: Held/Winkel, Erl. 3 zu § 43.
9 BGH, NJW 2006, 2050; a. A.: Wansleben, in: Held/Winkel, Erl. 3 zu § 43.

2 Rechte der Ratsmitglieder

Die Ratsmitglieder werden vom Bürgermeister in ihr Amt eingeführt und in feierlicher Form zur gesetzmäßigen und gewissenhaften Wahrnehmung ihrer Aufgaben verpflichtet (§ 67 Abs. 3 GO).

Üblicherweise geschieht dies im Rahmen einer Ratssitzung, i. d. R. in der ersten Sitzung nach der Neuwahl des Rates.

Weigert sich ein Ratsmitglied, sich gem. § 67 Abs. 3 GO verpflichten zu lassen, so verliert es dadurch nicht sein Mandat, da dies als Mandatsverlustgrund im KWahlG nicht vorgesehen ist. Ebenso sind Beschlüsse, an denen das nicht formal verpflichtete Ratsmitglied mitwirkt, nicht rechtswidrig[10].

Bei den Rechten der Ratsmitglieder ist zwischen einzelnutzbaren und sozialnutzbaren (gemeinschaftlich nutzbaren) Rechten zu unterscheiden. Während einzelnutzbare Rechte jedes Ratsmitglied für sich allein in Anspruch nehmen kann, handelt es sich bei den sozialnutzbaren Rechten um solche, die die Ratsmitglieder nur ausnutzen können, wenn sie sich zu einer Gruppe zusammenfinden, deren zahlenmäßige Stärke die GO jeweils bestimmt.

2.2 Einzelnutzbare Rechte

Bei den einzelnutzbaren Rechten sind zu unterscheiden:
- Beteiligungsrechte
- Auskunftsrecht
- Akteneinsichtsrecht
- Recht auf mindestens eine Ausschussmitgliedschaft mit beratender Funktion
- Entschädigungsrechte
- Recht auf ungestörte Mandatsausübung

2.2.1 Beteiligungsrechte

Jedes Ratsmitglied hat das Recht, an Rats- und Ausschusssitzungen teilzunehmen. Sicherlich besteht für das Ratsmitglied gegenüber den Wählern die moralische Verpflichtung, das Mandat auch tatsächlich auszuüben; eine Rechtspflicht, an den Sitzungen teilzunehmen, besteht allerdings nicht. Sie wäre auch wohl als Einengung des freien Mandats i. S. v. § 43 Abs. 1 GO zu werten.

Weiterhin ist jedes Ratsmitglied berechtigt, sich zu Wort zu melden, mit zu beraten und abzustimmen (soweit keine Ausschließungsgründe i. S. v. § 43 Abs. 2 i. V. m. § 31 GO vorliegen) und Anträge zu stellen. Die vom Rat zu erlassende Geschäftsordnung kann dazu nähere Einzelheiten regeln.

---

10 Rauball/Pappermann/Roters, Rn. 11 zu § 32 (a. F.); Rehn/Cronauge/von Lennep/Knirsch, Erl. V zu § 67.

2 Rechte der Ratsmitglieder

Eine einzelnutzbare Antragsberechtigung sieht die GO bereits vor, so kann jedes Ratsmitglied gem. § 48 Abs. 2 Satz 3 GO den Antrag auf Ausschluss der Öffentlichkeit stellen (sozialnutzbare Antragsrechte sieht darüber hinaus § 50 Abs. 1 Sätze 4 und 5 GO vor). Des Weiteren kann jedes Ratsmitglied bei Wahlen gem. § 50 Abs. 2 Satz 1 GO der offenen Wahl widersprechen mit der Folge, dass dann geheim (mit Stimmzetteln) abzustimmen ist.

Während der Antrag gem. § 48 Abs. 2 Satz 3 GO dazu führt, dass der Rat über die Frage der nichtöffentlichen Sitzungsdurchführung entscheidet, zwingt das Widerspruchsrecht gem. § 50 Abs. 2 Satz 1 GO unmittelbar zur geheimen Wahl, ohne dass noch ein entsprechender Ratsbeschluss erforderlich ist. Das Widerspruchsrecht ist also weitergehender als das Antragsrecht.

Nach Maßgabe der Geschäftsordnung haben die Ratsmitglieder ein Fragerecht (§ 47 Abs. 2 Satz 2 GO). Der Rat darf in der Geschäftsordnung nur Inhalt und Umfang des Fragerechts regeln, er kann das Fragerecht aber nicht ausschließen[11]. Inhalt und Umfang des Fragerechts sollen so geregelt werden, dass sowohl den Informationswünschen der Ratsmitglieder Rechnung getragen wird als auch ein geordneter Ablauf der Ratssitzung gewährleistet bleibt.

Außerdem haben die Ratsmitglieder das Recht, in die Ausschüsse des Rates gewählt zu werden (Einzelheiten vgl. 10.2). Darüber hinaus können Ratsmitglieder an den nichtöffentlichen Sitzungen auch der Ausschüsse, denen sie nicht als Mitglieder angehören, als Zuhörer teilnehmen (§ 58 Abs. 1 Satz 4 GO). Ein Anspruch auf Ersatz des Verdienstausfalls und auf Zahlung von Sitzungsgeld entsteht dadurch jedoch nicht (§ 58 Abs. 1 Satz 5 GO). Würde ein Ratsmitglied seine passive Zuhörerrolle verlassen und in der Sitzung mit beraten (oder gar beschließen), so wäre der entsprechende Ausschussbeschluss wegen eines Verfahrensfehlers (Mitwirkung eines Nichtberechtigten) rechtswidrig.

Wird allerdings in einer Ausschusssitzung ein Antrag eines solchen nicht diesem Ausschuss angehörenden Ratsmitgliedes behandelt, so kann es sich gem. § 58 Abs. 1 Satz 6 GO sogar an der Beratung, nicht aber an der Beschlussfassung zu diesem Punkte beteiligen.

Beispiel:
Nach der Zuständigkeitsordnung der Gemeinde X ist der Ausschuss für öffentliche Ordnung u. a. entscheidungsbefugt in Fragen der Straßenbeleuchtung.
Ratsmitglied R., der diesem Ausschuss nicht angehört, hat einen Antrag gestellt, die Brennzeiten der Straßenbeleuchtung grundlegend neu zu regeln.
R. darf in der Sitzung des Ausschusses für öffentliche Ordnung, in der zu dieser Angelegenheit Beschluss gefasst wird, an der Beratung dieser Angelegenheit mitwirken.

---

11 Wagner, in: Kleerbaum/Palmen, § 47, V.3a.

2 Rechte der Ratsmitglieder

2.2.2 Auskunftsrecht

Nach § 55 Abs. 1 Satz 2 GO kann ein Ratsmitglied verlangen, dass der Bürgermeister Auskunft erteilt oder zu einem Punkt der Tagesordnung Stellung nimmt.

Der Bürgermeister muss dem Verlangen ohne Weiteres entsprechen.

Das Auskunftsrecht erstreckt sich auf alle Angelegenheiten der Gemeindeverwaltung. „Stellungnahme" i. S. v. § 55 Abs. 1 Satz 2 GO bedeutet mehr als reine Auskunftserteilung. Die Stellungnahme beinhaltet eine eigene Wertung des Bürgermeisters im Sinne einer Meinungsbekundung[12].

Auch eine politische Bewertung kann dabei vom Bürgermeister verlangt werden. Das Recht, Stellungnahme zu verlangen, ist begrenzt auf Punkte, die bereits auf der Tagesordnung für eine Rats- oder Ausschusssitzung stehen. Eine Stellungnahme kann auch zu mehreren Punkten verlangt werden.

Das Verlangen eines Ratsmitgliedes nach Auskunft oder Stellungnahme zu einem Punkt der Tagesordnung kann aufgrund der weiten Fassung der Vorschrift sowohl während als auch außerhalb von Rats- und Ausschusssitzungen vorgebracht werden[13]. Dies ergibt sich auch aus dem Vergleich mit § 69 Abs. 1 Satz 2 GO, wonach der Bürgermeister auf Verlangen eines Fünftels der Ratsmitglieder oder einer Fraktion verpflichtet ist, zu einem Punkt der Tagesordnung vor dem Rat Stellung zu nehmen.

2.2.3 Akteneinsicht

Nach § 55 Abs. 5 GO ist einem Ratsmitglied auf Verlangen vom Bürgermeister Akteneinsicht zu gewähren.

Das Akteneinsichtsrecht ist aber beschränkt auf Einsichtnahmen, die der Vorbereitung oder der Kontrolle von Rats- und Ausschussbeschlüssen dienen. Der „Vorbereitung von Beschlüssen" dienen Einsichtnahmen, wenn das Handeln der Verwaltung eines vorhergehenden Beschlusses bedarf, der noch nicht vorliegt. Allerdings muss schon ein entsprechender Tagesordnungspunkt für eine Sitzung vorhanden sein, ansonsten würde die Begrenzung („…, soweit die Akteneinsicht der Vorbereitung … von Beschlüssen … dienen") keinen Sinn ergeben.

In der Praxis werden Akteneinsichtsverlangen dieser Art eher selten vorkommen, da der Bürgermeister ohnehin erläuternde Beschlussvorlagen zu anstehenden Rats- und Ausschussbeschlüssen als Beschlussvorbereitung fertigen wird.

---

12 Kleerbaum, in: Kleerbaum/Palmen, § 55 II 2b.
13 Ebd., § 55 II 2d; a. A.: Plückhahn, in: Held/Winkel, Erl. 2.3 zu § 55.

2 Rechte der Ratsmitglieder

Akteneinsicht zur „Kontrolle von Beschlüssen" setzt das Vorliegen eines Rats- oder Ausschussbeschlusses voraus, der vom Bürgermeister noch auszuführen oder bereits ausgeführt worden ist.

Das Akteneinsichtsrecht dieser Art soll das einzelne Ratsmitglied in die Lage versetzen, festzustellen, ob der Rats- bzw. Ausschussbeschluss ordnungsgemäß ausgeführt wird bzw. wurde.

2.2.4 Recht auf mindestens eine Ausschussmitgliedschaft mit beratender Stimme

Außer den stimmberechtigten Ausschussmitgliedern (Ratsmitglieder, sachkundige Bürger) und den beratenden sachkundigen Einwohnern kennt die GO in den Ausschüssen auch noch den Sonderfall des Ratsmitgliedes als Ausschussmitglied mit beratender Funktion. Nach § 58 Abs. 1 Satz 7 GO sind die Fraktionen, die wegen ihrer zahlenmäßigen Kleinheit bei der Ausschusssitzverteilung gem. § 50 Abs. 3 Sätze 2 bis 6 GO keinen Ausschusssitz erhalten, berechtigt, ein Ratsmitglied (oder einen sachkundigen Bürger) zu benennen. Das benannte Mitglied ist vom Rat zum Mitglied des Ausschusses mit beratender Funktion zu bestellen.

Außerdem und auf jeden Fall hat jedes Ratsmitglied das Recht, mindestens einem der Ausschüsse als Mitglied mit beratender Stimme anzugehören (§ 58 Abs. 1 Satz 11 GO).

2.2.5 Entschädigungsrechte

Es sind zu unterscheiden das Recht
- auf Aufwandsentschädigung,
- auf Ersatz des Verdienstausfalls und
- auf sonstigen Auslagenersatz.

2.2.5.1 Recht auf Aufwandsentschädigung

Nach § 45 Abs. 4 GO erhalten Ratsmitglieder eine angemessene Aufwandsentschädigung. Diese Aufwandsentschädigung kann in zweifacher Weise ausgezahlt werden: entweder in einem monatlichen Pauschalbetrag oder zum Teil als Pauschale und zum Teil als Sitzungsgeld für die Teilnahme an Rats-, Ausschuss- und Fraktionssitzungen.

Die Zahl der Fraktionssitzungen, für die ein Sitzungsgeld zu zahlen ist, muss in der Hauptsatzung beschränkt werden (§ 45 Abs. 5 Satz 2 GO). Diese Vorschrift verlangt nicht die Einschränkung der Zahl der Fraktionssitzungen, sondern begrenzt lediglich die Möglichkeit der Zahlung von Sitzungsgeld. Der Begriff „Fraktionssitzung" braucht wegen dieser Begrenzung nicht eng ausgelegt zu werden. Fraktionssitzungen sind auch Sitzungen von Teilen einer Fraktion (Vorstand, Arbeitskreise [vgl. § 46 Abs. 5 GO]).

Bei sachkundigen Bürgern und sachkundigen Einwohnern besteht nur die Möglichkeit, die Aufwandsentschädigung in Form des Sitzungsgeldes (auch für die Teilnahme an Fraktionssitzungen) zu zahlen.

Aufwandsentschädigungen in Form eines monatlichen Pauschalbetrages werden anteilig gekürzt, wenn die Tätigkeit im Verlauf eines Kalendermonats beginnt oder endet (§ 4 Abs. 3 EntschVO).

Die festgesetzten Sitzungsgeldbeträge gelten für eine Sitzung. Wenn eine Sitzungsdauer von insgesamt sechs Stunden überschritten wird, kann höchstens ein weiteres Sitzungsgeld gewährt werden. Bei mehreren Sitzungen an einem Tag dürfen nicht mehr als zwei Sitzungsgelder gezahlt werden (§ 4 Abs. 4 EntschVO).

Beispiel:

Ein Ratsmitglied, das an einem Tag an zwei Ausschusssitzungen und einer Ratssitzung teilnimmt, erhält nur zwei Sitzungsgelder.

Die Entschädigungsverordnung (Rechtsverordnung des Innenministers aufgrund der Ermächtigung des § 45 Abs. 6 GO) setzt die Aufwandsentschädigung verbindlich fest.

Die (ehrenamtlichen) stellvertretenden Bürgermeister (§ 67 Abs. 1 GO) erhalten neben der Aufwandsentschädigung, die ihnen als Ratsmitglied zusteht, eine zusätzliche Aufwandsentschädigung (§ 46 GO). Diese zusätzliche Aufwandsentschädigung beträgt für den ersten Stellvertreter des Bürgermeisters den 3-fachen Satz der Aufwandsentschädigung für Ratsmitglieder; die weiteren Stellvertreter des Bürgermeisters erhalten den 1,5-fachen Satz (§ 3 Abs. 1 EntschVO).

Auch Fraktionsvorsitzende erhalten gem. § 46 GO eine zusätzliche Aufwandsentschädigung in Höhe des 2-fachen Satzes der Aufwandsentschädigung für Ratsmitglieder (§ 3 Abs. 1 EntschVO); Vorsitzenden einer Fraktion mit mehr als zehn Mitgliedern ist der 3-fache Satz als zusätzliche Aufwandsentschädigung zu zahlen (§ 3 Abs. 1 EntschVO).

Bei Fraktionen mit mindestens zehn Mitgliedern hat ein stellvertretender Vorsitzender, bei Fraktionen mit mindestens 20 Mitgliedern haben zwei und bei Fraktionen mit mindestens 30 Mitgliedern haben drei stellvertretende Vorsitzende Anspruch auf eine zusätzliche Aufwandsentschädigung (§ 46 GO). Diese beträgt einheitlich den 1-fachen Satz der Aufwandsentschädigung für Ratsmitglieder (§ 3 Abs. 1 EntschVO).

2 Rechte der Ratsmitglieder

2.2.5.2 Recht auf Ersatz des Verdienstausfalls

Neben der Aufwandsentschädigung erhalten Ratsmitglieder (ebenfalls sachkundige Bürger und Einwohner als Ausschussmitglieder) Ersatz ihres Verdienstausfalls (§ 45 GO). Dieser Ersatz wird nicht nur für die Teilnahme an Rats- und Ausschusssitzungen gewährt, sondern für alle Tätigkeiten, die sich aus der Wahrnehmung des Mandats ergeben, z. B. Fraktionssitzungen, sonstige vom Rat gebilligte Tätigkeiten, wie Dienstreisen. Der Verdienstausfallersatz wird für jede Stunde der versäumten Arbeitszeit gewährt. Entgangener Verdienst aus Nebentätigkeiten und Verdienst, der außerhalb der Arbeitszeit hätte erzielt werden können, bleibt außer Betracht (§ 45 Abs. 1 Satz 2 GO).

Jedes Ratsmitglied (und Ausschussmitglied) hat mindestens Anspruch auf den in der Hauptsatzung festzusetzenden Regelstundensatz, es sei denn, dass sie erkennbar keine Nachteile erlitten haben (§ 45 Abs. 2 GO). Ersichtlich keinen Nachteil in diesem Sinne haben Ratsmitglieder, die wegen eines festen Einkommens keine Verdiensteinbußen durch die Teilnahme an Sitzungen erleiden.

Beispiele:
Rentner, Pensionäre, Arbeitslose, Mitarbeiter des öffentlichen Dienstes.

Der Regelstundensatz hat den Sinn, individuelle Abrechnungen im Interesse einer Verwaltungsvereinfachung zu vermeiden. Es bleibt den Ratsmitgliedern aber unbenommen, einen höheren tatsächlichen Verdienstausfall geltend zu machen. Unselbstständige können diesen höheren Satz durch Bescheinigung des Arbeitgebers nachweisen. Selbstständige haben die Höhe ihres Einkommens und damit des Ausfalls glaubhaft darzulegen. Hierzu genügen auch allgemeine Erfahrungswerte der berufsständischen Organisationen (Kammern, Berufsverbände). Gegebenenfalls sind dabei auch Kosten für eine Ersatzkraft zu berücksichtigen. Aufgrund des glaubhaft gemachten Einkommens wird eine Verdienstausfallpauschale nach billigem Ermessen festgesetzt (§ 45 Abs. 1 GO). Es besteht allerdings kein Anspruch auf Auszahlung der Verdienstausfallentschädigung in der glaubhaft gemachten Höhe, sondern nur ein Anspruch darauf, dass die Gemeinde das Ermessen bei Festsetzung der Pauschale ermessensfehlerfrei ausübt. Die Pauschale ist auf einen Stundensatz umzurechnen.

Gemäß § 45 Abs. 2 GO erhalten Personen, die einen Haushalt mit mindestens drei Personen führen und nicht oder weniger als 20 Stunden je Woche erwerbstätig sind, für die Zeit der mandatsbedingten Abwesenheit vom Haushalt mindestens den Regelstundensatz. Bei einem aus zwei Personen bestehenden Haushalt kommt dies nur in Betracht, wenn mindestens eine Person ein Kind unter 14 Jahren oder anerkannt pflegebedürftig nach § 14 SGB XI ist.

Wenn während der mandatsbedingten Abwesenheit vom Haushalt eine entgeltliche Kinderbetreuung notwendig ist, werden auf Antrag die nachgewiesenen Kosten erstattet. Allerdings werden Kinderbetreuungskosten nicht für Zeiträume erstattet, für die nach § 45 Abs. 2 GO Entschädigung (Verdienstausfallersatz, Haushaltsführungsentschädigung) geleistet wird (§ 45 Abs. 3 GO).

Nähere Einzelheiten kann die Hauptsatzung regeln.

Hinsichtlich des Ersatzes von Verdienstausfall muss die Hauptsatzung festsetzen:
1. den Regelstundensatz (§ 45 Abs. 2 GO) und
2. den Höchstbetrag für die Erstattung des stündlichen Verdienstausfalls (§ 45 Abs. 2 Satz 2 GO).

Darüber hinaus kann die Hauptsatzung festsetzen:
1. den Höchstbetrag für die Erstattung des täglichen Verdienstausfalls (§ 45 Abs. 2 Satz 2 GO),
2. den Höchstbetrag für die Erstattung des monatlichen Verdienstausfalls (§ 45 Abs. 2 Satz 2 GO) und
3. die näheren Einzelheiten bzgl. der Erstattung von Kinderbetreuungskosten (§ 45 Abs. 2 GO).

Soweit die Hauptsatzung keine Festsetzung der stündlichen, täglichen und monatlichen Höchstbeträge enthält, ist eine betragliche Begrenzung der Erstattung des Verdienstausfalls nicht möglich.

2.2.5.3 Recht auf sonstigen Auslagenersatz

§ 45 Abs. 6 GO ermächtigt den Innenminister durch Rechtsverordnung u. a. zu bestimmen, in welchem Umfang neben der Aufwandsentschädigung noch Auslagenersatz zulässig ist. Mit der Entschädigungsverordnung (EntschVO) hat der Innenminister davon Gebrauch gemacht.

Nach § 5 Abs. 1 EntschVO erhalten Ratsmitglieder (und Ausschussmitglieder) Fahrtkosten nach Maßgabe des Landesreisekostengesetzes erstattet, die ihnen durch Fahrten von der Hauptwohnung (nicht Beschäftigungsort) zum Sitzungsort tatsächlich entstehen. Diese Erstattung von Fahrtkosten kann pauschaliert werden. Die Fahrtkostenerstattung für die Benutzung regelmäßig verkehrender Beförderungsmittel kann durch Freifahrscheine abgegolten werden (§ 5 Abs. 2 EntschVO). Für die Benutzung privateigener Kraftfahrzeuge kann eine Wegstreckenentschädigung nach § 6 Landesreisekostengesetz gewährt werden (§ 5 Abs. 2 EntschVO).

Für genehmigte Dienstreisen ist eine Reisekostenvergütung nach dem Landesreisekostengesetz zu zahlen (§ 6 Abs. 1 EntschVO). Neben diesen Reisekostenvergütungen dürfen keine Sitzungsgelder gezahlt werden (§ 6 Abs. 2 EntschVO), sodass für auswärtige Sitzungen Sitzungsgelder nur dann gezahlt werden dürfen, wenn sie vom zeitlichen Umfang die reisekostenrechtlichen Mindestzeiten nicht erreichen.

2 Rechte der Ratsmitglieder

2.2.6 Recht auf ungestörte Mandatsausübung

§ 44 Abs. 2 GO bestimmt, dass Ratsmitglieder (Ausschussmitglieder, Mitglieder der Bezirksvertretungen) einen Anspruch haben, von der Arbeit freigestellt zu werden, soweit es ihre Mandatsausübung erfordert.

Als erforderlich ist eine Freistellung i. d. R. dann anzusehen, wenn die Tätigkeit mit dem Mandat in unmittelbarem Zusammenhang steht oder auf Veranlassung des Rates (des Ausschusses, der Bezirksvertretung) erfolgt und nicht während der arbeitsfreien Zeit ausgeübt werden kann (§ 44 Abs. 2 Satz 2 GO).

Demnach begründet die Teilnahme an Rats- und Ausschusssitzungen, Fraktionssitzungen zweifelsfrei als mit dem Mandat in unmittelbarem Zusammenhang stehend einen Freistellungsanspruch. Gleiches gilt, wenn im Auftrag des Rates oder eines Ausschusses z. B. von einem Mandatsträger gemeindliche Interessen wahrzunehmen sind (z. B. Teilnahme an Besprechungen, Ortsterminen, Empfängen)[14]. Ebenso besteht ein Freistellungsanspruch, wenn das Rats- oder Ausschussmitglied als gemeindlicher Vertreter ein Aufsichtsratsmandat wahrnimmt.

Andererseits werden Freistellungsansprüche nicht begründet für Veranstaltungen, zu deren Teilnahme sich der Mandatsträger eigenveranlasst entscheidet, wie beispielsweise Bürgersprechstunden oder Teilnahme an Vereinsfeierlichkeiten[15].

Auch für die Teilnahme an Fachtagungen der Parteien und parteiinternen Veranstaltungen besteht ebenso wenig ein Freistellungsanspruch wie für die Vor- und evtl. Nachbereitung von Sitzungen[16].

In zeitlicher Hinsicht begrenzt § 44 Abs. 2 Satz 1 GO ebenfalls den Freistellungsanspruch. Er besteht nämlich nur, „soweit" es die Mandatsausübung erfordert. Der Sinn der Vorschrift besteht darin, beim Zusammentreffen einer zeitlich festgelegten Arbeitszeit mit einer festgelegten Verpflichtung zur Wahrnehmung des Mandats der Mandatsausübung in Form der Freistellung den Vorrang einzuräumen[17].

Bei Mandatsträgern, die innerhalb eines vorgegebenen Arbeitszeitrahmens über Lage und Dauer der individuellen Arbeitszeit selbst entscheiden können, ist die Zeit der Ausübung des Mandates innerhalb eines solchen Arbeitszeitrahmens zur Hälfte auf ihre Arbeitszeit anzurechnen (§ 44 Abs. 2 Satz 4 GO). Auch

---

14 Erlenkämper, in: Articus/Schneider, Erl. 4.3 zu § 44; Smith, in: Kleerbaum/Palmen, § 44, IV.1.
15 Erlenkämper, in: Articus/Schneider, Erl. 4.3 zu § 44.
16 Smith, in: Kleerbaum/Palmen, § 44, IV.2 m. w. N.; Erlenkämper, in: Articus/Schneider, Erl. 4.3 zu § 44.
17 BAG, NZA 1994, 854.

der Ersatz des Verdienstausfalls ist in diesem Fall auf diese Weise beschränkt (§ 44 Abs. 2 Satz 5 GO).

Nach § 44 Abs. 3 GO haben die Mandatsträger einen Anspruch auf Urlaub zur Teilnahme an kommunalpolitischen Bildungsveranstaltungen, die der Ausübung ihres Mandats förderlich sind. Der Anspruch besteht auf bis zu acht Arbeitstage in jeder Wahlperiode. Jedoch ist er auf vier aufeinanderfolgende Arbeitstage im Jahr begrenzt. Ein Anspruch auf Lohn oder Gehalt wird durch die GO für die Zeit dieses Urlaubs nicht begründet; es besteht nach der GO also nur Anspruch auf unbezahlten Urlaub. Verdienstausfall und Kinderbetreuungskosten sind allerdings nach Maßgabe der Regelungen des § 45 Abs. 1 bis 3 GO durch die Gemeinde zu ersetzen. Bei Doppelmandaten (z. B. gleichzeitige Rats- und Kreistagsmitgliedschaft) besteht dieser Urlaubsanspruch in jeder Wahlperiode nur einmal (§ 44 Abs. 3 Satz 4 GO). Der Arbeitgeber bzw. Dienstherr darf den Urlaub ablehnen, wenn zwingende betriebliche Belange oder Urlaubsanträge anderer Beschäftigter zum fraglichen Zeitpunkt entgegenstehen (§ 44 Abs. 3 Satz 5 GO).[18]

Ob eine Tätigkeit der Ausübung des Mandats dient, ist im Zweifel vom Rat bzw. Ausschuss zu entscheiden, nicht aber vom Arbeitgeber.

Der Freistellungsanspruch richtet sich grundsätzlich nur auf „unbezahlte" Freistellung. Der Ausgleich für den Mandatsträger geschieht durch den Ersatz des Verdienstausfalls.

Die Ansprüche des Rats- bzw. Ausschussmitgliedes gegenüber dem Arbeitgeber ergeben sich unmittelbar aus § 44 Abs. 2 GO. Insofern wirkt diese Vorschrift unmittelbar in privatrechtliche und öffentlich-rechtliche Beschäftigungsverhältnisse hinein.

Die ungestörte Mandatsausübung wird auch durch das Behinderungsverbot gem. § 44 Abs. 1 Satz 1 GO geschützt. Danach darf niemand gehindert werden, sich um ein Mandat als Ratsmitglied (Mitglied eines Ausschusses, einer Bezirksvertretung) zu bewerben, es anzunehmen oder auszuüben.

Benachteiligungen am Arbeitsplatz im Zusammenhang mit der Bewerbung um ein Mandat oder der Annahme oder Ausübung eines Mandats sind unzulässig. Insbesondere sind Kündigungen oder Entlassungen aus diesem Anlass unzulässig. Entgegenstehende arbeitsrechtliche Vereinbarungen sind nichtig (§ 44 Abs. 1 Satz 2 GO).

---

18 Eingeführt durch „Gesetz zur Stärkung des kommunalen Ehrenamtes und zur Änderung weiterer kommunalverfassungsrechtlicher Vorschriften" vom 18. September 2012 (GV. NRW. S. 421).

2 Rechte der Ratsmitglieder

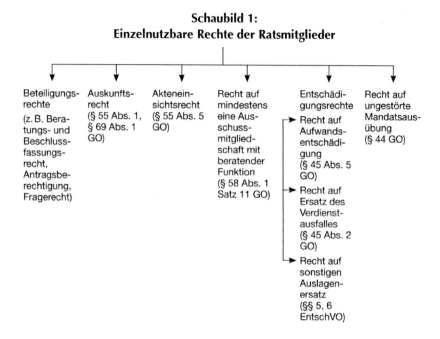

2.3 Sozialnutzbare Rechte

Sozialnutzbare Rechte sind solche, die die Ratsmitglieder nur i. V. m. anderen wahrnehmen können. Die GO bestimmt jeweils, wie viel Ratsmitglieder sich zur Wahrnehmung des jeweiligen Rechts zusammenschließen müssen. Im Einzelnen handelt es sich dabei um folgende Rechte:

- Recht auf Fraktionsbildung (§ 56 Abs. 1 GO)
- Recht auf Einberufung des Rates (§ 47 Abs. 1 Satz 4 GO)
- Recht auf Bestimmung von Tagesordnungspunkten (§ 48 Abs. 1 Satz 2 GO)
- Recht auf namentliche oder geheime Abstimmung (§ 50 Abs. 1 Sätze 4 und 5 GO)
- Recht auf Akteneinsicht (§ 55 Abs. 4 GO)
- Einspruchsrecht gegen Ausschussbeschlüsse (§ 57 Abs. 4 Satz 2 GO)
- Widerspruchsrecht gegen die Einigung über die Verteilung der Ausschussvorsitze (§ 58 Abs. 5 Satz 1 GO)
- Recht auf Stellungnahme des Bürgermeisters zu einem Punkt der Tagesordnung während der Sitzung (§ 69 Abs. 1 und 2 GO)

2.3.1 Recht auf Fraktionsbildung

Gemäß § 56 Abs. 1 Satz 1 GO sind Fraktionen freiwillige Vereinigungen von Ratsmitgliedern (oder von Mitgliedern einer Bezirksvertretung), die sich auf der Grundlage grundsätzlicher politischer Übereinstimmung zu möglichst gleichgerichtetem Wirken zusammengeschlossen haben.

In der Praxis erfolgt die Fraktionsbildung regelmäßig auf der Grundlage gleicher Parteizugehörigkeit. Dies ist aber nicht zwingend. Vorausgesetzt wird grundsätzlich lediglich politische Übereinstimmung mit der Zielrichtung gleichgerichteten Wirkens. Dies bestimmt sich letztlich nach dem Statut des Zusammenschlusses zur Fraktion und der glaubhaften Bekundungen der sich zusammenschließenden Mitglieder[19]. Zugehörigkeit zur selben Partei ist also nicht erforderlich[20].

Ein Ratsmitglied kann immer nur einer Fraktion angehören; es besteht das Verbot der Doppelmitgliedschaft[21].

Nur Ratsmitglieder (Mitglieder einer Bezirksvertretung) können sich nach ausdrücklicher Formulierung in § 56 Abs. 1 Satz 1 GO zu einer Fraktion zusammenschließen. Sachkundige Bürger und sachkundige Einwohner können damit einer Fraktion nicht angehören[22]. Dies folgt auch daraus, dass sachkundige Bürger und sachkundige Einwohner lediglich Ausschussmitglieder sind und in Ausschüssen eine Fraktionsbildung ohnehin nicht zugelassen ist[23]. Eine Fraktion ist zwingend immer Teil des Rates oder einer Bezirksvertretung (§ 56 Abs. 1 Satz 1 GO).

Gleichwohl können sachkundige Bürger und sachkundige Einwohner an den Sitzungen der Ratsfraktionen teilnehmen, wie sich eindeutig aus § 45 Abs. 4 Nr. 2 GO ergibt, wonach sachkundigen Bürgern und sachkundigen Einwohnern für die Teilnahme u. a. an Fraktionssitzungen Sitzungsgeld zu zahlen ist. Ein Stimmrecht haben sie in der Fraktion allerdings nicht[24].

Die Fraktionen wirken bei der Willensbildung und Entscheidungsfindung im Rat mit (§ 56 Abs. 2 Satz 1 GO).

Aufgabe der Fraktionen ist insbesondere „abweichende Meinungen der in der Fraktion zusammengeschlossenen Ratsmitglieder zu einem mehrheitlich für richtig gehaltenen Standpunkt zusammenzuführen, um so durch Vorwegbil-

---

19 OVG NRW, EildStT NRW 2005, 70.
20 Kleerbaum, in: Kleerbaum/Palmen, § 56, II.2.
21 VG Darmstadt, NVwZ 1983, 494 m. w. N.
22 Kleerbaum, in: Kleerbaum/Palmen, § 56, II.4b.
23 Kleerbaum, in: Kleerbaum/Palmen, § 56, II.4b m. w. N.
24 Kleerbaum, in: Kleerbaum/Palmen, § 56, II.4b.

2 Rechte der Ratsmitglieder

dung klarer Mehrheiten die Zusammenarbeit des Rates zu erleichtern und eine zügige Bewältigung der Aufgaben des Rates erst zu ermöglichen"[25].

Wegen des freien Mandats ist allerdings kein Fraktionsmitglied bei Abstimmungen im Rat an die Fraktionsbeschlüsse gebunden.

Zur Fraktionsbildung genügt eine entsprechende Willensbekundung der sich zusammenschließenden Ratsmitglieder[26]. Die Fraktionen müssen sich ein Statut geben, in dem das Abstimmungsverfahren in der Fraktion, die Aufnahme in die Fraktion und der Ausschluss aus der Fraktion geregelt werden (§ 56 Abs. 2 Satz 3 GO).

Mindestens zwei (kreisfreie Stadt drei) Ratsmitglieder können sich zu einer Fraktion zusammenschließen (§ 56 Abs. 9 Satz 2 GO). Die Bildung von Fraktionen ist zeitlich nicht festgelegt. Sie ist während der gesamten Wahlzeit möglich. Ebenso ist die Auflösung einer Fraktion jederzeit möglich. Für die Ratsmitglieder besteht darüber hinaus die jederzeitige Möglichkeit, eine Fraktion zu wechseln oder aus einer Fraktion auszutreten, um fraktionslos zu bleiben. Andererseits ist es auch der Fraktion möglich, einzelne Mitglieder auszuschließen. Die Mitgliedschaft im Rat und in den Ausschüssen wird durch all diese Maßnahmen nicht berührt. Dies ergibt sich aus der Freiheit des Mandats (§ 43 Abs. 1 GO).

Anders ist die Rechtslage allerdings, wenn ein von der Fraktion gem. § 58 Abs. 1 Satz 7 GO für einen Ausschuss benanntes Ausschussmitglied (Ratsmitglied oder sachkundiger Bürger) die Fraktion verlässt. In diesem Falle scheidet das benannte Ausschussmitglied aus dem Ausschuss aus, da durch § 58 Abs. 1 GO ja gerade den im Ausschuss nicht vertretenen Fraktionen ein Mitwirkungsrecht im Ausschuss gegeben werden soll. Dieses Recht ist also ein der Fraktion eingeräumtes Recht, das der Fraktion auch nach Ausscheiden des betreffenden Ausschussmitgliedes aus der Fraktion erhalten bleiben muss.

Der Fraktionsstatus ist bedeutsam für verschiedene Berechtigungen, die die GO für Fraktionen vorsieht:

1. Eine Fraktion hat unabhängig von ihrer Mitgliedstärke sämtliche sozialnutzbaren Rechte, die einem Fünftel der Ratsmitglieder zustehen (wird nachstehend noch erläutert) mit Ausnahme des Rechts, geheime Abstimmung zu verlangen (§ 50 Abs. 1 Satz 5 GO) sowie des Widerspruchsrechts gegen die Einigung über die Verteilung der Ausschussvorsitze (§ 58 Abs. 5 Satz 1 GO).
2. Fraktionen können von der Gemeinde aus Haushaltsmitteln Zuwendungen zu den Aufwendungen für ihre Geschäftsführung erhalten (§ 56 Abs. 3 GO).
3. Fraktionen, die (wegen ihrer relativen Kleinheit) in einem Ausschuss nicht vertreten sind, sind berechtigt, für diesen Ausschuss ein Ratsmitglied oder

---

25 OVG NRW, MittNRWStGB 1975, 192.
26 Rehn/Cronauge/von Lennep/Knirsch, Erl. II.1 zu § 56.

einen sachkundigen Bürger zu benennen. Der Benannte wird dann vom Rat zum Ausschussmitglied mit beratender Stimme bestellt (§ 58 Abs. 1 Sätze 7 und 8 GO).

4. Fraktionen können sich über die Verteilung der Ausschussvorsitze einigen (§ 58 Abs. 5 Satz 1 GO).
5. Fraktionen erhalten im Zugriffsverfahren Ausschussvorsitze und haben das Recht, entsprechend dem Zugriff Ausschussvorsitzende zu bestimmen, soweit die nach § 58 Abs. 5 Satz 1 GO mögliche Fraktionseinigung nicht zustande kommt oder dieser Einigung von einem Fünftel der Ratsmitglieder widersprochen wird (§ 58 Abs. 5 Sätze 1 und 2 GO).
6. Für die Teilnahme an Fraktionssitzungen kann den Fraktionsmitgliedern Sitzungsgeld gezahlt werden (§ 45 Abs. 4 Nr. 1 GO).
7. Die Fraktionsvorsitzenden erhalten eine besondere Aufwandsentschädigung (§ 46 GO).
8. Fraktionen haben das Recht auf öffentliche Darstellung ihrer Auffassung (§ 56 Abs. 2 Satz 1 GO).

Darüber hinaus verleihen die Geschäftsordnungen den Fraktionen weitere Berechtigungen. Zur Wahrnehmung der Fraktionsrechte reicht es aus, dass der Fraktionsvorsitzende diese Rechte im Namen der Fraktion schriftlich oder mündlich geltend macht.

Soweit die Rechte einer Fraktion durch ein anderes Gemeindeorgan beeinträchtigt werden, kann sie vor dem Verwaltungsgericht klagen (Kommunalverfassungsstreitverfahren)[27]. Sie ist gem. § 61 Ziff. 2 VwGO beteiligtenfähig[28].

2.3.2 Recht auf Einberufung des Rates

Ein Fünftel der Ratsmitglieder oder eine Fraktion kann vom Bürgermeister die unverzügliche Einberufung des Rates verlangen. Dabei sind von den Antragstellern die zur Beratung zu stellenden Gegenstände anzugeben (§ 47 Abs. 1 Satz 4 GO).

Es ist unerheblich, ob die angegebenen Beratungsgegenstände bedeutsam oder belanglos sind oder ob eine Entscheidung darüber dringlich oder aufschiebbar ist[29]. Der Bürgermeister muss diese Punkte auf die Tagesordnung der unverzüglich einzuberufenden Sitzung setzen, ohne dass ihm insoweit ein Vorprüfungsrecht zusteht. In diesen Fällen ist das ansonsten bestehende Bestimmungsrecht des Bürgermeisters bezüglich der auf die Tagesordnung zu setzenden Beratungspunkte eingeschränkt (§ 48 Abs. 1 Satz 1 GO). Allerdings darf der Bürger-

---

27 BVerfG, JuS 1987, 62.
28 Stober, JA 1974, 27.
29 Plückhahn, in: Held/Winkel, Erl. 3 zu § 47.

meister einen Antrag bei erkennbarer mangelnder Ernsthaftigkeit (Scherzerklärung) unberücksichtigt lassen. Das Gleiche gilt, wenn der Antrag keinen verständlichen Sinn ergibt und deshalb aus tatsächlichen Gründen nicht beratungsfähig ist[30].

Es ist nicht erforderlich, dass das verlangende Fünftel einer Fraktion angehört. Noch nicht einmal ist es notwendig, dass eine Gruppe in Fünftelstärke gemeinsam das Verlangen äußert. Ebenso wäre es denkbar, dass einzelne Ratsmitglieder unabhängig voneinander entsprechende gleichlautende Einberufungsverlangen in zeitlichem Zusammenhang äußern[31]. Sobald die Fünftelstärke erreicht wird, ist die Pflicht des Bürgermeisters zur unverzüglichen Einberufung begründet.

Die verlangende Fraktion oder das Ratsfünftel hat aber keinen Anspruch auf eine „Exklusiv-Sitzung", in der ausschließlich die verlangten Angelegenheiten behandelt werden. Das Recht nach § 47 Abs. 1 Satz 4 GO ist lediglich darauf gerichtet, dass die fraglichen Angelegenheiten in einer unverzüglich einzuberufenden Sitzung behandelt werden.

Der Bürgermeister hätte durchaus das Recht, in die Tagesordnung einer solchen Sitzung noch weitere Punkte aufzunehmen. Ebenso wäre es rechtmäßig, die im Verlangen nach § 47 Abs. 1 Satz 4 benannten Gegenstände mit auf die Tagesordnung einer turnusmäßigen Sitzung zu setzen, zu der der Bürgermeister unverzüglich nach Eingang des Begehrens gem. § 47 Abs. 1 Satz 4 GO einlädt[32]. Für das Verlangen empfiehlt sich die Schriftform. Zulässig wäre aber auch ein entsprechendes mündliches Begehren.

Beispiel:
In einer Ratssitzung verlangt eine Fraktion oder eine Anzahl von einem Fünftel der Ratsmitglieder über bestimmte Punkte eine erneute Einberufung des Rates.

Die Festlegung eines Schriftformerfordernisses durch den Rat (etwa in der Geschäftsordnung) schränkt die Rechte der Ratsminderheit jedoch nicht unzulässig ein[33].

Wenn der Bürgermeister seiner Verpflichtung zur unverzüglichen Einberufung nicht nachkommt, veranlasst die Aufsichtsbehörde die Einberufung (§ 47 Abs. 3 GO).

---

30 OVG NRW, NVwZ 1984, 325.
31 A. A.: Rehn/Cronauge/von Lennep/Knirsch, Erl. I.3 zu § 47.
32 Dasselbe Ziel hätte die Fraktion bzw. das Fünftel in diesem Falle auch durch entsprechende Vorschläge für die Tagesordnung gem. § 48 Abs. 1 Satz 2 GO erreichen können.
33 OVG NRW, NWVBl. 1996, 7.

2.3.3 Recht auf Bestimmung von Tagesordnungspunkten

Nach § 48 Abs. 1 Satz 1 GO wird die Tagesordnung für Ratssitzungen vom Bürgermeister festgesetzt. Er muss dabei Vorschläge in die Tagesordnung aufnehmen, die ihm innerhalb einer in der Geschäftsordnung zu bestimmenden Frist von einem Fünftel der Ratsmitglieder oder einer Fraktion vorgelegt werden (§ 48 Abs. 1 Satz 2 GO). Aus der Formulierung „vorgelegt" ergibt sich, dass diese Vorschläge schriftlich sein müssen.

Der Bürgermeister muss grundsätzlich jeden Vorschlag aufnehmen, der die formellen Voraussetzungen des § 48 Abs. 1 Satz 2 GO erfüllt (Frist und Antragsberechtigung). Er hat keine auf den Inhalt des Vorschlages bezogene Verwerfungskompetenz[34].

Der Bürgermeister kann darüber hinaus nur prüfen, ob überhaupt eine auf die Aufnahme in die Tagesordnung gerichtete wirksame Willenserklärung vorliegt, d. h., ob der Vorschlag den Anforderungen der allgemeinen Grundsätze für Willenserklärungen nach dem bürgerlichen Recht (die auch im öffentlichen Recht gelten) genügt.

Beispiele:
Nicht in die Tagesordnung aufzunehmen braucht der Bürgermeister Vorschläge, denen es an Ernstlichkeit mangelt (§ 118 BGB). Gleiches gilt für Vorschläge, die keinen verständlichen Sinn ergeben und deshalb aus tatsächlichen Gründen nicht beratungsfähig sind[35].

Dem Sinn der Vorschrift des § 48 Abs. 1 Satz 2 GO als Minderheitsschutz entspricht es, dass die Minderheit (Fraktion, Fünftel) über die Aufnahme ihres Vorschlags in die Tagesordnung jede von ihr für bedeutsam gehaltene Angelegenheit vor den Rat bringen kann. Der Rat allein kann dann darüber befinden, ob und in welcher Weise er sich mit der Angelegenheit befassen will. Die Minderheit muss Gelegenheit haben, ihren Beratungsgegenstand zu erläutern. Ein Anspruch auf Sachdebatte besteht auch hier nicht[36]. Der Bürgermeister muss sogar einen Vorschlag in die Tagesordnung aufnehmen, wenn die Gemeinde für diese Angelegenheit unzuständig ist[37].

Beispiele:
Vorschlag, Gemeindegebiet zur atomwaffenfreien Zone zu erklären;
Vorschlag, Personalstärke der Bundeswehr abzubauen.

Der Rat darf sich in diesen Fällen der gemeindlichen Unzuständigkeit (mangelnde Verbandskompetenz) aber mit der Angelegenheit weder sachlich befas-

---

34 OVG NRW, DVBl. 1984, 155.
35 Vgl. OVG NRW, DVBl. 1984, 155.
36 Plückhahn, in: Held/Winkel, Erl. 2.3 zu § 48; Rehn/Cronauge/von Lennep/Knirsch, Erl. I.1 zu § 48.
37 OVG NRW, DVBl. 1984, 155.

2 Rechte der Ratsmitglieder

sen noch dazu einen Sachbeschluss fassen[38]. Würde er es dennoch tun, wäre der Beschluss rechtswidrig und vom Bürgermeister gem. § 54 Abs. 2 GO zu beanstanden.

Das Recht auf Einberufung des Rates (§ 47 Abs. 1 Satz 4 GO) ist weitergehender als das Recht auf Bestimmung von Tagesordnungspunkten (§ 48 Abs. 1 Satz 2 GO), weil dadurch nicht nur die Aufnahme bestimmter Tagesordnungspunkte für die nächste turnusmäßige Sitzung, sondern grundsätzlich eine „außerordentliche" Ratssitzung mit bestimmten Tagesordnungspunkten erzwungen werden kann.

2.3.4 Recht auf namentliche oder geheime Abstimmung

Grundsätzlich wird bei der Beschlussfassung im Rat offen (durch Handzeichen) abgestimmt (§ 50 Abs. 1 Satz 3 GO). Auf Antrag einer in der Geschäftsordnung zu bestimmenden Zahl von Ratsmitgliedern ist namentlich abzustimmen (§ 50 Abs. 1 Satz 4 GO). Namentliche Abstimmung bedeutet offene Stimmabgabe nach namentlichem Aufruf; das Abstimmungsergebnis wird i. d. R. unter einzelner Namensangabe in der Niederschrift vermerkt.

Der Rat ist hinsichtlich der Festlegung der für diesen Antrag notwendigen Zahl von Ratsmitgliedern frei. Es müssen jedoch mindestens zwei sein. Das erklärt sich aus der Formulierung des § 50 Abs. 1 Satz 4 GO („... Zahl von Ratsmitgliedern ...") und der damit vorgenommenen Klassifizierung als sozialnutzbares Recht.

Auf Antrag mindestens eines Fünftels der Ratsmitglieder ist sogar geheim abzustimmen (§ 50 Abs. 1 Satz 5 GO). Die geheime Abstimmung ist eine Abstimmungsart, bei der weder bei der Stimmabgabe noch bei der Stimmenauswertung feststellbar ist, wie das einzelne Ratsmitglied gestimmt hat. Sie geschieht in der Regel unter Verwendung von Stimmzetteln.

In beiden Fällen handelt es sich nicht um einen Antrag im eigentlichen Sinne, der auf Beschlussfassung durch den Rat gerichtet ist. Es handelt sich vielmehr um einen Widerspruch gegen die grundsätzliche offene Abstimmung im konkreten Fall mit der zwingenden Folge, dass namentlich bzw. geheim abzustimmen ist, ohne dass zuvor der Rat darüber beschließen müsste.

Wenn zum selben Tagesordnungspunkt einerseits namentliche und andererseits geheime Abstimmung verlangt wird, hat der Antrag auf geheime Abstimmung Vorrang, sodass geheim abzustimmen ist (§ 50 Abs. 1 Satz 6 GO).

Der Rat hat aufgrund der Ermächtigung des § 50 Abs. 1 Satz 7 GO die Möglichkeit, in der Geschäftsordnung weitere Regelungen über die Abstimmungsart zu treffen.

---

[38] OVG NRW, DVBl. 1984, 155.

2 Rechte der Ratsmitglieder

Beispiele:
Die Geschäftsordnung könnte für den Antrag auf geheime Abstimmung ein höheres Quorum als ein Fünftel (z. B. ein Drittel) festlegen (§ 50 Abs. 1 Satz 5 GO „mindestens eines Fünftels ...").

Allerdings dürfte die Geschäftsordnung nicht vorsehen, dass nur durch Mehrheitsbeschluss geheime Abstimmung erfolgen könne. In einem solchen Falle würde es sich nicht mehr um ein sozialnutzbares Recht der Ratsmitglieder, sondern um ein Recht des Rates als Kollegialorgan handeln. Weiterhin könnte die Geschäftsordnung für bestimmte Angelegenheiten generell geheime Abstimmung vorsehen.

Beschlüsse, die nicht in geheimer Abstimmung gefasst werden, obwohl ein Antrag nach § 50 Abs. 1 Satz 5 GO gestellt worden ist, sind nichtig[39].

2.3.5 Recht auf Akteneinsicht

Gemäß § 55 Abs. 5 Satz 1 GO kann ein einzelnes Ratsmitglied vom Bürgermeister Akteneinsicht verlangen, soweit die Akten der Vorbereitung oder der Kontrolle von Beschlüssen dienen. Unabhängig davon und ohne diese Eingrenzung erhält ein einzelnes Ratsmitglied grundsätzlich nur aufgrund eines Ratsbeschlusses Akteneinsicht (§ 55 Abs. 4 Satz 1 erste Alternative GO). Nach § 55 Abs. 4 Satz 1 zweite Alternative GO muss einem einzelnen namentlich benannten Ratsmitglied in einem Einzelfall auch Akteneinsicht gewährt werden, wenn mindestens ein Fünftel der Ratsmitglieder oder eine Fraktion dies verlangt. Das Akteneinsichtsrecht dient dem Ziel, die Verwaltung zu kontrollieren. Daher kann sich das Einsichtsrecht auch nur auf von der Verwaltung (i. e. S.) geführte Akten beziehen.

§ 5 DSG NRW (Datenschutz) oder beispielsweise § 30 AO i. V. m. § 12 Abs. 1 Nr. 1 Buchst. c KAG (Steuergeheimnis) hindern das Akteneinsichtsrecht nicht, da auch der Rat Teil der gemeindlichen Verwaltung ist (§ 40 GO) und somit durch Akteneinsicht gewonnene vertrauliche Kenntnis innerhalb der gemeindlichen Verwaltung bleibt.

Akteneinsicht darf den Ratsmitgliedern nur verweigert werden, wenn dies gesetzlich ausdrücklich vorgesehen ist.

Eine bestimmte Form ist für das Verlangen von Akteneinsicht nicht vorgeschrieben. Es ist immer nur an den Bürgermeister zu richten (nicht etwa an andere gemeindliche Mitarbeiter)[40]. Das Akteneinsichtsrecht bedeutet nur die Möglichkeit, Akten im Dienstgebäude einzusehen.

Aus § 55 GO lässt sich im Übrigen kein Verbot für den Bürgermeister folgern, von sich aus einzelnen Ratsmitgliedern (freiwillig) Einsicht in Akten zu gewähren.

---

39 OVG NRW, VR 1981, 150.
40 Plückhahn, in: Held/Winkel, Erl. 7 zu § 55.

2 Rechte der Ratsmitglieder

2.3.6 Einspruchsrecht gegen Ausschussbeschlüsse

Nach § 57 Abs. 4 Satz 2 GO kann ein Fünftel der Ausschussmitglieder gegen einen Beschluss eines Ausschusses mit Entscheidungsbefugnis Einspruch einlegen mit der Folge, dass der Rat über den Einspruch zu entscheiden hat. Der Einspruch hat aufschiebende Wirkung (vgl. im Einzelnen 8.3.1). Einspruchsberechtigt ist ein Fünftel der stimmberechtigten Mitglieder des Ausschusses, der den Beschluss gefasst hat. Nicht einspruchsberechtigt sind jedoch die Ausschussmitglieder, die gem. § 43 Abs. 2 i. V. m. § 31 GO von der Beratung und der Beschlussfassung der fraglichen Angelegenheit ausgeschlossen waren.

2.3.7 Widerspruchsrecht gegen die Einigung über die Verteilung der Ausschussvorsitze

Gemäß § 58 Abs. 5 Satz 1 GO können sich die Fraktionen grundsätzlich über die Verteilung der Ausschussvorsitze einigen. Wenn ein Fünftel der Ratsmitglieder dieser Einigung widerspricht, muss eine Zuteilung der Ausschussvorsitze an die Fraktionen nach dem d'Hondt'schen Höchstzahlverfahren erfolgen (Zugriffsverfahren [vgl. § 58 Abs. 5 Sätze 1 und 2 GO]).

Dass dieses sozialnutzbare Recht des Widerspruchs den Fraktionen nicht zusteht, ist einleuchtend, da sie ja zur Verhinderung der Einigung eine viel stärkere Möglichkeit haben, nämlich ihr Einverständnis zur Einigung zu versagen.

2.3.8 Recht auf Stellungnahme des Bürgermeisters zu einem Punkt der Tagesordnung

Nach § 69 Abs. 1 Satz 2 GO ist der Bürgermeister auf Verlangen eines Fünftels der Ratsmitglieder oder einer Fraktion verpflichtet, zu einem Punkt der Tagesordnung vor dem Rat Stellung zu nehmen. Dieses Recht dient der zusätzlichen Information der Verlangenden. Stellungnahme bedeutet allerdings mehr als nur Informationen zu geben. Der Bürgermeister ist auch zur Preisgabe seiner Ansicht in der fraglichen Angelegenheit verpflichtet. Das Verlangen wird i. d. R. ad hoc während der Sitzung geäußert werden. Denkbar wäre aber auch, dass schon vor der Sitzung der Wunsch nach Stellungnahme schriftlich an den Bürgermeister gerichtet wird. Der Bürgermeister braucht die Stellungnahme aber auch dann erst in der Sitzung („vor dem Rat") zu geben. Seine Pflicht zur Stellungnahme ist überdies nur auf Angelegenheiten beschränkt, die Gegenstand der Tagesordnung sind.

Das Recht des Fünftels auf Stellungnahme ist durch die Neufassung des § 55 Abs. 1 Satz 2 GO, wonach jedes Ratsmitglied vom Bürgermeister Stellungnahme verlangen kann, rechtlich ausgehöhlt. Das Recht des einzelnen Ratsmitgliedes nach § 55 Abs. 1 Satz 2 GO ist sogar weitergehender, da es nicht auf Stellungnahmen während der Sitzung begrenzt ist.

2 Rechte der Ratsmitglieder

2.4 Ausweitung der sozialnutzbaren Rechte

Der Rat ist berechtigt, die Inanspruchnahme sozialnutzbarer Rechte durch Veränderung der Quoren insoweit zu beschließen, als er einer geringeren Anzahl von Ratsmitgliedern als im Gesetz gefordert, diese Berechtigungen zugesteht.

Beispiel:
Ein Rat mit 51 Mitgliedern könnte beschließen, dass der Bürgermeister zur unverzüglichen Einberufung des Rates verpflichtet ist, wenn fünf Ratsmitglieder dies verlangen.

Diese „Verbesserungsmöglichkeit" besteht nicht, soweit gesetzlich etwas anderes bestimmt ist, wie z. B. in § 50 Abs. 1 Satz 5 GO, wonach auf Antrag mindestens eines Fünftels der Mitglieder des Rates geheim abzustimmen ist.

Die sozialnutzbaren Rechte sind anerkanntermaßen Minderheitenschutzrechte[41].

Wenn der Rat einer geringeren Anzahl als gesetzlich gefordert, diese Rechte zugesteht, wird dadurch dem vom Gesetz geäußerten Minderheitenschutzgedanken nicht widersprochen, sondern im Gegenteil durchaus Rechnung getragen. Eine Ausweitung muss daher als zulässig erachtet werden[42]. Von der Ausweitung ausgenommen ist allerdings das Recht, geheime Abstimmung zu beantragen (§ 50 Abs. 1 Satz 5 GO). Auffällig ist nämlich, dass § 50 Abs. 1 Satz 5 GO im Gegensatz zu den übrigen sozialnutzbare Rechte regelnden Vorschriften ausdrücklich formuliert, dass von „mindestens" einem Fünftel dieses Recht geltend gemacht werden muss. Aus gleichem Grund hat eine Fraktion dieses Recht nicht, da ja Fraktionen denkbar sind, deren Mitgliederzahl geringer ist, als es einem Fünftel des Rates entspricht.

Im Übrigen hat bei den ausweitungsfähigen Rechten die Verbesserungsmöglichkeit dort ihre Grenze, wo aus dem sozialnutzbaren Recht ein einzelnutzbares würde, da der Gesetzgeber in Kenntnis dieser beiden Rechtsarten diese Berechtigungen als sozialnutzbare Rechte vorgesehen hat[43].

Eine Heraufsetzung der Quoren (Verschärfung) ist allerdings unzulässig[44].

2.5 Rechtsschutz der Ratsmitglieder bei Beeinträchtigung ihrer Rechte

Wenn sich ein Ratsmitglied oder eine Gruppe von Ratsmitgliedern bzw. eine Fraktion in seinen bzw. ihren Rechten beeinträchtigt glaubt, ist ein sog. Kommunalverfassungsstreitverfahren zulässig (vgl. im Einzelnen 3).

---

41 Z. B. Rauball/Pappermann/Roters, Rn. 3 zu § 33; Rehn/Cronauge/von Lennep/Knirsch, Erl. I.3 zu § 47, I.1 zu § 48, V.1 zu § 55.
42 OVG NRW, NWVBl. 2004, 378.
43 Z. T. a. A.: OVG NRW, NWVBl. 2004, 378.
44 OVG NRW, NWVBl. 1996, 7.

2 Rechte der Ratsmitglieder

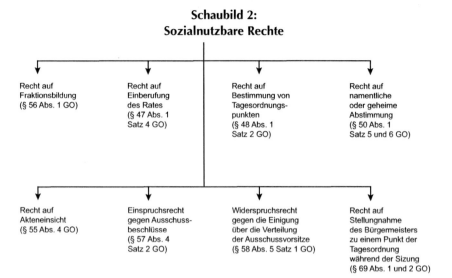

**Schaubild 2:
Sozialnutzbare Rechte**

Recht auf
Fraktionsbildung
(§ 56 Abs. 1 GO)

Recht auf
Einberufung
des Rates
(§ 47 Abs. 1
Satz 4 GO)

Recht auf
Bestimmung von
Tagesordnungs-
punkten
(§ 48 Abs. 1
Satz 2 GO)

Recht auf
namentliche
oder geheime
Abstimmung
(§ 50 Abs. 1
Satz 5 und 6 GO)

Recht auf
Akteneinsicht
(§ 55 Abs. 4 GO)

Einspruchsrecht
gegen Ausschuss-
beschlüsse
(§ 57 Abs. 4
Satz 2 GO)

Widerspruchsrecht
gegen die Einigung
über die Verteilung
der Ausschussvorsitze
(§ 58 Abs. 5 Satz 1 GO)

Recht auf
Stellungnahme
des Bürgermeisters
zu einem Punkt der
Tagesordnung
während der Sizung
(§ 69 Abs. 1 und 2 GO)

3 Kommunalverfassungsstreitigkeiten

3.1 Begriff

Kommunalverfassungsstreitigkeiten sind gerichtliche Auseinandersetzungen zwischen mehreren Organen oder innerhalb eines Kollegialorgans einer kommunalen Körperschaft (Gemeinde, Kreis, Landschaftsverband, Zweckverband) über die Rechtmäßigkeit des organschaftlichen Funktionsablaufs[45]. Dabei sind zwei Arten des Kommunalverfassungsstreitverfahrens zu unterscheiden: Wenn mehrere Organe miteinander streiten, spricht man von einem interorganschaftlichen Kommunalverfassungsstreit oder auch Interorganstreit[46].

Wenn der Streit zwischen Mitgliedern des Kollegialorgans (Organteile) einerseits und dem Gesamtorgan andererseits besteht, so handelt es sich um einen intraorganschaftlichen Kommunalverfassungsstreit oder auch Intraorganstreit[47].

Beispielfälle:
Der Rat schließt durch Beschluss ein Ratsmitglied von der Beratung und Beschlussfassung aus (§§ 43 Abs. 2, 31 GO). Der Bürgermeister lässt Vorschläge einer Fraktion oder eines Fünftels der Ratsmitglieder bezüglich der Tagesordnung unberücksichtigt (§ 48 Abs. 1 Satz 2 GO). Der Bürgermeister reagiert nicht auf einen Antrag gemäß § 47 Abs. 1 Satz 4 GO (Beispielfälle sind bei Missachtung sämtlicher einzelnutzbarer und sozialnutzbarer Rechte denkbar).
Der Bürgermeister missachtet die geschäftsordnungsmäßige Ladungsfrist oder -form. Der Bürgermeister übergeht einen Geschäftsordnungsantrag eines Ratsmitgliedes, Nichteinladung eines Ratsmitgliedes zur Ratssitzung (OVG Rheinland-Pfalz, OVGE 10, 55).

Gemeinsam ist beiden Arten des Kommunalverfassungsstreits, dass „interne" Streitigkeiten ausgetragen werden, weil organschaftliche Rechte oder Pflichten verletzt werden oder weil mitgliedschaftliche Berechtigungen beeinträchtigt werden. Bei Streit über Entscheidungen, die der Rat als Verwaltungsbehörde mit Außenwirkung trifft, bei Verwaltungsakten also, kommt kein Kommunalverfassungsstreitverfahren, sondern eine Anfechtungsklage (oder auch eine Verpflichtungsklage) in Betracht.

Beispiele für Verwaltungsakte:
Beschluss des Rates, gegen ein Ratsmitglied ein Ordnungsgeld wegen Verletzung der Verschwiegenheitspflicht festzusetzen (§§ 43 Abs. 2, 30 Abs. 6, 29 Abs. 3 GO). Beamtenrechtliche Entscheidungen des Rates in seiner Eigenschaft als oberste Dienstbehörde.

---

45 Bethge, HBKWP, Bd. 2, S. 177.
46 Ebd.
47 Ebd.

3 Kommunalverfassungsstreitigkeiten

3.2 Zulässigkeit des Kommunalverfassungsstreitverfahrens

Hinsichtlich der verwaltungsgerichtlichen Zulässigkeitsvoraussetzungen könnten sich Probleme ergeben bezüglich der Klageart, der Klagebefugnis, des Rechtsschutzbedürfnisses und der Beteiligtenfähigkeit. Dass in Kommunalverfassungsstreitverfahren der Verwaltungsrechtsweg gem. § 40 Abs. 1 VwGO gegeben ist, weil es sich um eine öffentlich-rechtliche Streitigkeit nichtverfassungsrechtlicher Art handelt, ist allgemein anerkannt[48].

3.2.1 Klageart

Lange Zeit bestanden Schwierigkeiten bei der Bestimmung der Klageart, die darin begründet waren, dass das verwaltungsprozessuale Rechtsschutzsystem nach der VwGO grundsätzlich auf Außenrechtsverhältnisse, z. B. Streitigkeiten zwischen Bürger und Träger öffentlicher Verwaltung, abstellt und nicht typischerweise Streitigkeiten der hier angesprochenen Art zum Gegenstand hat.

Überwiegend besteht Klarheit, dass Anfechtungsklage und Verpflichtungsklage schon deshalb ausscheiden, weil die streitigen Entscheidungen (mangels Außenwirkung) keine Verwaltungsakte sind[49].

Teilweise wurde in der Vergangenheit, insbesondere auch vom OVG NRW, angenommen, dass es sich bei dem Kommunalverfassungsstreitverfahren um ein Klageverfahren „sui generis" (eigener Art) handele[50]. Zur Begründung wurde dabei angeführt, dass der Gesetzgeber die Klagearten in der VwGO bewusst nicht abschließend geregelt habe, um der Rechtsprechung Entwicklungsmöglichkeiten zu lassen.

Dieser Argumentation stand und steht die Rechtsprechung des Bundesverfassungsgerichts entgegen, das die Auffassung vertritt, dass die VwGO das verwaltungsgerichtliche Verfahren umfassend normiert und eine erschöpfende Regelung dieses Verfahrens vornimmt[51]. Diese Auffassung wird heute allgemein vertreten. Das Klagesystem nach der VwGO bietet ausreichende Möglichkeiten, um jedem Rechtsschutzbedürfnis gerecht zu werden, sodass es am Bedarf der Hinzufügung einer weiteren Klageart fehlt. Die VwGO verfügt mit ihren verschiedenen Klagearten über ein ausreichendes Instrumentarium auch zur Bedienung des Kommunalverfassungsstreits[52].

---

48 Statt vieler: Bethge, HBKWP, Bd. 2, S. 184 f. m. w. N.; Stober, JA 1974, 2 [3] m. w. N.
49 Bethge, HBKWP, S. 831: Papier, DÖV 1980, 292.
50 OVG NRW, OVGE 22, 508; DVBl. 1973, 646; OVG Rheinland-Pfalz, AS, 335; Rauball/Pappermann/Roters, Rn. 6 zu § 112; Stober, JA 1974, 25 m. w. N.
51 BVerfG, NJW 1967, 435; Hoppe, DVBl. 1970, 845; Stahl, NJW 1972, 2030; Stober, JA 1974, 25 m. w. N.
52 Bethge, HBKWP, 831.

3 Kommunalverfassungsstreitigkeiten

Als richtige Klagearten kommen heute nach herrschender Auffassung die Feststellungsklage nach § 43 VwGO[53] und die allgemeine Leistungsklage[54] in Betracht.

Auszugehen ist vom Klagebegehren.

Die Feststellungsklage kommt in Betracht, wenn es um das Bestehen oder Nichtbestehen eines Rechtsverhältnisses geht. Sie setzt also ein Rechtsverhältnis voraus.

Ein Rechtsverhältnis kann nicht nur zwischen verschiedenen natürlichen und juristischen Personen bestehen, sondern auch zwischen Organen und Organteilen derselben juristischen Person (z. B. zwischen Rat und Bürgermeister oder zwischen Rat und Ratsmitgliedern)[55].

Für ein Rechtsverhältnis ist danach ausreichend, dass sich aus einem konkreten Sachverhalt aufgrund einer öffentlich-rechtlichen Rechtsnorm rechtliche Beziehungen zwischen Organen und/oder Organteilen ergeben (sog. organschaftliches Rechtsverhältnis)[56].

Im Rahmen des Kommunalverfassungsstreitverfahrens zielt die Feststellungsklage i. d. R. darauf ab, die Verletzung der organschaftlichen Befugnisse eines Organs oder Organteils durch eine bestimmte Handlung eines anderen Organs oder Organteils festzustellen.

Beispiele:
Klage wegen Ausschluss eines Ratsmitgliedes wegen Befangenheit, wegen Wortentzugs durch den Bürgermeister, wegen Verweisung aus dem Sitzungssaal.

Die allgemeine Leistungsklage kommt in Betracht, wenn der Kläger vom Beklagten ein tatsächliches Handeln (Tun, Dulden oder Unterlassen) ohne Verwaltungsaktcharakter verlangt.

Im Kommunalverfassungsstreitverfahren ist die allgemeine Leistungsklage also die richtige Klageart, wenn ein kommunales Organ/Organteil von einem anderen kommunalen Organ/Organteil ein Tun, Dulden oder Unterlassen verlangt, das nicht im Erlass oder der Rücknahme eines Verwaltungsaktes besteht.

---

53 BVerwG, NVwZ-RR 1995, 587; OVG Greifswald, NVwZ 1997, 307; BayVGH, NVwZ-RR 1993, 503; OVG NRW – nach Aufgabe der Auffassung, es handele sich um eine Klage eigener Art –, DVBl. 1981, 874; DVBl. 2001, 1281; Kopp/Schenke, vor § 40, Rn. 7 m. w. N.; Bethge, HBKWP, S. 832.
54 VGH BW, NVwZ 1984, 664; NVwZ 1989, 92; Kopp/Schenke vor § 40, Rn. 7 m. w. N.; Bethge, HBKWP, S. 832.
55 OVG NRW, DVBl. 2001, 1281; NWVBl. 2004, 309.
56 OVG NRW, NWVBl. 2004, 309; NWVBl. 2002, 381; Kopp/Schenke § 43, Rn. 10.

3 Kommunalverfassungsstreitigkeiten

Beispiele:
Klage eines Ratsmitgliedes auf Gewährung von Akteneinsicht durch den Bürgermeister gem. § 55 Abs. 5 Satz 1 GO.

Klage einer Fraktion oder eines Fünftels der Ratsmitglieder auf Aufnahme eines Tagesordnungspunktes durch den Bürgermeister gem. § 48 Abs. 1 Satz 2 GO.

3.2.2 Klagebefugnis

Der in § 42 Abs. 2 VwGO enthaltene Gedanke der notwendigen Geltendmachung des Klägers, (durch VA) in seinen Rechten verletzt zu sein, muss auch beim Kommunalverfassungsstreitverfahren Anwendung finden, um Popularklagen zu vermeiden. Nach h. M. ist beim Kommunalverfassungsstreitverfahren die Klagebefugnis gegeben, wenn der Kläger (Organ, Organteil) geltend machen kann, in seinen Organschaftsrechten oder Mitgliedschaftsrechten verletzt zu sein.

3.2.3 Rechtsschutzbedürfnis

Allgemein gesehen ist ein Rechtsschutzbedürfnis anzunehmen, wenn man das erstrebte Klageziel nicht schneller, billiger und besser auf andere Weise erreichen kann.

Die Tatsache, dass der Bürgermeister (§ 54 Abs. 2 GO) oder letztlich die Aufsichtsbehörde (§ 122 Abs. 1 Satz 2 GO) rechtswidrige Beschlüsse beanstanden muss bzw. aufheben kann, schließt das Rechtsschutzbedürfnis nicht aus, weil Bürgermeister und Aufsichtsbehörde z. B. die Rechtslage ganz anders beurteilen könnten als der Kläger und dementsprechend ein Einschreiten unterlassen könnten. Der Kläger hat ja keinen Anspruch darauf, dass Bürgermeister und Aufsichtsbehörde entsprechend tätig werden. Davon unabhängig muss jedenfalls die gerichtliche Überprüfungsmöglichkeit bestehen[57].

Außerdem muss bei Feststellungsklagen ein berechtigtes Interesse an baldiger Feststellung bestehen (§ 43 Abs. 1 VwGO). Das ist immer gegeben, wenn die Gefahr besteht, dass sich ähnliche Fälle jederzeit wiederholen können[58].

3.2.4 Beteiligtenfähigkeit

Nach § 61 Nr. 1 VwGO sind u. a. natürliche Personen beteiligtenfähig. Die Kläger im Kommunalverfassungsstreitverfahren klagen aber nicht in ihrer Eigenschaft als natürliche Person, sondern als Organ oder Organteil. Daher ergibt sich ihre Beteiligtenfähigkeit nicht aus § 61 Nr. 1 VwGO, sondern aus § 61 Nr. 2 VwGO. Ratsmitglieder, Fraktionen und Organe (z. B. Rat, Ausschüsse mit Ent-

---

57 Stober, JA 1974, 27 m. w. N.
58 OVG Rheinland-Pfalz, AS 10, 58.

scheidungsbefugnis, Bürgermeister) gelten als „Vereinigungen" i. S. v. § 61 Nr. 2 VwGO[59].

3.3 Relative Seltenheit des Verfahrens

Gemessen an der Vielzahl der Beeinträchtigungen von Mitgliedschaftsrechten einzelner Ratsmitglieder oder von Gruppierungen von Ratsmitgliedern kommen Kommunalverfassungsstreitigkeiten selten vor.

Die Beeinträchtigung dieser Mitgliedschaftsrechte führt i. d. R. zur Rechtswidrigkeit des entsprechenden Rats- oder Ausschussbeschlusses. In diesen Fällen aber muss der Bürgermeister gemäß § 54 Abs. 2 bzw. Abs. 3 GO den Beschluss beanstanden, und der Rat bzw. Ausschuss ist aufgefordert, den Rechtsfehler zu korrigieren, d. h. bei nochmaliger Beschlussfassung in gleicher Angelegenheit die Beeinträchtigung des Mitgliedschaftsrechts zu vermeiden. Geschieht dies nicht, ist gemäß § 122 Abs. 1 Satz 2 GO die Aufsichtsbehörde berechtigt, den das Mitgliedschaftsrecht missachtenden oder beeinträchtigenden Beschluss aufzuheben. Diese „Rechtskontrolle" führt dazu, dass der Mangel beseitigt wird, ohne dass die Verwaltungsgerichte bemüht werden müssen.

Im Übrigen besteht jederzeit die Möglichkeit für Rats- und Ausschussmitglieder sowie für Gruppen und Fraktionen, sich in Rechtsfragen Rat und Hilfe suchend an die Aufsichtsbehörden zu wenden. In den meisten Fällen wird allein schon die Rechtsauskunft der Aufsichtsbehörde dafür sorgen, dass künftige Beeinträchtigungen von Mitgliedschafts- und Organschaftsrechten der angesprochenen Art unterbleiben und ggf. eine Korrektur des Rechtsfehlers erfolgt, ohne dass die Aufsichtsbehörde formal von entsprechenden Aufsichtsmitteln Gebrauch macht.

---

59 Stober, JA 1974, 28 m. w. N.

4 Pflichten der Ratsmitglieder

4.1 Allgemeine Treuepflicht

Aus dem Sonderrechtsverhältnis zur Gemeinde ergeben sich für die Ratsmitglieder auch besondere Pflichten. Oberste Pflicht ist die in § 43 Abs. 1 GO formulierte allgemeine Treuepflicht gegenüber der Gemeinde. Danach sind die Ratsmitglieder verpflichtet, in ihrer Tätigkeit ausschließlich nach dem Gesetz und ihrer freien Überzeugung zu handeln. Bestimmend für ihr Handeln soll weiterhin die Rücksichtnahme auf das öffentliche Wohl sein. Im Falle der Kollision des gemeindlichen Interesses mit dem privaten Eigeninteresse ist das Eigeninteresse hintanzustellen. An Aufträge sind die Ratsmitglieder nicht gebunden.

4.2 Besondere Treuepflichten

Diese allgemeine Treuepflicht ist in der GO in Form von vier einzelnen Pflichten konkretisiert worden, und zwar

- der Verschwiegenheitspflicht (§ 43 Abs. 2 i. V. m. § 30 GO),
- der Mitwirkungsenthaltungspflicht bei Interessenkollision (§ 43 Abs. 2 i. V. m. § 31 GO),
- dem Vertretungsverbot (§ 43 Abs. 2 i. V. m. § 32 Abs. 1 GO) und
- der Pflicht zur Offenbarung persönlicher und wirtschaftlicher Verhältnisse (§ 43 Abs. 3 GO).

4.2.1 Verschwiegenheitspflicht

4.2.1.1 Umfang

Nach § 43 Abs. 2 i. V. m. § 30 Abs. 1 GO sind Ratsmitglieder zur Verschwiegenheit über solche Angelegenheiten verpflichtet, deren Geheimhaltung

- sich aus der Natur der Sache ergibt,
- besonders gesetzlich vorgeschrieben oder
- vom Rat beschlossen worden ist.

Ihrer Natur nach geheim sind Angelegenheiten im Allgemeinen immer dann, wenn ihre Mitteilung an andere dem Gemeinwohl, dem Wohl der Gemeinde oder dem berechtigten Interesse einzelner Personen zuwiderlaufen würde. Dazu zählen insbesondere Personalangelegenheiten wegen des Persönlichkeitsschutzes des Betroffenen, zumal bei der Beratung von Personalangelegenheiten i. d. R. eine Leistungs- und Persönlichkeitsbewertung erfolgt. Ebenfalls gehören hierzu Planungsabsichten, besonders grundstücksrelevante Planungsfragen sowie Grundstücksankäufe von besonderer Bedeutung, weil gerade in diesem Bereich bei vorzeitigem Bekanntwerden Manipulations- und Spekulati-

4 Pflichten der Ratsmitglieder

onsmöglichkeiten für Dritte bestehen. Auch bei der Vergabe von Aufträgen kann Geheimhaltung der Natur nach erforderlich sein.

Besonders vorgeschrieben ist die Geheimhaltung z. B. in folgenden Fällen: § 12 Abs. 1 Nr. 1 Buchst. c KAG (Abgabengeheimnis), §§ 1 und 2 des Gesetzes über die Mitarbeit der Gemeinden auf dem Gebiet der zivilen Verteidigung (Verschlusssachen), § 22 Sparkassengesetz (Bankgeheimnis), § 6 Datenschutzgesetz NRW[60].

Zu den Angelegenheiten, deren Geheimhaltung vom Rat besonders beschlossen worden ist, zählen die in nichtöffentlicher Sitzung behandelten Angelegenheiten. Häufig endet allerdings mit der Beschlussfassung oder spätestens mit der Beschlussausführung der Geheimhaltungsgesichtspunkt.

§ 52 Abs. 2 GO schreibt vor, dass der wesentliche Inhalt der Ratsbeschlüsse in öffentlicher Sitzung oder in anderer geeigneter Weise der Öffentlichkeit zugänglich gemacht werden muss, soweit der Rat nicht für den Einzelfall etwas anderes beschließt.

§ 52 Abs. 2 GO unterscheidet nicht zwischen in öffentlicher oder in nichtöffentlicher Sitzung gefassten Beschlüssen, sodass sich das Veröffentlichungsgebot auch auf den wesentlichen Inhalt der in nichtöffentlicher Sitzung gefassten Beschlüsse bezieht. Sollen einzelne Beschlüsse davon ausgenommen sein, so bedarf dies eines Ratsbeschlusses für jeden Einzelfall.

Soweit der wesentliche Inhalt von in nichtöffentlicher Sitzung gefassten Beschlüssen der Öffentlichkeit zugänglich gemacht wird, besteht vom Veröffentlichungszeitpunkt an auch keine Verschwiegenheitspflicht der Ratsmitglieder mehr.

Voraussetzung für die Verschwiegenheitspflicht ist, dass die Angelegenheit dem Ratsmitglied durch seine amtliche Tätigkeit bekanntgeworden ist (... dabei bekanntgewordene Angelegenheiten ...", § 30 Abs. 1 Satz 1 GO). Auf privat erlangte Kenntnisse bezieht sich die Verschwiegenheitspflicht nicht[61].

Allerdings ist ein sachkundiger Bürger oder Einwohner auch dann zur Verschwiegenheit über eine ihm im Zusammenhang mit seiner dienstlichen Tätigkeit zur Kenntnis gelangte geheim zu haltende Angelegenheit verpflichtet, wenn sie gar nicht in seinem Ausschuss behandelt worden ist[62].

Die Verschwiegenheitspflicht besteht aber dann nicht mehr, wenn über die geheim zu haltende Angelegenheit eine am Ort erscheinende verlässliche Tageszeitung berichtet hat[63].

---

60 Weitere Beispiele siehe Rehn/Cronauge/von Lennep/Knirsch, Erl. II.2 zu § 30.
61 Rehn/Cronauge/von Lennep/Knirsch, Erl. II.3 zu § 30.
62 OVG NRW, DÖV 1966, 504.
63 Ebd.

4 Pflichten der Ratsmitglieder

Die Pflicht zur Verschwiegenheit endet nicht mit der Ratstätigkeit, d. h., dass das Ratsmitglied zur Verschwiegenheit über die vertrauliche Angelegenheit auch dann noch verpflichtet ist, wenn es dem Rat nicht mehr angehört, soweit zu diesem Zeitpunkt die Angelegenheit noch vertraulich zu behandeln ist.

In der Praxis wird gegen die Verschwiegenheitspflicht sehr häufig bei Fraktionssitzungen, an denen auch Nichtratsmitglieder (z. B. Mitglieder des entsprechenden örtlichen Parteivorstandes) teilnehmen, verstoßen.

Diese Verschwiegenheitspflicht gilt auch gegenüber den Gerichten. Soll ein Ratsmitglied als Zeuge aussagen, so bedarf es dazu einer Genehmigung des Rates bzw. des Ausschusses (§§ 30 Abs. 2 und 43 Abs. 2 Nr. 2 GO). Diese Genehmigung darf nur versagt werden, wenn die Aussage dem Wohle des Bundes oder eines Landes Nachteile bereiten oder die öffentliche Aufgabenerfüllung ernstlich gefährden oder zumindest erheblich erschweren würde (§ 30 Abs. 3 GO). Liegen diese Gründe nicht vor, so muss die Aussagegenehmigung erteilt werden. Die Möglichkeiten, die Aussagegenehmigung zu versagen, werden gem. § 30 Abs. 4 GO noch weiter eingeschränkt, wenn das Ratsmitglied Beteiligter in einem gerichtlichen Verfahren ist oder wenn seine Aussage der Wahrnehmung seiner berechtigten Interessen dienen soll.

Die Verschwiegenheitspflicht umfasst auch das Verbot, die Kenntnis vertraulicher Angelegenheiten unbefugt zu verwerten (§ 30 Abs. 1 Satz 3 GO). Wenn es im Einzelfall auch schwierig sein wird, nachzuweisen, wann dies „unbefugt" geschieht, wird man dies annehmen können, wenn die Verwertung eigennützig erfolgt.

Beispiel:
Gegen dieses Verwertungsverbot würde ein Ratsmitglied verstoßen, das in Kenntnis einer nichtöffentlich beratenen Planung ein Grundstück erwirbt, mit dessen Wertsteigerung aufgrund der Planungsrealisierung zu rechnen ist.

4.2.1.2 Folgen der Pflichtverletzung

Wer gegen die Verschwiegenheitspflicht (einschließlich Verwertungsverbot) verstößt, kann vom Rat mit einem Ordnungsgeld bis zu 250 Euro; in jedem Wiederholungsfalle bis zu 500 Euro belegt werden (§§ 45 Abs. 2, 30 Abs. 6 und 29 Abs. 3 GO). Die Festsetzung eines Ordnungsgeldes ist ein Verwaltungsakt. Die Möglichkeit eines Ordnungsgeldes besteht gem. § 43 Abs. 2 i. V. m. § 30 Abs. 6 GO aber nur, soweit die Tat nicht mit Strafe bedroht ist (§§ 203, 204 oder § 353b Abs. 1 StGB).

Der Rat muss in diesen Fällen zunächst den Ausgang eines etwaigen Strafverfahrens abwarten. Endet das Strafverfahren mit Verurteilung oder Freispruch, ist die Festsetzung eines Ordnungsgeldes unzulässig. Im Falle der Einstellung eines

Strafverfahrens ist allerdings die Festsetzung eines Ordnungsgeldes zulässig[64]. Die Festsetzung des Ordnungsgeldes steht dem Grunde und der Höhe nach (im Rahmen der Höchstsätze) im Ermessen des Rates.

Schaubild 3:
Möglichkeiten der Ahndung einer Verschwiegenheitspflichtverletzung

4.2.2 Mitwirkungsenthaltungspflicht bei Interessenkollision

4.2.2.1 Umfang und Voraussetzungen

§ 43 Abs. 2 i. V. m. § 31 GO soll allgemein sicherstellen, dass gemeindliche Aufgaben sachlich, unvoreingenommen und ohne Berücksichtigung von Sonderinteressen Einzelner erfüllt werden.

Daher darf ein Rats- oder Ausschussmitglied weder beratend noch entscheidend mitwirken, wenn die Entscheidung
- ihm selbst,
- einem seiner Angehörigen oder
- einer von ihm kraft Gesetzes oder kraft Vollmacht vertretenen natürlichen oder juristischen Person

einen unmittelbaren Vorteil oder Nachteil bringen kann. Die Begriffe „unmittelbarer Vor- oder Nachteil" sind weit auszulegen, um jedweden Verdacht einer Korruption von vornherein zu vermeiden[65].

Dem Zweck der Vorschrift entsprechend soll schon der böse Schein einer Interessensverflechtung genügen[66].

Nicht erforderlich ist, dass sicher ein Vor- oder Nachteil eintritt; es reicht die bloße Möglichkeit[67]. Allerdings reicht nicht eine nur rein theoretisch bestehende Möglichkeit, sondern es muss schon eine reale Möglichkeit dergestalt gegeben sein, dass ein Vor- oder Nachteil mit einer gewissen Wahrscheinlich-

---

64 Rehn/Cronauge/von Lennep/Knirsch, Erl. IV.2 zu § 30.
65 OVG NRW, KOPO 1963, 282.
66 OVG NRW, NVwZ-RR 1990, 43; Ehlers, S. 474 m. w. N.
67 OVG NRW, OVGE 27, 60.

4 Pflichten der Ratsmitglieder

keit zu erwarten ist[68]. Die erforderliche Unmittelbarkeit ist sicher immer dann gegeben, wenn bereits aufgrund der Entscheidung die Möglichkeit eines Vor- oder Nachteilseintritts besteht und nicht noch weitere Entscheidungen oder Umstände erforderlich sind.

Ein unmittelbarer Vorteil oder Nachteil ist also immer gegeben, wenn entweder die Entscheidung des Rates (Ausschusses) selbst den Vor- oder Nachteil eintreten lässt oder der Rats- bzw. Ausschussbeschluss die einen Vor- oder Nachteil mit sich bringende Entscheidung „festlegt oder steuert"[69].

Unmittelbarkeit ist also gegeben, wenn zu der Entscheidung des Rates (Ausschusses) außer der Ausführung (Umsetzung) eben dieser Entscheidung nichts Weiteres hinzutreten muss, damit der Vor- oder Nachteil entstehen kann, wenn durch den Ratsbeschluss gewissermaßen eine Automatik in Gang gesetzt wird, an deren Ende zwangsläufig ein Vor- oder Nachteil entsteht bzw. entstehen kann.

Unmittelbar ist ein Vor- oder Nachteil auch dann, wenn das Ratsmitglied aufgrund seiner persönlichen oder sachlichen Beziehungen zum Gegenstand der Beratung ein individuelles Sonderinteresse (eigenes oder Interesse des in § 31 GO genannten Personenkreises) an der Entscheidung hat, das zu einer Interessenkollision führt und die Besorgnis rechtfertigt, dass es nicht mehr uneigennützig und ausschließlich zum Wohle der Gemeinde handelt[70].

Zum Teil gehen Rechtsprechung und Literatur sogar davon aus, dass ein direkter Kausalzusammenhang zwischen Entscheidung und möglichem Vor- oder Nachteil, wie sie aus der Wortinterpretation des Begriffes „unmittelbar" zu folgern wäre, nicht erforderlich ist[71].

Zu erklären ist diese Auslegung aus der Zweckbestimmung der Vorschrift des § 31 GO, die Unbefangenheit der Rats- und Ausschussmitglieder zu gewährleisten, die Entscheidung von persönlichen Sonderinteressen der daran mitwirkenden Personen freizuhalten und dadurch das Vertrauen der Bürgerschaft in eine unvoreingenommene öffentliche Verwaltung zu stärken. Daher müssen alle Personen von der Mitwirkung ausgeschlossen werden, die wegen enger (in § 31 GO definierter) Beziehung zu einem Verfahrensbeteiligten nicht die Gewähr für eine ausschließlich am Gemeinwohl orientierte Entscheidung bieten[72].

---

68 Rehn/Cronauge/von Lennep/Knirsch, Erl. II.1 zu § 31.
69 Ehlers, S. 475.
70 VGH Mannheim, DVBl. 1965, 366; OVG NRW, NVwZ 1982, 18; OVG Lüneburg, NVwZ 1982, 44.
71 OVG NRW, NVwZ 1982, 18; NVwZ 1984, 667; OVG Lüneburg, NVwZ 1982, 44: Rehn/Cronauge/von Lennep/Knirsch, Erl. II.2 zu § 31; Borchmann, NVwZ 1982, 17; Krebs, VerwArch 1980, 181.
72 OVG NRW, NVwZ 1982, 18.

4 Pflichten der Ratsmitglieder

Im Übrigen wird der Versuch des Gesetzgebers, das Unmittelbarkeitserfordernis durch eine Legaldefinition zu umschreiben, in der Literatur überwiegend als missglückt bezeichnet.

§ 31 Abs. 1 Satz 2 GO definiert: „Unmittelbar ist der Vorteil oder Nachteil, wenn die Entscheidung eine natürliche oder juristische Person direkt berührt".

Abgesehen davon, dass sich „unmittelbar" wenig hilfreich mit „direkt" erklären lassen dürfte, würde das zu dem keineswegs hinnehmbaren (und wohl auch kaum gewollten oder gemeinten) Ergebnis führen, dass z. B. ein Ratsmitglied bei der Entscheidung über den Kauf eines Grundstücks, das ihm gehört, mitwirken dürfte, weil er durch die Entscheidung deshalb nicht „direkt berührt" würde, weil der Bürgermeister in Ausführung der Entscheidung noch den Kaufvertrag mit ihm schließen müsste.

Beispiele:
Demnach auszuschließen sind Ratsmitglieder von der Beratung oder Beschlussfassung eines Bebauungsplanes, wenn sie oder die in § 31 GO genannten Personen im Plangebiet Eigentümer eines Grundstücks sind[73], weil sich die Festsetzungen des Bebauungsplans unmittelbar rechtsgestaltend auf die Bebaubarkeit der im Plangebiet liegenden Grundstücke auswirken.
Ob die Ausschließungsgründe auch gelten, wenn die Grundstücke in einem dem Bebauungsplan benachbarten Bereich liegen, ist strittig[74].
Auch beim Flächennutzungsplanverfahren kann es im Einzelfall wegen der starken Verzahnung mit der verbindlichen Bauleitplanung zum Ausschluss gem. § 43 Abs. 2 i. V. m. § 31 GO kommen[75].
Wegen fehlender Unmittelbarkeit können Ratsmitglieder von der Beratung und Beschlussfassung nicht ausgeschlossen werden, weil sie als Grundstücksmakler eventuell Vermittlungsaufträge für Grundstücke innerhalb des Plangebietes erhalten[76] oder weil ihnen als Architekt möglicherweise Aufträge für Architekturleistungen erteilt werden[77].
Ebenso darf ein Bauunternehmer nicht allein deshalb ausgeschlossen werden, weil er denkbarerweise Bauaufträge im Plangebiet bekommt.

Als Vor- oder Nachteil i. S. v. § 31 GO kommen nicht nur wirtschaftliche, sondern auch wissenschaftliche, rechtliche, ethische oder sonstige Interessen in Betracht[78].

---

73 OVG NRW, MittNRWStGB 1979, 254; Rehn/Cronauge/von Lennep/Knirsch, Erl. II.2 zu § 31; Wansleben, in: Held/Winkel, Erl. 3 zu § 31.
74 Zum Meinungsstand vgl. Wansleben, in: Held/Winkel, Erl. 3 zu § 31.
75 OVG NRW, DVBl. 1980, 68; Wansleben, in: Held/Winkel, Erl. 3 zu § 31; Rothe, Demokratische Gemeinde 1980, 26.
76 Rehn/Cronauge/von Lennep/Knirsch, Erl. II.1 zu § 31.
77 OVG NRW, OVGE 27, 60.
78 Wansleben, in: Held/Winkel, Erl. 3 zu § 31.

4 Pflichten der Ratsmitglieder

Das Verbot, an der Beratung und Beschlussfassung bei Befangenheit mitzuwirken, gilt auch für den Bürgermeister.

Nach § 43 Abs. 2 GO gelten die Ausschließungsgründe des § 31 GO für die Tätigkeit als Ratsmitglied, Mitglied einer Bezirksvertretung oder Mitglied eines Ausschusses entsprechend.

Nach § 40 Abs. 2 Satz 2 GO besteht der Rat aus den gewählten Ratsmitgliedern und dem Bürgermeister (Mitglied kraft Gesetzes). Der Bürgermeister ist also nicht (gewähltes) Ratsmitglied, sondern Mitglied des Rates, und zwar mit Stimmrecht (§ 40 Abs. 2 Satz 5 GO). Gleichwohl gilt auch für ihn die Mitwirkungsenthaltungspflicht bei Interessenkollision. Die Formulierung des § 50 Abs. 6 GO, wonach ein Mitglied, in dessen Person ein Ausschließungsgrund nach § 31 GO besteht, nicht mitwirken darf, trifft auch (und vom Gesetzgeber gewollt) insbesondere den Bürgermeister als Mitglied kraft Gesetzes.

Dies gilt auch für die Mitwirkung des Bürgermeisters im Hauptausschuss, in dem er als Vorsitzender Stimmrecht hat (§ 57 Abs. 3 Satz 1 und 2 GO).

(Für Rats- und Ausschussmitglieder sehen im Übrigen gleich zwei Vorschriften vor, dass die Ausschließungsgründe des § 31 GO Anwendung finden, und zwar die §§ 43 Abs. 2 und 50 Abs. 6 GO.)

Darüber hinaus gelten für den Bürgermeister im Rahmen seiner gesamten Tätigkeit auch die beamtenrechtlichen Befangenheitsvorschriften (§ 195 LBG).

Im Übrigen bestimmt § 40 Abs. 2 Satz 6 GO die Fälle, in denen der Bürgermeister generell vom Stimmrecht ausgeschlossen ist.

Der Begriff des Angehörigen i. S. v. § 31 Abs. 1 GO ist in § 31 Abs. 5 GO definiert.

Angehörige sind
- der Ehegatte oder der eingetragene Lebenspartner,
- Verwandte in gerader Linie (Urgroßeltern, Großeltern, Eltern, Kinder, Enkelkinder usw.),
- Verschwägerte in gerader Linie (Schwiegereltern, Schwiegerkinder),
- durch Annahme als Kind verbundene Personen (Adoptiveltern-Großeltern usw., Adoptivkind und dessen Nachkommen),
- Geschwister,
- Kinder der Geschwister (Nichte, Neffe),
- Ehegatten der Geschwister (Schwägerin, Schwager),
- Geschwister der Ehegatten (Schwägerin, Schwager),
- eingetragener Lebenspartner der Geschwister,

- Geschwister des eingetragenen Lebenspartners,
- Geschwister der Eltern.

Die durch Ehe oder Lebenspartnerschaft begründete Angehörigeneigenschaft endet, wenn die diese Angehörigeneigenschaft begründende Ehe oder Lebenspartnerschaft geschieden bzw. aufgehoben ist. So darf z. B. ein Ratsmitglied mitwirken, obwohl die Entscheidung dem geschiedenen Ehegatten, den früheren Schwiegereltern, Schwiegerkindern, Geschwistern des geschiedenen Ehegatten einen unmittelbaren Vorteil oder Nachteil bringen kann. Allerdings gilt dies nur, wenn die Ehe durch Scheidung oder Aufhebung endet, nicht wenn sie durch Tod des Ehegatten beendet wird. Dies ist damit zu erklären, dass in diesem Fall anders als nach Scheidung oder Aufhebung der Ehe i. d. R. die sozialen Kontakte zu den Eltern und Geschwistern des verstorbenen Ehegatten aufrechterhalten werden.

Als Beispiele gesetzlicher Vertretungsverhältnisse sind zu nennen:

Eltern – Kinder (§ 1626 BGB), Vorstand – rechtsfähiger Verein (§ 26 BGB), Geschäftsführer – GmbH (§ 35 GmbHG), Vorstand – AG (§ 78 AktG), Vorstand – Genossenschaft (§ 24 GenG), Kirchenvorstand – örtliche katholische Kirchengemeinde, Presbyter – örtliche evangelische Kirchengemeinde.

Eine Vertretung kraft Vollmacht als eine auf Rechtsgeschäft beruhende Vertretungsmacht liegt beispielsweise vor bei Rechtsanwälten, Steuerberatern im Verhältnis zu ihren Mandanten, häufig bei Architekten im Verhältnis zum auftraggebenden Bauherrn oder bei Prokuristen im Verhältnis zu ihrer Firma.

Ebenfalls von der Beratung und Entscheidung ausgeschlossen ist gem. §§ 43 Abs. 2 und 31 Abs. 2 GO ein Ratsmitglied, das bei einer natürlichen oder juristischen Person oder einer Vereinigung, die nicht juristische Person ist, der die Entscheidung einen unmittelbaren Vorteil oder Nachteil bringen kann, gegen Entgelt beschäftigt ist und nach den tatsächlichen Umständen, insbesondere nach der Art der Beschäftigung, ein Interessenwiderstreit anzunehmen ist.

Das Mitwirkungsverbot hängt also von drei Voraussetzungen ab:
1. Dem „Arbeitgeber" des Ratsmitgliedes muss die Entscheidung einen unmittelbaren Vorteil oder Nachteil bringen können.
2. Es muss sich um ein entgeltliches Beschäftigungsverhältnis handeln.
3. Nach den tatsächlichen Umständen, insbesondere nach Art der Beschäftigung, muss eine Interessenkollision anzunehmen sein.

Schwierigkeiten können sich insbesondere bei der Beurteilung der dritten Voraussetzung ergeben. Grundsätzlich müssen alle Umstände als Beurteilungsgrundlage dienen. Besonders bedeutsam sind solche Umstände, die die Art der Beschäftigung betreffen. In der Regel liegt Interessenwiderstreit nicht vor für Ratsmitglieder, die in untergeordneter Tätigkeit bei einem Gewerbebetrieb be-

4 Pflichten der Ratsmitglieder

schäftigt sind, dessen wirtschaftliche Interessen berührt werden[79]. Allerdings ist auch hier eine genaue Prüfung in jedem Einzelfall erforderlich. So kann ein Interessenwiderstreit vorliegen bei der Vergabe eines Auftrages an einen Malerbetrieb, wenn das Ratsmitglied als Geselle einziger Mitarbeiter des Betriebsinhabers ist, während dies nicht der Fall wäre, wenn der beauftragte Betrieb insgesamt zwanzig Gesellen beschäftigt. Bei einem Prokuristen einer AG wird die Interessenkollision aufgrund der Beschäftigungsart wesentlich eher zu bejahen sein, als bei einem von vielen gewerblichen Arbeitnehmern dieser AG.

Im Allgemeinen kommen als Tatsachen, die die Annahme rechtfertigen, dass durch das entgeltliche Beschäftigungsverhältnis aufgrund der tatsächlichen Umstände, insbesondere nach der Art der Beschäftigung, eine Interessenkollision als gegeben anzusehen ist, vorrangig in Betracht:

- die leitende Stellung im Unternehmen,
- die Beschäftigung im engsten Mitarbeiterkreis um den Arbeitgeber,
- sonstige Einflussmöglichkeiten des Ratsmitgliedes auf den Arbeitgeber,
- die innerbetriebliche Zuständigkeit gerade für die betreffende Angelegenheit,
- Verhandlungen, die das Ratsmitglied als Arbeitnehmer in der fraglichen Angelegenheit für den Arbeitgeber mit der Gemeinde geführt hat und
- Einwirkungsversuche des Arbeitgebers auf die Entscheidungsfreiheit des Ratsmitgliedes.

Allerdings kann auch bei einem Mitarbeiter in hierarchisch hoher Stellung eine Interessenkollision zu verneinen sein, nämlich dann, wenn er in einem Bereich des Arbeitgebers tätig ist, der mit der in Rede stehenden Angelegenheit keine sachlichen oder persönlichen Berührungspunkte hat.

Beispiel:
Der Präsident eines Oberlandesgerichts dürfte als Ratsmitglied an der Entscheidung mitwirken, an das Land NRW ein Grundstück zum Bau einer Klinik zu verkaufen.

Die Beweislast für das Vorliegen eines solchen Interessenwiderstreits hat die Gemeinde[80].

Das Mitwirkungsverbot gilt gem. § 43 Abs. 2 i. V. m. § 31 Abs. 2 Nr. 2 GO auch für Ratsmitglieder, die Mitglied des Vorstandes, des Aufsichtsrates oder eines gleichartigen Organs einer juristischen Person oder einer Vereinigung sind, der die Entscheidung einen unmittelbaren Vorteil oder Nachteil bringen kann, es sei denn, das Ratsmitglied gehört diesem Gremium als Vertreter der Gemeinde oder auf Vorschlag der Gemeinde an.

---

79 LT-Drs. 8/2575, S. 19.
80 Rehn/Cronauge/von Lennep/Knirsch, Erl. III.2 zu § 31; Wansleben, in: Held/Winkel, Erl. 4 zu § 31.

4 Pflichten der Ratsmitglieder

Beispiele:

Das Vorstandsmitglied eines Sportvereins darf als Ratsmitglied nicht mitwirken bei der Entscheidung, einen Zuschuss an diesen Verein zu gewähren.

Das Ratsmitglied ist nicht auszuschließen, wenn es um die Gewährung eines Zuschusses an die „Dorfgemeinschaft e. V." geht, dessen Vorstand das Ratsmitglied auf Vorschlag oder als Vertreter der Gemeinde angehört, weil es in diesem Falle ohnehin nur die gemeindlichen Interessen zu vertreten hat.

Weiterhin schließt die Abgabe eines privaten Gutachtens in der betreffenden Sache oder eine sonstige Tätigkeit in dieser Angelegenheit von der Mitwirkung aus (§ 43 Abs. 2 i. V. m. § 31 Abs. 2 Nr. 3 GO). In beiden Fällen ist der Grund des Ausschlusses in dem vorherigen privaten Engagement des Ratsmitgliedes zu sehen. Auf einen möglichen Vor- oder Nachteil kommt es hierbei nicht an.

Beispiele:

Ein Ratsmitglied, das sich in privater Eigenschaft gutachtlich über den Standort des Jugendzentrums geäußert hat, darf in der Frage des Standortes des Jugendzentrums nicht mit beraten und entscheiden.

Ein Architekt, der die Bauunterlagen für ein Bauvorhaben im Außenbereich fertigt, darf sich bei der Beratung und Beschlussfassung über die Erteilung des Einvernehmens gem. § 36 BauGB nicht beteiligen.

4.2.2.2 Ausnahmen

Die Mitwirkungsverbote der Abs. 1 und 2 des § 31 GO gelten nicht, wenn der Vorteil oder Nachteil nur darauf beruht, dass jemand einer Berufs- oder Bevölkerungsgruppe angehört, deren gemeinsame Interessen berührt werden (§ 31 Abs. 3 Nr. 1 GO). Nur bei individueller Interessenlage ist ein Ausschluss gerechtfertigt, nicht aber bei einem „Kollektivinteresse"[81].

Beispiele:

Ratsmitglieder, die Gewerbetreibende oder Grundstückseigentümer sind, dürfen trotzdem die Haushaltssatzung (Hebesätze), die Hundehalter sind, die Hundesteuersatzung, die Grundstückseigentümer sind, Satzungen über Anschluss- und Benutzungszwang mit beraten und beschließen.

Ebenso gelten die Mitwirkungsverbote nicht bei Wahlen zu einer ehrenamtlichen Tätigkeit oder zu einem Ehrenamt und für die Abberufung aus solchen Tätigkeiten (§ 31 Abs. 3 Nr. 2 GO). Bei Rats- und Ausschussmitgliedern handelt es sich zwar nicht um ein erzwingbares Ehrenamt i. S. v. § 28 Abs. 2 GO, wohl aber um Ehrenämter i. S. v. § 31 Abs. 3 Nr. 2 GO.

---

81 Rehn/Cronauge/von Lennep/Knirsch, Erl. IV.2 zu § 31; Wansleben, in: Held/Winkel, Erl. 5 zu § 31.

4 Pflichten der Ratsmitglieder

Beispiele:
Die Ratsmitglieder können sich an den Ausschusswahlen auch dann beteiligen, wenn ihr Name in den Wahlvorschlägen enthalten ist.
Das zum Ortsvorsteher vorgeschlagene Ratsmitglied kann sich an seiner Wahl beteiligen. Die zum stellvertretenden Bürgermeister Vorgeschlagenen dürfen sich ebenfalls an der Wahl beteiligen.

Das Mitwirkungsverbot gilt weiterhin nicht bei Wahlen, Wiederwahlen und Abberufungen nach § 71, es sei denn, der Betreffende steht selbst zur Wahl (§ 31 Abs. 3 Nr. 3 GO).

Schließlich entfallen die Mitwirkungsverbote bei Beschlüssen eines Kollegialorgans, durch die jemand als Vertreter in Organe der in § 31 Abs. 2 Nr. 4 GO genannten Art entsandt wird.

Beispiel:
Die Stadt entsendet ein Ratsmitglied als Vertreter der Stadt in den Aufsichtsrat der Gasversorgungs-AG. Das vorgeschlagene Ratsmitglied darf an dem entsprechenden Beschluss mitwirken.

Die Mitwirkungsverbote gelten ebenfalls nicht bei gleichzeitiger Mitgliedschaft in der Vertretung einer anderen Gebietskörperschaft oder deren Ausschüssen, wenn ihr durch die Entscheidung ein Vorteil oder Nachteil erwachsen kann (§ 43 Abs. 2 i. V. m. § 31 Abs. 3 Nr. 5 GO).

Beispiel:
Ein Mitglied des Kreistages, das gleichzeitig Mitglied des Rates einer kreisangehörigen Gemeinde ist, darf an einem Ratsbeschluss mitwirken, der für den Kreis, in dessen Kreistag er ist, einen Vorteil oder Nachteil bringen kann.

4.2.2.3 Folgen für den Betroffenen

4.2.2.3.1 Offenbarungspflicht

Das Ratsmitglied, das für sich ein Mitwirkungsverbot annehmen muss, hat dies unaufgefordert dem Bürgermeister anzuzeigen (§§ 43 Abs. 2 Nr. 3 und 31 Abs. 4 GO). Entsprechendes gilt für Ausschussmitglieder gegenüber dem Ausschussvorsitzenden. Diese Pflicht besteht vor Eintritt in die Verhandlung. Erkennt ein Rats- bzw. Ausschussmitglied erst später den Ausschlussgrund, so besteht auch dann noch sofortige Offenbarungspflicht. Diese Offenbarungspflicht trifft als Ausfluss der allgemeinen Treuepflicht auch jedes andere Ratsmitglied, das von den Ausschließungsgründen eines Ratskollegen weiß[82]. Dies dient im Hinblick auf § 43 Abs. 4 Buchst. b GO (Haftung) auch dem Schutz des betroffenen Ratsmitgliedes.

4.2.2.3.2 Enthaltung von Beratung und Beschlussfassung

§ 43 Abs. 2 i. V. m. § 31 Abs. 1 GO verbieten eine Beteiligung an der Beratung und Beschlussfassung. Da dies für die gesamte „Angelegenheit" (§ 31 Abs. 1 Satz 1 GO) gilt, ist der Begriff „Beratung" weit auszulegen. Das bedeutet, dass die Enthaltung nicht nur für Rats- und Ausschusssitzungen gilt, sondern auch für das gesamte vorausgehende Verfahren (Fraktionssitzungen, amtliche Besprechungen)[83].

Nicht Stellung genommen wurde bisher zu der Frage, wie die Rechtslage hinsichtlich der Befugnis des Bürgermeisters zur Sitzungsleitung zu beurteilen ist, wenn für den Bürgermeister zu einem Punkt der Tagesordnung ein Ausschließungsgrund besteht.

Wenn man bedenkt, dass der Betroffene bei Vorliegen eines Ausschlussgrundes bei nichtöffentlicher Sitzung den Sitzungssaal verlassen und sich bei öffentlicher Sitzung in dem für Zuhörer bestimmten Teil des Sitzungssaales aufhalten muss (§ 31 Abs. 4 Satz 1 GO) und dies den Sinn hat, den Betroffenen an jeglicher Beteiligung am Sitzungsverlauf in der fraglichen Angelegenheit zu hindern, muss man daraus auch folgern, dass der Bürgermeister gehindert ist, in einer solchen Angelegenheit die Sitzung „lediglich" zu leiten, auch wenn er sich nicht an Beratung und Beschlussfassung beteiligt. Ebenfalls wird man dem Bürgermeister ein Widerspruchsrecht gem. § 54 Abs. 1 GO (ebenso Einspruch gem. § 57 Abs. 4 Satz 2 GO) verweigern. Da er durch den Widerspruch (ebenso Einspruch) die nochmalige Behandlung der Angelegenheit erzwingt (§§ 54 Abs. 1 Satz 3, 54 Abs. 3 Satz 2 GO und 57 Abs. 4 Satz 3 GO), ist dies jedenfalls einer „Beratung" i. S. v. § 31 Abs. 1 Satz 1 GO gleichzustellen.

Weiteres siehe auch unter 13.

4.2.2.3.3 Verlassen des Raumes bzw. Platzes

Der Betroffene hat gem. § 43 Abs. 2 i. V. m. § 31 Abs. 4 Satz 1 GO grundsätzlich den Sitzungssaal zu verlassen. Da dies aber bei öffentlichen Sitzungen, zu denen jedermann Zutritt hat, nicht vertretbar wäre, bestimmt § 31 Abs. 4 Satz 1, dass er sich in dem für Zuhörer bestimmten Teil des Sitzungssaales aufhalten kann. Dies soll gewährleisten, dass der Betroffene an jeglicher aktiver Sitzungsbeteiligung gehindert ist und dies auch optisch deutlich wird.

---

82 Rehn/Cronauge/von Lennep/Knirsch, Erl. V.2 zu § 31; Zuhorn/Hoppe, S. 194.
83 Rehn/Cronauge/von Lennep/Knirsch, Erl. I.3 zu § 31; ähnlich: Wansleben, in: Held/Winkel, Erl. 2 zu § 31.

4 Pflichten der Ratsmitglieder

Bei der Berechnung der Beschlussfähigkeit werden die Ausgeschlossenen auch dann nicht mitgezählt, wenn sie im Sitzungsraum (Zuhörerteil) anwesend sind[84].

Sollten in einem besonderen Falle sämtliche Ratsmitglieder in einer Angelegenheit auszuschließen sein,

Beispiel:
Alle Ratsmitglieder oder deren Angehörige haben im Plangebiet Grundeigentum und sind an der Beratung und Beschlussfassung des Bebauungsplanes ausgeschlossen.

so ist zur Beschlussfassung der fraglichen Angelegenheit ein Beauftragter gem. § 124 GO zu bestellen. Wenn nicht alle Ratsmitglieder, aber so viele betroffen sind, dass dies zur Beschlussunfähigkeit führt, ist die Lösung des Problems in der Möglichkeit des § 49 Abs. 2 GO zu finden[85]. Eine Bestellung eines Beauftragten gem. § 124 GO wäre in diesem Falle nicht verhältnismäßig (Erforderlichkeit).

4.2.2.3.4 Haftung

Wenn die Gemeinde infolge eines Ratsbeschlusses einen Schaden erleidet, so haften u. a. gem. § 43 Abs. 4 Buchst. b GO die Ratsmitglieder, die bei der schadensverursachenden Beschlussfassung trotz Mitwirkungsverbotes und Kenntnis davon mitgewirkt haben (siehe im Einzelnen 5).

4.2.2.4 Feststellung des Mitwirkungsverbotes

Wenn ein Rats- oder Ausschussmitglied nicht von sich aus einen Ausschließungsgrund erkennt, entscheidet bei Ratsmitgliedern der Rat, bei Ausschussmitgliedern der jeweilige Ausschuss über das Vorliegen von Ausschließungsgründen (§ 43 Abs. 2 Satz 1 Nr. 4 GO). Sollte dabei rechtswidrigerweise beschlossen werden, dass kein Ausschließungsgrund vorliegt, so ist außer diesem auch der nachfolgende (Sach-)Beschluss, an dem sich der an sich Auszuschließende beteiligt, rechtswidrig.

Beispiel:
Der Rat beabsichtigt zu beschließen, ein gemeindliches Grundstück an die Schwester des Ratsmitgliedes R. zu verkaufen. Der Rat beschließt, dass für R. kein Ausschließungsgrund vorliegt, da seiner Schwester als Käuferin keine Sonderkonditionen eingeräumt werden.
Sodann wird unter Mitwirkung des R. beschlossen, das Grundstück an die Schwester zu verkaufen.
Beide Beschlüsse sind rechtswidrig. (Allerdings ist § 31 Abs. 6 GO zu beachten.)

---

84 OVG NRW, OVGE 30, 196; Rauball/Pappermann/Roters, Rn. 2 zu § 34 (alt); Rehn/Cronauge/von Lennep/Knirsch, Erl. I zu § 49.
85 Rauball/Pappermann/Roters, Rn. 2 zu § 34 (alt).

4 Pflichten der Ratsmitglieder

Die Entscheidung über die Ausschließungsgründe bzw. über den Ausschluss eines Ratsmitgliedes ist kein Verwaltungsakt, sondern ein im Kommunalverfassungsstreit anfechtbarer innerorganisatorischer Rechtsakt[86].

Ein Verstoß gegen die Offenbarungspflicht wird ebenfalls durch Rats- bzw. Ausschussbeschluss festgestellt (§ 43 Abs. 2 Satz 1 Nr. 5 GO). Dieser Beschluss hat lediglich „Prangerwirkung" für den Betroffenen, indem ausdrücklich offenbar gemacht wird, dass er sich eines Regelverstoßes schuldig gemacht hat. Bei beiden Beschlüssen (Vorliegen eines Ausschließungsgrundes und Verletzung der Offenbarungspflicht) darf der Betroffene gem. § 43 Abs. 2 i. V. m. § 31 Abs. 1 Nr. 1 GO nicht mitwirken.

4.2.2.5 Rechtsfolgen bei unzulässiger Mitwirkung

Wenn ein Ratsmitglied (Ausschussmitglied) bei der Beratung oder Beschlussfassung mitgewirkt hat, obwohl es nach § 43 Abs. 2 i. V. m. § 31 GO von der Mitwirkung ausgeschlossen war, so ist der entsprechende Beschluss jedenfalls wegen dieses Verfahrensfehlers rechtswidrig und somit grundsätzlich gem. § 54 Abs. 2 (§ 54 Abs. 3) GO vom Bürgermeister zu beanstanden.

Allerdings ist zu beachten, dass die Mitwirkung eines wegen Befangenheit Betroffenen nach Beendigung der Abstimmung nur geltend gemacht werden kann, wenn sie für das Abstimmungsergebnis entscheidend war (§ 31 Abs. 6 GO). Bei einer geheimen Abstimmung ist die Stimme in diesem Sinne entscheidend, wenn theoretisch die Möglichkeit besteht, dass das Abstimmungsergebnis ohne Mitwirkung des Befangenen anders wäre[87].

Auch bei einer unzulässigen Mitwirkung, die für das Abstimmungsergebnis entscheidend war, ist eine Beanstandung des entsprechenden Beschlusses durch den Bürgermeister nicht unbegrenzt zulässig. Nach § 54 Abs. 4 GO ist eine Beanstandung eines solchen Beschlusses nach Ablauf eines Jahres seit der Beschlussfassung (bzw. bei zu veröffentlichenden Beschlüssen seit der Bekanntmachung) ausgeschlossen[88].

Beispiel:
Bei einem Abstimmungsergebnis 20 Ja : 19 Nein wäre die Abstimmung des Betroffenen entscheidend, wenn seine Stimme unter den 20 Ja-Stimmen war. Nicht entscheidungsbedeutsam wäre sie bei einem Abstimmungsergebnis 30:9.

Bei Satzungsbeschlüssen wird ein durch unzulässige (ergebnisentscheidende) Mitwirkung begründeter Verfahrensfehler gem. § 7 Abs. 6 GO unbeachtlich, wenn dieser Fehler nicht innerhalb eines Jahres seit Verkündung der Satzung

---

86 Ehlers, S. 475.
87 Brunner, in: Kleerbaum/Palmen, § 31 X.3.
88 A. A.: Hofmann/Theisen, S. 447.

4 Pflichten der Ratsmitglieder

geltend gemacht wird, obwohl die Gemeinde bei der Verkündung der Satzung ausdrücklich auf diese Rechtsfolge hingewiesen hat. Soweit ein Rats- oder Ausschussbeschluss unmittelbar Außenwirkung hat oder durch einen auf den Beschluss gestützten Verwaltungsakt des Bürgermeisters Außenwirkung erlangt, kann die Verletzung des Mitwirkungsverbots ebenfalls nur innerhalb eines Jahres seit Beschlussfassung oder öffentlicher Bekanntmachung des Beschlusses geltend gemacht werden (§ 54 Abs. 4 GO).

4.2.2.6: Zusammenfassende Darstellung: Mitwirkungsverbot bei Befangenheit

A. Persönlicher Anwendungsbereich
 (Für wen gilt die Vorschrift?)
 1. Ehrenamtlich Tätige und im Ehrenamt Tätige (§ 31 GO unmittelbar)
 2. Ratsmitglieder (§ 43 Abs. 2; § 50 Abs. 6 GO) – doppelt geregelt –
 3. Ausschussmitglieder (§ 43 Abs. 2 GO; § 50 Abs. 6 GO) – doppelt geregelt –
 4. Mitglieder der Bezirksvertretungen (§ 43 Abs. 2 GO; § 50 Abs. 6 GO) – doppelt geregelt –
 5. Bürgermeister (§ 50 Abs. 6 GO)

B. Grundvoraussetzung
 (Sachlicher Ausschlussgrund?)
 1. Möglichkeit eines unmittelbaren Vor- oder Nachteils (§ 31 Abs. 1 GO)
 oder
 2. In derselben Angelegenheit in anderer als öffentlicher Eigenschaft als Gutachter oder sonst tätig geworden (§ 31 Abs. 2 Nr. 3 GO)
 (Dies ist unabhängig davon, ob und für wen ein Vor- oder Nachteil entstehen kann. Es kommt lediglich auf das vorherige entsprechende Tätigwerden an.)

C. Kreis der „Empfänger" eines möglichen Vor- oder Nachteils
 (Für wen entsteht möglicherweise ein Vor- oder Nachteil?)
 1. Mitglied (Ehrenamtler) selbst (§ 31 Abs. 1 Nr. 1 GO)
 2. Angehörige (§ 31 Abs. 1 Nr. 2; § 31 Abs. 5 GO)
 3. Vertretene Person (§ 31 Abs. 1 Nr. 3 GO)
 4. Arbeitgeber, je nach den tatsächlichen Umständen, insbesondere der Beschäftigungsart (§ 31 Abs. 2 Nr. 1 GO)
 5. Juristische Person oder Vereinigung, bei der der Betroffene als Mitglied des Vorstandes, des Aufsichtsrates oder eines gleichartigen Organs tätig ist (§ 31 Abs. 2 Nr. 2 GO)

D. Ausnahmen
(Wann ist Mitwirkung zulässig trotz Möglichkeit eines Vor- oder Nachteils bzw. trotz gutachterlicher oder sonstiger Tätigkeit?)
1. Kollektiver Vor- oder Nachteil einer Berufs- oder Bevölkerungsgruppe bei gemeinsamer Interessenslage (§ 31 Abs. 3 Nr. 1 GO)
2. Gesetzlich aufgeführte Sonderfälle (§ 31 Abs. 3 Nr. 2 bis 5 GO)

E. Rechtsfolgen für Betroffenen
(Wie muss sich der Betroffene verhalten?)
1. Offenbarungspflicht (§ 31 Abs. 4 Satz 1 GO)
2. Ausschluss von Beratung und Beschlussfassung (§ 31 Abs. 1 GO)
3. Aufhalten im Zuhörerbereich des Sitzungsraumes bei öffentlicher Sitzung (§ 31 Abs. 4 Satz 1 GO)
4. Verlassen des Sitzungsraumes bei nichtöffentlicher Sitzung (§ 31 Abs. 4 Satz 1 GO)
5. Evtl. Haftung (§ 31 Abs. 4 Buchst. b GO)

F. Rechtsfolge bei Missachtung
(Welche Folge, wenn Auszuschließender mitgewirkt hat?)
1. Beschluss ist grundsätzlich rechtswidrig
Aber:
2. Nach Beendigung der Abstimmung kann unzulässige Mitwirkung nur geltend gemacht werden, wenn sie für das Abstimmungsergebnis entscheidend war (§ 31 Abs. 6 GO)
3. Bei Beachtlichkeit wegen Entscheidungsrelevanz (§ 31 Abs. 6 GO) Beanstandung nur innerhalb eines Jahres zulässig (§ 54 Abs. 4 GO)

4.2.3 Vertretungsverbot

4.2.3.1 Umfang

Nach § 43 Abs. 2 i. V. m. § 32 Abs. 1 GO darf ein Ratsmitglied Ansprüche anderer gegen die Gemeinde, soweit es nicht als gesetzlicher Vertreter handelt, nicht geltend machen. Diese Vorschrift entspricht dem Rollenverständnis des Ratsmitgliedes als Vertreter der Gemeinde.

Dabei ist als Anspruch die Berechtigung zu verstehen, von jemandem ein Tun oder Unterlassen zu fordern (§ 194 Abs. 1 BGB). Es ist unerheblich, ob es sich um privatrechtliche oder um öffentlich-rechtliche Ansprüche handelt. „Gegen die Gemeinde" wird der Anspruch schon immer dann geltend gemacht, wenn zuvor die Gemeinde tätig geworden ist. Gleichgültig ist also, ob es sich um ei-

4 Pflichten der Ratsmitglieder

nen Anspruch im Bereich der echten oder der unechten Selbstverwaltungsaufgaben oder gar der staatlichen Auftragsangelegenheiten handelt[89].

Die Geltendmachung von Ansprüchen umfasst nicht nur eine Prozessvertretung, sondern auch jedwede schriftliche oder mündliche außergerichtliche Vertretungshandlung, wobei es unerheblich ist, ob der Vertreter unentgeltlich oder gegen Bezahlung tätig wird[90].

Besonders von dieser Vorschrift betroffen sind Ratsmitglieder, deren Beruf es ist, Ansprüche anderer geltend zu machen (z. B. Rechtsanwälte, Steuerberater, Architekten, Makler). Gleichwohl verstößt § 32 GO nicht gegen das GG, insbesondere nicht gegen Art. 5 (freie Meinungsäußerung) und Art. 12 (Berufsfreiheit)[91].

Beispiele:

Verstöße gegen § 43 Abs. 2 i. V. m. § 32 Abs. 1 GO liegen vor, wenn ein Ratsmitglied für einen Betroffenen einen Verwaltungsakt anficht (Widerspruch, Klage)[92] oder z. B. als Architekt für den Bauherrn einen Bauantrag stellt.

Ein Verstoß gegen § 43 Abs. 2 i. V. m. § 32 Abs. 1 GO liegt hingegen nicht vor, wenn ein Ratsmitglied die Strafverteidigung eines gemeindlichen Mitarbeiters[93] übernimmt oder in einem Bußgeldverfahren gegen die Gemeinde für einen Dritten auftritt[94].

Während das OVG NRW lange Zeit die Auffassung vertrat, dass das Vertretungsverbot auch für einen Rechtsanwalt gilt, der zwar nicht Ratsmitglied ist, aber mit einem Ratsmitglied in einer Anwaltssozietät verbunden ist[95], hat das OVG diese Rechtsprechung aufgegeben[96], nachdem schon vorher das BVerfG das Vertretungsverbot für einen Rechtsanwalt, der nicht dem Rat angehört, aber mit einem als Ratsmitglied tätigen Rechtsanwalt eine Bürogemeinschaft hatte, verneint hat[97].

Die Geltendmachung eigener Ansprüche durch Rats- und Ausschussmitglieder ist zulässig.

---

89 OVG Lüneburg, DVBl. 1955, 164.
90 Rehn/Cronauge/von Lennep/Knirsch, Erl. II.2 zu § 31.
91 BVerwG, NJW 1956, 965.
92 OVG NRW, OVGE 27, 73.
93 Wansleben, in: Held/Winkel, Erl. 4 zu § 32.
94 BVerfG, NJW 1976, 954; BVerfGE 41, 231.
95 Insbesondere OVG NRW, NJW 1975, 2086.
96 OVG NRW, NJW 1981, 2210.
97 BVerfG, DVBl. 1981, 489.

4 Pflichten der Ratsmitglieder

4.2.3.2 Ausnahmen

Das Vertretungsverbot gilt nicht, soweit das Ratsmitglied als gesetzlicher Vertreter handelt (§§ 43 Abs. 2, 32 Abs. 1 2. Halbsatz GO). Als solcher handelt ein Ratsmitglied z. B., wenn es als Elternteil minderjähriger Kinder (§ 1626 BGB), als Vorstand eines rechtsfähigen Vereins (§ 26 BGB), einer AG (§ 76 AktG), einer Genossenschaft (§ 24 GenG), als Geschäftsführer einer GmbH (§ 35 GmbHG) tätig wird.

4.2.3.3 Geltung für sachkundige Bürger und Einwohner sowie Mitglieder der Bezirksvertretungen

Für sachkundige Bürger und sachkundige Einwohner in Ratsausschüssen und Mitglieder der Bezirksvertretungen gilt das Vertretungsverbot nur, soweit die geltend zu machenden Ansprüche in Zusammenhang mit ihrer gemeindlichen Tätigkeit stehen (§ 43 Abs. 2 Nr. 6 GO).

> **Beispiel:**
> Ein Rechtsanwalt, der sachkundiger Bürger im Sozialausschuss ist, dürfte für einen Dritten nicht gegen einen Sozialhilfebescheid der Gemeinde, wohl aber gegen die Ablehnung eines Bauantrages klagen.

Die bis zur Zurückweisung vorgenommenen Verfahrensverhandlungen bleiben aber wirksam, da ansonsten eine nicht vertretbare Benachteiligung für den Vertretenen entstehen würde. Vom Zeitpunkt der Zurückweisung an kann der Vertretene seine Angelegenheit selbst wahrnehmen oder einen anderen Bevollmächtigten bestellen. Nicht nur die Gerichte, sondern auch die zuständigen gemeindlichen Organe sind zur Zurückweisung von Rechts- und Verfahrenshandlungen berechtigt.

4.2.4 Pflicht zur Offenbarung persönlicher und wirtschaftlicher Verhältnisse

Ratsmitglieder und Ausschussmitglieder sind verpflichtet, gegenüber dem Bürgermeister Auskünfte über ihre wirtschaftlichen und persönlichen Verhältnisse zu geben, soweit dies für die Ausübung ihrer Tätigkeit bedeutsam sein kann (§ 43 Abs. 3 GO). Nähere Einzelheiten hat der Rat zu regeln (etwa in einer „Ehrenordnung"). Durch diese Vorschrift soll möglichen Interessenkollisionen vorgebeugt werden.

4 Pflichten der Ratsmitglieder

**Schaubild 4:
Pflichten der Ratsmitglieder**

Allgemeine Treuepflicht
(§ 43 Abs. 1 GO)

Konkretisierungen

| Verschwiegen-heitspflicht und Verwertungsverbot (§ 43 Abs. 2 i.V.m. § 30 GO) | Mitwirkungs-enthaltungspflicht bei Interessen-kollision (§ 43 Abs. 2 i.V.m. § 31 GO) | Vertretungsverbot (§ 43 Abs. 2 i.V.m. § 32 GO) | Pflicht zur Offen-barung persön-licher und wirt-schaftlicher Verhältnisse (§ 43 Abs. 3 GO) |

5 Haftung der Ratsmitglieder

5.1 Voraussetzungen

Ratsmitglieder haften gem. § 43 Abs. 4 GO (Ausschussmitglieder gem. § 58 Abs. 2 Satz 1 GO, Bezirksvertreter gem. § 36 Abs. 5 Satz 2 GO), wenn der Gemeinde infolge eines Ratsbeschlusses ein Schaden entsteht, wenn sie

a) vorsätzlich oder grobfahrlässig ihre Pflicht verletzt haben,
b) bei der Beschlussfassung mitgewirkt haben, obwohl sie nach § 43 Abs. 2 i. V. m. § 31 GO davon ausgeschlossen waren und Kenntnis vom Ausschließungsgrund hatten,
c) Ausgabebewilligungen ohne gesetzliche oder haushaltsrechtliche Ermächtigung beschlossen haben, ohne gleichzeitig die erforderlichen Deckungsmittel bereitgestellt zu haben.

Der Schaden muss der Gemeinde als Körperschaft entstanden sein, und es muss sich um einen Vermögensschaden handeln[98]. Grundsätzlich muss der Schaden infolge eines Ratsbeschlusses entstanden sein. Die Haftung kommt aber auch in Betracht bei Unterlassung eines schadensabwendenden Beschlusses.

Gemäß § 58 Abs. 2 Satz 1 GO gilt die Haftungsvorschrift auch für Ausschussmitglieder. Praktische Bedeutung hat dies jedoch nur für Ausschüsse mit Entscheidungsbefugnis. Grundsätzlich gilt § 43 Abs. 4 GO auch für Dringlichkeitsentscheidungen gem. § 60 Abs. 1 Satz 2 und 3 GO, wenngleich hierbei wegen des Wegfalls der sonst längeren Vorbereitungs- und Überlegungszeit großzügigere Maßstäbe anzulegen sind. Mit dem Sanktionsbeschluss des Rates gem. § 60 Abs. 1 Satz 3 GO geht die Haftung auf die Ratsmitglieder über.

5.2 Umfang

Es haften nur die Ratsmitglieder, die für den schadensverursachenden Beschluss gestimmt haben, nicht auch diejenigen, die dagegen gestimmt haben oder sich der Stimme enthalten haben[99]. Wer sich der Stimme enthält oder gegen den schadensverursachenden Beschlussantrag stimmt, verletzt ja schließlich nicht seine Pflicht (§ 43 Abs. 4 Buchst. a GO) und stimmt auch nicht Ausgaben zu (§ 43 Abs. 4 Buchst. c GO).

Im Falle der Haftung gem. § 43 Abs. 4 Buchst. b GO haften nur die Ratsmitglieder, für die ein ihnen bekannter Ausschließungsgrund i. S. v. § 43 Abs. 2 i. V. m. § 31 GO vorlag.

Die Haftungsverpflichteten haften gesamtschuldnerisch.

---

98 Rehn/Cronauge/von Lennep/Knirsch, Erl. IV.1 zu § 43.
99 Rehn/Cronauge/von Lennep/Knirsch, Erl. IV.2 zu § 43.

5 Haftung der Ratsmitglieder

Als „Haftungsbremse" wird sich in der Praxis die Beanstandungspflicht des Bürgermeisters gem. § 54 Abs. 2 und 3 GO auswirken. In den meisten Fällen werden schadensverursachende Ratsbeschlüsse zugleich rechtswidrig sein, so dass es aufgrund der dann erforderlichen Beanstandung gem. § 54 Abs. 2 und 3 GO gar nicht zur Ausführung des Beschlusses und damit zum schadensstiftenden Ereignis kommen kann.

5.3 Geltendmachung des Haftungsanspruchs

Wer über die haftungsrechtliche Inanspruchnahme der Ratsmitglieder zu entscheiden hat, ist gesetzlich nicht ausdrücklich geregelt.

Nach überwiegender Meinung ist der Rat zuständig für die Geltendmachung des Schadensersatzanspruches der Gemeinde gegenüber einem Ratsmitglied[100].

Sollte der Rat rechtswidrigerweise den Rückgriff ablehnen, müsste der Bürgermeister diesen ablehnenden Beschluss gem. § 54 Abs. 2 GO beanstanden. Sollte der Rat bei der notwendigen nochmaligen Beschlussfassung bei seiner ablehnenden rechtswidrigen Haltung bleiben, hat der Bürgermeister die Aufsichtsbehörde einzuschalten (§ 54 Abs. 2 Satz 4 GO)[101]. Die Aufsichtsbehörde könnte den rechtswidrigen Beschluss aufheben (§ 122 Abs. 1 Satz 2 GO).

Würde sich der Rat von Anfang an oder nach der aufsichtsbehördlichen Aufhebung weigern, einen rechtmäßigen den Schadensersatzanspruch geltend machenden Beschluss zu fassen, könnte die Aufsichtsbehörde anordnen, dass innerhalb einer bestimmten Frist der erforderliche Ratsbeschluss gefasst wird (§ 123 Abs. 1 GO).

Kommt der Rat dieser Anordnung nicht fristgerecht nach, könnte die Aufsichtsbehörde anordnen, dass z. B. der Bürgermeister anstelle des Rates die Haftungsentscheidung trifft (§ 123 Abs. 2 GO).

Die Annahme der Zuständigkeit des Rates in dieser Frage könnte im Hinblick auf Interessenkollisionen (§§ 43 Abs. 2 und 31 GO) bedenklich sein. Man denke nur an den Fall, dass die Mehrheit der Ratsmitglieder gegen sich selbst Schadensersatzansprüche durchsetzen soll. Vertretbar wäre durchaus auch die Auffassung, dass der Bürgermeister gem. § 63 Abs. 1 GO für die Geltendmachung des Schadensersatzanspruches zuständig ist[102].

Würden beide – Rat und Bürgermeister – von Anfang an untätig bleiben, kämen aufsichtsbehördliche Maßnahmen in Betracht (§ 123 GO).

---

100 Erlenkämper, in: Articus/Schneider, Erl. 4.4 zu § 43; Smith, in: Kleerbaum/Palmen, § 43 VII.4; Wansleben, in: Held/Winkel, Erl. 5 zu § 43.
101 Erlenkämper, in: Articus/Schneider, Erl. 4.4 zu § 43.
102 Zuhorn/Hoppe, S. 200.

6 Verfahren des Rates

6.1 Geschäftsordnung

6.1.1 Inhalt

Die GO enthält nur einige grundlegende Vorschriften über die Arbeitsweise des Rates (z. B. §§ 47 bis 52 GO). Weitergehende Einzelheiten werden in der Geschäftsordnung des Rates geregelt. Die Pflicht zum Erlass einer Geschäftsordnung ergibt sich aus dem Regelungsbedarf gem. §§ 36 Abs. 5 Satz 2, 36 Abs. 6 Satz 3, 47 Abs. 2 Satz 1 und 2, 48 Abs. 1 Satz 2 und 3, 48 Abs. 2 Satz 2, 48 Abs. 4, 50 Abs. 1 Satz 7, 51 Abs. 3, 56 Abs. 4, 57 Abs. 4, 58 Abs. 1 Satz 4 GO.

Die Geschäftsordnung muss also Regelungen enthalten über

- die Ladungsfrist (§ 47 Abs. 2 GO),
- die Form der Einberufung (§ 47 Abs. 2 GO),
- die Geschäftsführung des Rates (§ 47 Abs. 2 GO),
- die Bildung von Fraktionen (§ 56 Abs. 4 GO),
- das Fragerecht der Ratsmitglieder (§ 47 Abs. 2 GO),
- die Frist für Tagesordnungsvorschläge (§ 48 Abs. 1 S. 2 GO),
- die Teilnahme von Nichtmitgliedern an nichtöffentlichen Sitzungen des Rates (§ 48 Abs. 4 GO) und der Ausschüsse (§ 58 Abs. 1 Satz 4 GO) und
- die Einspruchsfrist (§ 57 Abs. 4 S. 2 GO).

Die Geschäftsordnung kann weitere Regelungen enthalten. Dazu gehören nach der GO z. B.

- besondere Verfahrensvorschriften für Bezirksvertretungen (§ 36 Abs. 5 Satz 2 GO),
- Einzelheiten über Einwohnerfragestunden (§ 48 Abs. 1 Satz 3 GO),
- Ausschluss der Öffentlichkeit für Angelegenheiten einer bestimmten Art (§ 48 Abs. 2 Satz 2 GO),
- weitergehende Abstimmungsregelungen (§ 50 Abs. 1 Satz 7 GO) oder
- Sanktionsmaßnahmen gegen Ratsmitglieder bei Ordnungsverstößen (§ 51 Abs. 3 GO).

6.1.2 Rechtscharakter

Der Rechtscharakter der Geschäftsordnung ist umstritten. Übereinstimmend wird festgestellt, dass es sich bei der Geschäftsordnung nicht um eine Satzung handelt. Zum einen wird angenommen, dass es sich um Rechtssätze handelt, die für Ratsmitglieder unmittelbar Rechte und Pflichten begründen[103], Rechts-

---

103 Plückhahn, in: Held/Winkel, Erl. 6 zu § 47.

sätze, die Innenrecht ohne Außenwirkung enthalten[104], die einer Satzung nahekommt, im Range aber unter einer Satzung steht[105], verbindlicher Rechtssatz, der als innerorganisatorische Norm Binnenrechtsbeziehungen regelt[106], materieller Rechtssatz des Innenrechts ist[107]. Zum anderen wird die Auffassung vertreten, die Geschäftsordnung sei eine Verwaltungsverordnung[108] bzw. ein „Ratsbeschluss ohne Rechtscharakter, vergleichbar mit einer Verwaltungsverordnung im staatlichen Bereich"[109].

Ob es sich bei der Geschäftsordnung um eine Rechtsnorm oder um eine Verwaltungsvorschrift handelt, ist bedeutsam für den Fall der Nichtbeachtung der Geschäftsordnungsbestimmungen. Handelt es sich um eine Rechtsnorm, so sind Beschlüsse, die unter Missachtung der Geschäftsordnung zustande kommen, rechtswidrig, während diese Folge nicht gegeben ist, wenn die Geschäftsordnung lediglich als Verwaltungsvorschrift angesehen wird. An dieser Konsequenz zeigt sich auch, dass es nicht unproblematisch ist, die Geschäftsordnung insgesamt als Rechtsnorm oder als Verwaltungsvorschrift anzusehen.

Während im ersten Fall jeder Verstoß – auch gegen nebensächliche Formvorschriften – zur Rechtswidrigkeit des Beschlusses führt, bleibt im zweiten Fall jede Missachtung der Geschäftsordnungsbestimmungen ohne diesbezügliche Folgerungen.

Es scheint daher notwendig zu sein, die Geschäftsordnung als Regelungstyp eigener Art anzusehen und auf die einzelnen Regelungen in der Geschäftsordnung abzustellen und zu unterscheiden zwischen Geschäftsordnungsbestimmungen mit Rechtsnormencharakter und solchen, die lediglich einer Verwaltungsvorschrift gleichzusetzen sind[110]. Eine Bezeichnung als Verwaltungsvorschrift ist ohnehin insofern nicht einwandfrei, als die Geschäftsordnung keine Anordnung an eine weisungsabhängige nachgeordnete Stelle in einem Hierarchiesystem darstellt.

Schwierig ist allerdings im Einzelfall die Zuordnung der jeweiligen Geschäftsordnungsvorschriften. Als Faustregel kann dabei gelten, dass Regelungen, die unmittelbar auf die GO fußen (z. B. Ladungsfrist, Abstimmungsweiterungen), Rechtsnormencharakter haben. Gleiches muss für Regelungen gelten, die ein

---

104 Schmidt-Jortzig, S. 147.
105 Schmidt-Aßmann, S. 34.
106 OVG NRW, NWVBl. 2004, 378; Plückhahn, in: Held/Winkel, Erl. 4 zu § 47.
107 Wagner, in: Kleerbaum/Palmen, § 47 V.; Erichsen, S. 117.
108 Rauball/Pappermann/Roters, Rn. 6 zu § 36; Hofmann/Theisen, S. 380; Rehn, Präambel Anm. 2; Waibel, S. 125; Rothe, Demokratische Gemeinde 1977, 805
109 Gönnenwein, S. 283.
110 Ähnlich Zuhorn/Hoppe, S. 204, die zwischen innerkorporativem Satzungsrecht und innerkorporativen Verwaltungsbestimmungen unterscheiden; Rehn/Cronauge/von Lennep/Knirsch, Erl. C II.2 zu § 47; ähnlich: Gern, S. 283, Maurer, S. 625.

Recht oder eine Pflicht der Ratsmitglieder dem Grunde nach betreffen (z. B. Antragsrechte). Regelungen, die nur die Art und Weise der Ausübung eines Rechts oder einer Pflicht betreffen, sind hingegen einer Verwaltungsvorschrift gleichzusetzen (z. B. Form der Antragsbegründung, Redezeit).

Im Falle der Missachtung der Geschäftsordnung ist folglich zu prüfen, welcher Art die Regelung ist, gegen die verstoßen wurde. Handelt es sich dabei um eine Regelung mit Rechtsnormencharakter, ist der nachfolgende Ratsbeschluss rechtswidrig und vom Bürgermeister zu beanstanden (§ 54 Abs. 2 GO)[111]. Die Missachtung einer Geschäftsordnungsregelung, die lediglich einer Verwaltungsvorschrift gleichzusetzen ist, ist hingegen unbeachtlich[112].

Beispiel:
Wurde offen abgestimmt, obwohl die Geschäftsordnung für den fraglichen Fall geheime Abstimmung vorsieht, ist der in offener Abstimmung gefasste Beschluss rechtswidrig.

Die entsprechende Geschäftsordnungsbestimmung hat Rechtsnormencharakter, weil sie sich auf die GO unmittelbar gründet (§ 50 Abs. 1 Satz 5 GO).

Würde bei der Beratung eines Antrages gegen eine Vorschrift der Geschäftsordnung verstoßen, die bestimmt, dass zur Begründung eines Antrages eine bestimmte Redezeit nicht überschritten werden darf, so wäre der Beschluss über den Antrag nicht rechtswidrig. Als Regelung, die nur die Art und Weise der Ausübung des Antragsrechts betrifft, wäre die Geschäftsordnungsbestimmung lediglich wie eine Verwaltungsvorschrift zu werten.

Da der Geschäftsordnung grundsätzlich keine Außenwirkung zukommt, können nicht dem Organ (Rat, Ausschuss) angehörende Personen weder auf ihre Einhaltung klagen noch sich durch Nichtbeachtungen rechtlich verletzt fühlen[113].

Über den Kreis der Ratsmitglieder hinaus bindet die Geschäftsordnung auch die zur Teilnahme an den Sitzungen berechtigten bzw. verpflichteten Personen (z. B. Beigeordnete [vgl. § 69 GO]); ebenso unterliegen alle Zuhörer in Sitzungen der geschäftsordnungsmäßig bestimmten Ordnungsgewalt. Weiterhin sind Einwohner im Rahmen der Einwohnerfragestunden gem. § 48 Abs. 1 Satz 3 GO an die für die Durchführung dieser Fragestunden geltenden Geschäftsordnungsbestimmungen gebunden[114].

---

111 Z. T. wird dies nur angenommen, wenn Geschäftsordnungsbestimmungen verletzt werden, die zwingende gesetzliche Bestimmungen – wörtlich oder inhaltlich – wiedergeben, OVG NRW, NWVBl. 1997, 67; Plückhahn, in: Held/Winkel, Erl. 4 zu § 47.
112 Im Ergebnis ähnlich, wenn auch unter anderer Begründung: Gern, S. 284; Hofmann/Theisen, S. 380; Schmidt-Aßmann, S. 35.
113 Plückhahn, in: Held/Winkel, Erl. 6 zu § 47; Rauball/Pappermann/Roters, Rn. 3 zu § 36; Knemeyer, S. 148; Schmidt-Jortzig, S. 147.
114 Rehn/Cronauge/von Lennep/Knirsch, Erl. II.2 zu § 47; Plückhahn, in: Held/Winkel, Erl. 4 zu § 47.

6 Verfahren des Rates

Aus der Tatsache, dass es sich bei der Geschäftsordnung nicht um eine Satzung handelt, ergibt sich der Wegfall der öffentlichen Bekanntmachung[115]. Das bedeutet, dass der Rat z. B. die Geschäftsordnung während der Sitzung formell ändern kann und sofort nach der Änderung die veränderte Fassung anwenden kann.

Allerdings ist eine Abweichung von den Regelungen der Geschäftsordnung im Einzelfall per Ratsbeschluss nicht zulässig. Jede auf Dauer angelegte und in besonderer Form ergangene Normierung kann nur durch einen Akt mindestens gleichen Rechtsranges und in gleicher Verfahrensform geändert, außer Anwendung gesetzt oder aufgehoben werden[116].

Einzelfallabweichungen sind nur dann zulässig, wenn die Geschäftsordnung selbst dies ausdrücklich vorsieht[117].

---

115 Rehn/Cronauge/von Lennep/Knirsch, Erl. II.2 zu § 47.
116 Plückhahn, in: Held/Winkel, Erl. 4 zu § 47; Schmidt-Jortzig, S. 147; a. A. Kirchhof, Erl. 7 zu § 23; Gönnenwein, S. 283; Waibel, S. 125.
117 Schmidt-Jortzig, S. 147.

6 Verfahren des Rates

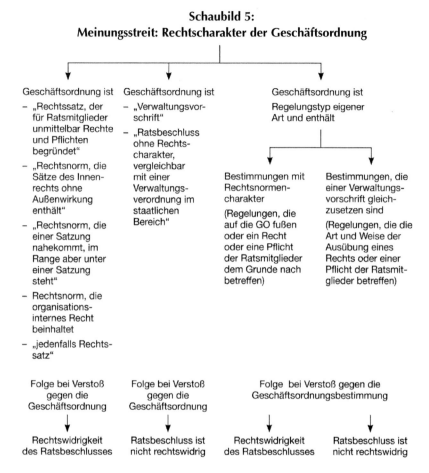

Schaubild 5:
Meinungsstreit: Rechtscharakter der Geschäftsordnung

6.2 Einberufung

Der Rat wird durch den Bürgermeister einberufen (§ 47 Abs. 1 Satz 1 GO).

Die Einberufung ist ein unentziehbares Recht des Bürgermeisters. Es schließt das Recht zur Festsetzung der Tagesordnung (§ 48 Abs. 1 Satz 1 GO) sowie zur Bestimmung von Zeit und Ort der Sitzung ein. Der Rat hat dabei kein Mitbestimmungsrecht. Etwaige Ratsbeschlüsse in dieser Hinsicht können allenfalls empfehlenden Charakter haben.

Beispiel:
Der Rat beschließt als grundsätzlichen Sitzungsbeginn 18.00 Uhr.

Dem Rat steht auch kein Selbstversammlungsrecht (ggf. ohne den Bürgermeister) zu, selbst dann nicht, wenn der Bürgermeister sich zur Einberufung weigert.

6 Verfahren des Rates

In einem solchen Weigerungsfall kann allerdings die Aufsichtsbehörde tätig werden (§ 47 Abs. 3 GO).

Beschlüsse, die in einer solchen „Selbstversammlungs-Ratssitzung" gefasst würden, wären sämtlich rechtswidrig.

Eine wirksame Beratung und Beschlussfassung setzen eine ordnungsgemäß einberufene und durchgeführte Sitzung voraus.

Die Einberufung des Rates ist kein Verwaltungsakt, sondern ein innerorganisatorischer Akt.

Nach Beginn der Wahlzeit des Rates muss die erste Sitzung innerhalb von 6 Wochen stattfinden. Im Übrigen hängt die Häufigkeit der Einberufung des Rates vom Geschäftsbedürfnis ab. Der Rat soll wenigstens alle zwei Monate einberufen werden (§ 47 Abs. 1 Satz 3 GO). Hierbei handelt es sich trotz der Einengung der Sollvorschrift („wenigstens") lediglich um eine Ordnungsvorschrift. Eine Überschreitung dieser Frist hat keinerlei Auswirkungen auf die Rechtmäßigkeit der Beschlüsse[118]. Eine unberechtigte Überschreitung dieser Frist kann jedoch dazu führen, dass die Aufsichtsbehörde die Einberufung veranlasst (§ 47 Abs. 3 GO).

Auch eine bedingte Einberufung des Rates ist zulässig.

Beispiel:
Der Bürgermeister lädt den Rat unter Beachtung der Ladungsfrist auf den 10. Dezember ein. In der Einladung heißt es in Anbetracht der umfangreichen Tagesordnung: „Für den Fall, dass die Tagesordnung am 10. Dezember nicht vollständig abgewickelt werden kann, lade ich den Rat zu einer weiteren Sitzung zur Behandlung der restlichen Tagesordnungspunkte auf den 12. Dezember, 17 Uhr, ein."

Der Bürgermeister ist zur unverzüglichen Einberufung des Rates gezwungen, wenn ein Fünftel der Ratsmitglieder oder eine Fraktion dies unter Angabe der Beratungsgegenstände verlangt (§ 47 Abs. 1 Satz 4 GO). Bei diesem Verlangen braucht das Fünftel bzw. die Fraktion nicht zu begründen, warum einberufen werden soll. Ebenso muss kein Beschlussvorschlag gemacht oder eine sachliche Erläuterung gegeben werden[119]. Dieses Verlangen braucht nicht schriftlich zu sein. Denkbar ist auch, dass ein Fünftel der Ratsmitglieder während einer Sitzung mündlich eine weitere Sitzung über bestimmte Punkte verlangt[120]. Auf die Tagesordnung einer solchen Sitzung kann der Bürgermeister von sich aus weitere Punkte setzen. Die verlangende Gruppe hat keinen Anspruch auf eine „Exklusivsitzung", in der ausschließlich die von ihr gewünschten Punkte be-

---

118 Plückhahn, in: Held/Winkel, Erl. 3 zu § 47.
119 Wagner, in: Kleerbaum/Palmen, § 47 II.1.
120 Plückhahn, in: Held/Winkel, erl. 3 zu § 47; a. A. z. T. Rehn/Cronauge/von Lennep/Knirsch, Erl. I.3 zu § 47.

handelt werden. Ihren Belangen ist Rechnung getragen, wenn die von ihr vorgeschlagenen Angelegenheiten in einer unverzüglich einberufenen Sitzung behandelt werden. Das Antragsrecht beinhaltet kein Recht auf Beratung. Der Rat könnte nach Begründung durch die Antragsteller Vertagung beschließen oder Schließung der Sitzung durch den Bürgermeister verlangen.

Bei der Einberufung ist die in der Geschäftsordnung vorgesehene Ladungsfrist unbedingt einzuhalten. Sinn der Ladungsfrist (und der Tagesordnung) ist es, den Ratsmitgliedern eine ausreichende Vorbereitung zu ermöglichen. Die GO schreibt nicht vor, wie lang die Ladungsfrist sein muss. Sie darf jedoch nicht so kurz bemessen sein, dass sie ihren Zweck nicht erfüllen kann[121]. Die Missachtung der Ladungsfrist ist ein Verfahrensmangel, der zur Rechtswidrigkeit der in der Sitzung gefassten Beschlüsse führt[122].

Wenn der Bürgermeister seiner Einberufungsverpflichtung nicht nachkommt, veranlasst die Aufsichtsbehörde die Einberufung (§ 47 Abs. 3 GO). Veranlassen in diesem Sinne heißt nicht, dass die Aufsichtsbehörde sogleich selbst einberuft. Die Vorschrift des § 47 Abs. 3 GO ist als spezielle Eingriffsnorm im Verhältnis zu den Aufsichtsmitteln nach §§ 123 ff. GO zu verstehen[123].

Während die Aufsichtsbehörde bei Vorliegen der Voraussetzungen nach § 47 Abs. 3 GO tätig werden muss, liegt die Frage, wie sie dieser Verpflichtung nachkommt und die Einberufung des Rates veranlasst, in ihrem Ermessen[124].

In Betracht käme z. B., den Bürgermeister zur Einberufung des Rates anzuweisen oder den allgemeinen Vertreter damit zu beauftragen[125].

Die Aufsichtsbehörde könnte den Rat im Wege der Ersatzvornahme auch selbst einberufen[126].

Die GO enthält nur Vorschriften über den „Regelfall" der Einladung des Rates, nicht aber für den „Sonderfall" der Ausladung.

Dem Bürgermeister als dem grundsätzlich Befugten, über Versammlungszeitpunkt, Versammlungsort und Versammlungsinhalt (Tagesordnung) zu bestimmen, muss auch das Recht zum Gegenteiligen gegeben sein, also nach pflicht-

---

121 Rehn/Cronauge/von Lennep/Knirsch, Erl. 3 zu § 47.
122 Rehn/Cronauge/von Lennep/Knirsch, Erl. II.3 zu § 47.
123 Geiger, in: Articus/Schneider, Erl. 4 zu § 47; Plückhahn, in: Held/Winkel, Erl. 7 zu § 47; Rehn/Cronauge/von Lennep/Knirsch, Erl. III zu § 47; Wagner, in: Kleerbaum/Palmen, § 47 II.4.
124 Geiger, in: Articus/Schneider, Erl. 4 zu § 47; Plückhahn, in: Held/Winkel, Erl. 7 zu § 47; Wagner, in: Kleerbaum/Palmen, § 47 II.4.
125 Geiger, in: Articus/Schneider, Erl. 4 zu § 47; Wagner, in: Kleerbaum/Palmen, § 47 II.4.
126 A. A.: Rehn/Cronauge/von Lennep/Knirsch, Erl. III zu § 47.

6 Verfahren des Rates

gemäßem Ermessen den Rat wieder auszuladen, etwa den Sitzungstermin wieder aufzuheben und dies den Ratsmitgliedern „formgerecht" mitzuteilen[127].

Dieses „Ausladungsrecht" muss man dem Bürgermeister allerdings absprechen, wenn dadurch die Sechswochenfrist der Erstsitzung des Rates nach Beginn der Wahlzeit (§ 47 Abs. 1 Satz 2 GO) nicht eingehalten werden könnte oder wenn die Unverzüglichkeit der Sitzung nach Verlangen eines Fünftels der Ratsmitglieder oder einer Fraktion gem. § 47 Abs. 1 Satz 4 GO dadurch beeinträchtigt würde.

6.3 Tagesordnung

6.3.1 Festsetzung

Der Bürgermeister setzt die Tagesordnung fest (§ 48 Abs. 1 Satz 1 GO).

Die Freiheit des Bürgermeisters, zu entscheiden, welche Punkte auf die Tagesordnung gesetzt werden (Festsetzungskompetenz), ist allerdings in folgenden Fällen eingeschränkt:

1. Der Bürgermeister muss die im Verlangen gem. § 47 Abs. 1 Satz 4 GO von einem Fünftel der Ratsmitglieder oder einer Fraktion angegebenen Punkte in die Tagesordnung aufnehmen.

2. Er muss Vorschläge berücksichtigen, die ihm innerhalb einer in der Geschäftsordnung zu bestimmenden Frist von einem Fünftel der Ratsmitglieder oder einer Fraktion (schriftlich) vorgelegt werden (§ 48 Abs. 1 Satz 2 GO).

   Während das unter 1. aufgeführte Verlangen sogar zu einer unverzüglichen Einberufung des Rates führt, bezieht sich die Vorschlagsmöglichkeit zu 2. lediglich auf die nächste turnusmäßige Ratssitzung. In beiden Fällen muss der Bürgermeister den Vorschlägen unbedingt folgen, ohne einen Beurteilungsspielraum zu haben[128]. Er braucht die Vorschläge nur ausnahmsweise dann nicht in die Tagesordnung aufzunehmen, wenn

   a) der Mangel der Ernstlichkeit des Antrags oder Vorschlags nicht verkennbar ist oder

   b) wenn der Antrag oder Vorschlag keinen verständlichen Sinn ergibt, so dass er tatsächlich nicht beratungsfähig ist[129].

Ansonsten muss der Bürgermeister selbst dann einen verlangten Tagesordnungspunkt aufnehmen, wenn die Gemeinde für die Angelegenheit unzuständig ist. In diesen Fällen darf allerdings der Rat in der Sache keinen Beschluss fassen. Die vorschlagende Gruppe muss lediglich das Recht erhal-

---

127 Wagner, in: Kleerbaum/Palmen, § 47 IV.
128 Rehn/Cronauge/von Lennep/Knirsch, Erl. I.3 zu § 47; Erl. I.1 zu § 48.
129 OVG NRW, NVwZ 1984, 325.

ten, den Antrag oder Vorschlag zu begründen. Sodann ist der Antrag oder Vorschlag geschäftsordnungsmäßig zu erledigen[130].

3. Nach § 60 Abs. 1 Satz 3 GO sind Dringlichkeitsentscheidungen dem Rat in der nächsten Sitzung zur Genehmigung vorzulegen. Folglich muss der Bürgermeister einen entsprechenden Tagesordnungspunkt vorsehen.

4. Nach einem Widerspruch (§ 54 Abs. 1 GO) und einer Beanstandung (§ 54 Abs. 2 GO) muss der Rat sich erneut mit der Angelegenheit befassen. Der Bürgermeister muss also nach Gebrauch dieser Interventionsmittel einen entsprechenden Tagesordnungspunkt aufnehmen.

5. Wenn gegen einen Beschluss eines Ausschusses mit Entscheidungsbefugnis Einspruch eingelegt worden ist (§ 57 Abs. 4 GO), entscheidet der Rat über den Einspruch. Daher muss der Bürgermeister auch hier einen entsprechenden Tagesordnungspunkt vorsehen.

6. Nach § 54 Abs. 3 GO entscheidet der Rat, wenn nach Beanstandung eines Ausschussbeschlusses der Ausschuss beim beanstandeten Beschluss verbleibt. Dementsprechend ist ein entsprechender Punkt vom Bürgermeister in der Tagesordnung zu berücksichtigen.

7. Wenn der Bürgermeister nach der Geschäftsordnung den sofortigen Ausschluss eines Ratsmitglieds aus der Sitzung verfügt, befindet der Rat über die Berechtigung dieser Maßnahme in der nächsten Sitzung (§ 51 Abs. 3 Satz 2 GO). Auch diese Regelung zwingt den Bürgermeister zur Aufnahme eines entsprechenden Tagesordnungspunktes.

8. Wenn die Geschäftsordnung eine Regelung über die Aufnahme von Fragestunden für Einwohner enthält (§ 48 Abs. 1 Satz 3 GO), kann der Bürgermeister je nach Geschäftsordnungsregelung zu einem entsprechenden Tagesordnungspunkt verpflichtet sein.

9. Wenn Einwohneranträge gestellt werden (§ 25 GO) oder wenn ein Bürgerbegehren vorliegt (§ 26 GO), muss der Rat unverzüglich über deren Zulässigkeit entscheiden (§§ 25 Abs. 7 und 26 Abs. 6 GO). Folglich muss der Bürgermeister einen entsprechenden Tagesordnungspunkt vorsehen.

6.3.2 Funktion

Die Tagesordnung hat zwei wesentliche Funktionen. Sie dient der Information der Ratsmitglieder und der Information der Öffentlichkeit.

---

130 OVG NRW, DÖV 1984, 300.

6 Verfahren des Rates

6.3.2.1 Information der Ratsmitglieder

Die Tagesordnung soll die Ratsmitglieder in die Lage versetzen, sich auf die Sitzung vorbereiten zu können, damit es zu sachlich ausgewogenen Entscheidungen kommen kann. Dieser Sinn wird nur erreicht, wenn die Ratsmitglieder außer der Tagesordnung Erläuterungen (Sitzungsvorlagen) zu allen erläuterungsfähigen Tagesordnungspunkten erhalten, und zwar unter Beachtung der in der Geschäftsordnung vorgesehenen Ladungsfrist. Diese Erläuterungspflicht ergibt sich sowohl aus dem Sinn der Tagesordnung schlechthin als auch aus der Tatsache, dass immer unabdingbar eine in der Geschäftsordnung generell festgelegte Ladungsfrist einzuhalten ist. Diese Ladungsfrist hat nicht nur den Sinn, dass die Ratsmitglieder terminlich disponieren können, sondern vielmehr soll die Ladungsfrist die Möglichkeit einer sachgerechten Vorbereitung garantieren[131]. Außerdem ergibt sich die Erläuterungspflicht aus der Vorschrift, dass der Bürgermeister die Beschlüsse vorzubereiten hat (§ 62 Abs. 2 Satz 1 GO). Die in der Praxis beliebte Übung, dass der Bürgermeister erstmals in der Sitzung mündliche Erläuterungen gibt oder die Ratsmitglieder erst zu Beginn der Sitzung mit schriftlichen Erläuterungen „überflutet" werden, ist äußerst bedenklich. Eine Verwertung der Informationen aus diesen sog. Tischvorlagen ist für die jeweilige Sitzung nicht mehr möglich.

Rechtmäßige Beschlüsse sind nur zu vorgesehenen Tagesordnungspunkten möglich. Dies ergibt sich auch aus § 48 Abs. 1 Satz 5 GO. Diese ausdrücklich normierte begrenzte Möglichkeit zur Erweiterung der Tagesordnung wäre sinnlos, wenn ohnehin nicht auf der Tagesordnung stehende Punkte Beschlussgegenstand sein könnten.

Die vom Bürgermeister festgesetzte Tagesordnung ist aber insoweit nur als Vorschlag für den Rat zu werten, als es dem Rat als „Herr der Tagesordnung" möglich ist, die Tagesordnung in bestimmtem Umfang zu verändern. Der Rat kann durch Beschluss die Reihenfolge der Tagesordnungspunkte verändern, Tagesordnungspunkte zusammenfassen, einen Punkt in mehrere aufteilen, Tagesordnungspunkte absetzen. Eine Erweiterung der Tagesordnung ist allerdings gem. § 48 Abs. 1 Satz 5 GO nur zulässig, wenn es sich um Angelegenheiten handelt, die keinen Aufschub dulden oder die von äußerster Dringlichkeit sind. Dabei handelt es sich um unbestimmte Rechtsbegriffe, die verwaltungsgerichtlich voll nachprüfbar sind[132].

In diesen Fällen muss zuerst über die Erweiterung der Tagesordnung beschlossen werden. Erst wenn die Tagesordnung durch Beschluss erweitert worden ist, kann in einem weiteren Beschluss die Sachentscheidung getroffen werden. Es darf nicht angenommen werden, dass in der Sachentscheidung der Erweite-

---

131 Rehn/Cronauge/von Lennep/Knirsch, Erl. II.3 zu § 47.
132 OVG NRW, OVGE 28, 236.

rungsbeschluss konkludent enthalten ist. Bei einer solchen Annahme würde die Vorschrift des § 48 Abs. 1 Satz 5 GO leerlaufen.

6.3.2.2 Information der Öffentlichkeit

Die Tagesordnung ist auch ein wichtiges Informationsmittel für die Öffentlichkeit. Nach § 48 Abs. 1 Satz 4 GO ist neben Zeit und Ort der Sitzung die Tagesordnung öffentlich bekanntzumachen. Die Veröffentlichungspflicht bezieht sich auch auf den nichtöffentlichen Teil der Sitzung. Wird die Tagesordnung nicht oder nur teilweise öffentlich bekanntgemacht, so sind alle bzw. die zu den nicht veröffentlichten Punkten gefassten Beschlüsse rechtswidrig[133].

Zum Zeitpunkt der Veröffentlichung trifft die GO keine Aussage. Die Ladungsfrist gilt für diese Veröffentlichung nicht. Da auch der Zeitpunkt der Sitzung zu veröffentlichen ist, muss so rechtzeitig veröffentlicht werden, dass unter normalen Umständen eine Teilnahme an der Sitzung als Zuhörer tatsächlich möglich ist. Eine Veröffentlichung erst am Sitzungstage ist nur dann unbedenklich, wenn die Sitzung insgesamt nichtöffentlich ist.

6.3.3 Konkretisierungsgebot

Aus dem Sinn als Unterrichtungsmittel für die Öffentlichkeit ergibt sich, dass die Tagesordnungspunkte so konkretisiert formuliert werden müssen, dass für die Öffentlichkeit erkennbar ist, welche Angelegenheiten der Rat im Einzelnen in der Sitzung behandeln wird. Allgemein gehaltene Angaben wie z. B. „Personalangelegenheiten" oder „Grundstücksfragen" kennzeichnen den Tagesordnungspunkt nicht hinreichend. Jeder Tagesordnungspunkt muss so konkret sein, dass man auf den Sachgegenstand schließen kann[134].

Beispiel:
Im Falle der beabsichtigten Beförderung eines Verwaltungsrates zum Oberverwaltungsrat (bei der Unterstellung, dass es sich um eine Personalmaßnahme gem. § 73 Abs. 3 Satz 2 GO handelt) müsste der entsprechende Tagesordnungspunkt grundsätzlich lauten: „Beförderung eines Verwaltungsrates zum Oberverwaltungsrat". Gerade bei Personalfragen kann aber der Persönlichkeitsschutz des Betroffenen dem Konkretisierungsgebot Schranken setzen. So wäre z. B. an die Formulierung „Beförderung eines Beamten des höheren Dienstes" zu denken, wenn nur ein Verwaltungsrat bei der fraglichen Gemeinde beschäftigt ist.

Wegen des Konkretisierungsgebots darf auch der in der Praxis so beliebte Punkt „Verschiedenes" keine Beschlusspunkte enthalten[135]. Der Punkt „Verschiedenes" führt in der Praxis häufig auch zum Unterlaufen der Ladungsfrist, weil in

---

133 Geiger, in: Articus/Schneider, Er. 3 zu § 48; Rehn/Cronauge/von Lennep/Knirsch, Erl. II zu § 48; Wagner, in: Kleerbaum/Palmen, § 48 II.3.
134 Kirchhof, Erl. 2 zu § 25; Rehn/Cronauge/von Lennep/Knirsch, Erl. I.3 zu § 48.
135 Ebd.

6 Verfahren des Rates

diesem Punkt alle Entscheidungen zusammengefasst werden, die sich nach Versand der Einladung mit Tagesordnung bis zum Sitzungstag noch ergeben. Eine Missachtung des Konkretisierungsgebots führt zur Rechtswidrigkeit der entsprechenden Beschlüsse[136].

6.4 Beschlussfähigkeit

6.4.1 Grundsatz

Der Rat ist beschlussfähig, wenn mehr als die Hälfte der gesetzlichen Mitgliederzahl anwesend ist (§ 49 Abs. 1 Satz 1 GO). Die wegen Interessenkollision gem. § 43 Abs. 2 i. V. m. § 31 GO von der Beratung und Beschlussfassung ausgeschlossenen Ratsmitglieder werden bei der Berechnung der Beschlussfähigkeit nicht mitgezählt, auch wenn sie im Sitzungssaal anwesend sind[137]. Praktisch bedeutsam wird diese Frage nur bei öffentlichen Sitzungen. Hier können sich die befangenen Ratsmitglieder in dem für Zuhörer bestimmten Teil des Sitzungsraumes aufhalten, während sie bei nichtöffentlicher Sitzung den Sitzungssaal verlassen müssen (§ 31 Abs. 4 Satz 1 GO). Als anwesend sind ansonsten alle Ratsmitglieder anzusehen, die sich im Zeitpunkt der Beschlussfassung im Sitzungsraum befinden, auch wenn sie durch ihr Verhalten (z. B. Zusammenpacken ihrer Unterlagen) signalisieren, den Sitzungsraum verlassen zu wollen[138].

Grundsätzlich ergibt sich aus dem Gesetz kein Anhaltspunkt dafür, dass der Bürgermeister die Beschlussfähigkeit feststellen muss. Wenn der Bürgermeister als Sitzungsleiter verpflichtet wäre, die Beschlussfähigkeit ausdrücklich festzustellen, gäbe es keine grundsätzliche Notwendigkeit für die gesetzlich in § 49 Abs. 1 Satz 2 GO geregelte Fiktion der Beschlussfähigkeit.

Es liegt also im Ermessen des sitzungsleitenden Bürgermeisters, die Beschlussfähigkeit förmlich und ausdrücklich festzustellen.

Etwas anderes muss aber gelten, wenn die Geschäftsordnung vorsieht, dass durch den Bürgermeister – etwa zu Beginn der Sitzung – die Beschlussfähigkeit festzustellen ist[139].

Ebenso dürfte sich aus der allgemeinen Pflicht des Bürgermeisters zur ordnungsgemäßen Sitzungsleitung eine Pflicht zur Feststellung der Beschlussfähig-

---

136 So auch eingeschränkt: Wagner, in: Kleerbaum/Palmen, § 48 II.1.
137 OVG NRW, OVGE 30, 196; Kirchhof, Erl. 1 zu § 26; Plückhahn, in: Held/Winkel, Erl. 1.3 zu § 49; Rauball/Pappermann/Roters, Rn. 2 zu § 34 (alt); Rehn/Cronauge/von Lennep/Knirsch, Erl. I. zu § 49.
138 OVG NRW, OVGE 30, 196; Plückhahn, in: Held/Winkel, Erl. 1.3 zu § 49; Rehn/Cronauge/von Lennep/Knirsch, Erl. I. zu § 49.
139 Wagner, in: Kleerbaum/Palmen, § 49 2b.

6 Verfahren des Rates

keit ergeben, wenn aus der Mitte des Rates eine mangelnde Beschlussfähigkeit gerügt wird.

Eine Pflicht des Bürgermeisters zur Feststellung der Beschlussfähigkeit wird auch anzunehmen sein, wenn eine Fraktion den Sitzungssaal verlässt und darauf hinweist, dass ihr Auszug die Beschlussunfähigkeit zur Folge habe.

Eine Feststellung der Beschlussfähigkeit durch Ratsbeschluss kommt keinesfalls in Betracht. Der Rat wäre ja auch im Falle der Beschlussunfähigkeit gar nicht in der Lage, einen rechtmäßigen Beschluss zur Beschlussfähigkeit bzw. Beschlussunfähigkeit zu fassen.

6.4.2 Fiktion

§ 49 Abs. 1 Satz 2 GO enthält eine Fiktion der Beschlussfähigkeit. Der Rat gilt als beschlussfähig, solange seine Beschlussunfähigkeit nicht festgestellt ist. Wird im Laufe der Sitzung die Beschlussunfähigkeit festgestellt, so hat dies keine Auswirkung auf die bis zu dieser Feststellung gefassten Beschlüsse, da die Beschlussfähigkeit fingiert (unterstellt) wird, „solange" die Beschlussunfähigkeit nicht festgestellt ist.

Beispiel:
Die Beschlüsse zu den ersten fünf Tagesordnungspunkten werden einstimmig gefasst. Erst beim Beschluss zu Punkt 6 der Tagesordnung gibt es Gegenstimmen, und nach der Zählung der Stimmen stellt der Bürgermeister fest, dass der Rat nicht beschlussfähig ist. Die bis dahin gefassten Beschlüsse sind dank der Fiktion der Beschlussfähigkeit rechtmäßig. eine weitere rechtmäßige Beschlussfassung ist nach Feststellung der Beschlussunfähigkeit aber ausgeschlossen.

Wenn der Vorsitzende die Beschlussunfähigkeit feststellt, muss er die Sitzung schließen[140]. Würde der Rat paradoxerweise nach Feststellung der Beschlussunfähigkeit noch Beschlüsse fassen, wären diese rechtswidrig. Sinn der Fiktion der Beschlussfähigkeit ist es, schwierige Beweisermittlungen abzuschneiden für den Fall, dass nachträglich Zweifel an der Beschlussfähigkeit des Rates und damit an der Rechtmäßigkeit des Beschlusses erhoben werden. Der Zweck der Fiktion besteht allerdings nicht darin, wirksame Beschlüsse des Rates trotz mangelnder Beschlussfähigkeit dadurch zu ermöglichen, dass die Feststellung der Beschlussfähigkeit bewusst und wider besseren Wissens unterbleibt.

Wenn für alle Anwesenden einschließlich des Vorsitzenden feststeht, dass die gesetzliche Mitgliederzahl unterschritten ist (offensichtliche Beschlussunfähigkeit), so kann sich von diesem Zeitpunkt an niemand mehr auf die Fiktion der Beschlussfähigkeit gem. § 49 Abs. 1 Satz 2 GO berufen[141]. Trotz offensichtlicher Beschlussunfähigkeit gefasste Beschlüsse sind rechtswidrig.

---

140 Rehn/Cronauge/von Lennep/Knirsch, Erl. II.1 zu § 49.
141 OVG NRW, OVGE 17, 261.

6 Verfahren des Rates

Beispiel:
Von 39 gesetzlichen Ratsmitgliedern sind nur zwölf anwesend. Die Feststellung der Beschlussunfähigkeit unterbleibt. Es werden zehn Beschlüsse gefasst. Sämtliche Beschlüsse sind rechtswidrig und vom Bürgermeister zu beanstanden.

Die Fiktion der Beschlussfähigkeit kommt schon dann nicht zum Tragen, wenn offensichtlich ist, dass dem Vorsitzenden bewusst ist, der Rat sei nicht mehr beschlussfähig[142].

6.4.3 Funktionsfähigkeit

Wenn sämtliche Ratsmitglieder bis auf den Bürgermeister und seine ehrenamtlichen Stellvertreter (§ 67 GO) anwesend sind, so wäre der Rat nach dem Wortlaut des § 49 Abs. 1 Satz 1 GO zwar beschlussfähig, aber es wäre niemand anwesend, der befugterweise die Sitzung eröffnen und leiten könnte (§ 51 Abs. 1 GO). Der Rat ist in diesen Fällen funktionsunfähig und damit gehindert, rechtmäßig Beschlüsse zu fassen[143]. Die Funktionsfähigkeit ist die der Beschlussfähigkeit vorgelagerte Fähigkeit. Bei fehlender Funktionsfähigkeit stellt sich somit die Frage der Beschlussfähigkeit gar nicht mehr. Die Wahl eines Sitzungsleiters für diese eine Sitzung wäre nicht rechtmäßig, da der Rat in Ermangelung der Funktionsfähigkeit keinen rechtserheblichen Willen äußern kann. Auch eine Sitzungsleitung durch den Altersvorsitzenden kommt nicht in Betracht, da § 65 Abs. 3 und § 67 Abs. 5 GO seine Befugnisse abschließend regeln.

6.4.4 Beschlussfähigkeit nach zweiter Ladung

§ 49 Abs. 2 GO schafft eine Möglichkeit, einen beschlussunfähigen Rat jedenfalls beschlussfähig zu bekommen. Wenn nämlich eine Angelegenheit wegen Beschlussunfähigkeit zurückgestellt worden ist und der Rat erneut zur Verhandlung über denselben Gegenstand einberufen wird, so ist er ohne Rücksicht auf die Zahl der Erschienenen beschlussfähig, wenn bei der zweiten Ladung auf die Bestimmung des § 49 Abs. 2 GO ausdrücklich hingewiesen worden ist.

Ob die Beschlussfähigkeit nach § 49 Abs. 2 GO gegeben ist, hängt also von drei Voraussetzungen ab:
1. Zurückstellung einer Angelegenheit (oder mehrerer) wegen Beschlussunfähigkeit,
2. erneute Ladung zur Behandlung der zurückgestellten Angelegenheit(en),
3. ausdrücklicher Hinweis auf § 49 Abs. 2 GO.

Es ist zwar zulässig, auf die Tagesordnung der zweiten Sitzung weitere neue Punkte zu setzen, die Wirkung gem. § 49 Abs. 2 GO tritt allerdings nur bezüg-

---
142 OVG NRW, OVGE 19, 42.
143 Rehn/Cronauge/von Lennep/Knirsch, Erl. II.1 zu § 51.

lich der Punkte ein, die bereits auf der Tagesordnung der ersten Sitzung standen und wegen Beschlussunfähigkeit zurückgestellt worden sind[144]. Für die weiteren erstmalig auf der Tagesordnung stehenden Punkte beurteilt sich die Frage der Beschlussfähigkeit nach § 49 Abs. 1 GO[145].

Unzulässig ist eine bedingte zweite Ladung gem. § 49 Abs. 2 GO in Verbindung mit der ersten Ladung.

Beispiel:
Der Bürgermeister lädt den Rat auf den 10. August, 16 Uhr, ein. In dieser Einladung ist vermerkt: „Sollte der Rat zu diesem Zeitpunkt nicht beschlussfähig sein, lade ich hiermit zu einer weiteren Sitzung mit der gleichen Tagesordnung auf den 10. August, 16.45 Uhr, ein."

Die erneute Ladung gem. § 49 Abs. 2 GO hat die Funktion einer Mahnladung. Die zur ersten Sitzung nicht erschienenen Ratsmitglieder sollen gemahnt werden, zur zweiten Sitzung zu kommen, und es wird ihnen durch den Hinweis auf § 49 Abs. 2 GO verdeutlicht, dass ihr Fernbleiben keine Auswirkungen auf die Beschlussfähigkeit hat. Diese Mahnladungsfunktion kann die bedingte zweite Ladung nicht erfüllen, da die nicht erschienenen Ratsmitglieder gar nicht wissen können, dass so viel Mitglieder nicht anwesend sind, dass Beschlussunfähigkeit vorliegt und somit die Bedingung für die zweite Ladung erfüllt wäre.

Obwohl § 49 Abs. 2 GO formuliert, dass der Rat ohne Rücksicht auf die Zahl der Erschienenen beschlussfähig ist, müssen zwei Mindestvoraussetzungen erfüllt sein. Bei der zweiten Sitzung müssen mindestens zwei Ratsmitglieder anwesend sein, weil zum Wesen der Beschlussfassung die Möglichkeit der Erörterung von Argument und Gegenargument gehört, und dies setzt die Anwesenheit von zwei Ratsmitgliedern voraus. Außerdem muss aus Gründen der Funktionsfähigkeit unter den Erschienenen entweder der Bürgermeister oder im Verhinderungsfalle ein Stellvertreter sein.

Sollte eine Beschlussfähigkeit in einer Gemeinde ständig nur über den Weg der zweiten Ladung gem. § 49 Abs. 2 GO erreicht werden, so ist dies einer dauernden Beschlussunfähigkeit i. S. v. § 125 GO gleichzusetzen mit der Folge, dass der Rat aufgelöst werden könnte[146].

---

144 Plückhahn, in: Held/Winkel, Erl. 2 zu § 49.
145 Plückhahn, in: Held/Winkel, Erl. 2 zu § 49; Rehn/Cronauge/von Lennep/Knirsch, Erl. III zu § 49.
146 Kirchhof, Erl. 5 zu § 26.

6.5 Öffentlichkeit

Sitzungen des Rates sind grundsätzlich öffentlich (§ 48 Abs. 2 Satz 1 GO). Öffentlich ist die Sitzung, wenn jedermann Zutritt hat. Der Sitzungssaal ist von der Größe her so zu wählen, dass er der normalen Besucherzahl gerecht wird. Die Gemeinden sind nicht verpflichtet, die Sitzungssäle so auszuwählen, dass sie auch bei außergewöhnlich großem Interesse allen Besuchern Platz bieten.

Eine aktive Beteiligung an der Sitzung ist den Zuhörern nicht gestattet. Lediglich im Rahmen von Einwohnerfragestunden gem. § 48 Abs. 1 Satz 3 GO können Nichtratsmitglieder während einer Ratssitzung zu Wort kommen. Wenn lediglich die Presse zugelassen ist, dann ist zwar die Sitzung einerseits nicht unter Ausschluss der Öffentlichkeit, aber andererseits ist sie auch nicht öffentlich i. S. v. § 48 Abs. 2 Satz 1 GO[147].

Tonbandaufzeichnungen durch Zuhörer sind grundsätzlich unzulässig. Zum einen könnten die Ratsmitglieder dadurch in der Wahrnehmung ihrer Mitgliedschaftsrechte beeinträchtigt werden. Aus § 43 Abs. 1 GO ergibt sich nämlich auch das Recht der Ratsmitglieder zur freien Rede in Ratssitzungen[148]. Dieses Recht dient auch der spontanen Argumentation. Tonbandaufzeichnungen führen dazu, dass jede Äußerung nach Wortlaut und Tonfall – einschließlich der Versprecher, rhetorischen Schwächen und Gemütsbewegungen – dauerhaft und jederzeit abrufbar festgehalten wird. Es ist nicht auszuschließen, dass deshalb weniger redegewandte Ratsmitglieder es vorziehen, nicht das Wort zu ergreifen[149]. Zumindest lässt sich nicht ausschließen, dass sich die Ratsmitglieder zurückhalten. Zum anderen sind ungehinderte Tonbandaufnahmen geeignet, Persönlichkeitsrechte der Ratsmitglieder, insbesondere das Recht am gesprochenen Wort, zu beeinträchtigen[150].

Aus Art. 5 Abs. 1 Satz 1 GG lässt sich ein Anspruch eines Zuhörers auf Tonbandaufzeichnungen nicht entnehmen[151]. Selbst wenn man für Bundestags- oder Landtagssitzungen aus dem Demokratieprinzip oder aus Art. 5 Abs. 1 Satz 1 GG ein subjektives Recht auf Tonbandaufzeichnungen ableitet[152], lässt sich dies nicht auf den kommunalen Bereich übertragen. Wegen der Ehrenamtlichkeit der Ratsmitglieder lässt sich bei ihnen nicht die rhetorische Schulung und Übung wie bei Parlamentariern voraussetzen. Außerdem genießen die Ratsmitglieder im Gegensatz zu den Parlamentariern kein Immunitätsrecht[153].

---

147 Plückhahn, in: Held/Winkel, Erl. 3.1 zu § 48.
148 Rehn/Cronauge/von Lennep/Knirsch, Erl. IV.4 zu § 48; Wagner, in: Kleerbaum/Palmen, § 48 III.1; Ehlers, NWVBl. 1988, 122 [125] m. w. N.
149 VG Hannover, Die Gemeinde 1986, 323 [326].
150 Vgl. OLG Celle, NVwZ 1985, 861; Stober, DVBl. 1976, 371.
151 Ehlers, NWVBl. 1988, 122 [125] m. w. N.
152 Vgl. Ehlers, NWVBl. 1988, 122 [125].
153 Ehlers, NWVBl. 1988, 122 [126].

6 Verfahren des Rates

Mit dem Grundsatz der Öffentlichkeit ist es unvereinbar, wenn Ratssitzungen außerhalb der Gemeinde stattfinden[154] oder wenn Sitzungen dauernd zu einem Zeitpunkt anberaumt würden, zu dem für nur wenige interessierte Zuhörer die Möglichkeit bestünde, tatsächlich zur Sitzung zu kommen (z. B. Sitzungen permanent vormittags)[155]. Durch die Öffentlichkeit der Sitzungen soll allen Interessierten die Möglichkeit gegeben werden, die Arbeit im Rat zu verfolgen[156]. Die Öffentlichkeit hat einen Anspruch darauf, Beratungsverlauf und Entscheidungsprozess mitzuerleben. Daher besteht im Rat grundsätzlich eine Beratungspflicht[157]. Allerdings lässt sich keine Beratung erzwingen, wenn die Ratsmitglieder von sich aus nicht dazu bereit sind.

Der Bürgermeister muss seinerseits alles tun, um vor einer Abstimmung eine Beratung zu ermöglichen. Sollte er keine Beratung zulassen, würde dies zur Rechtswidrigkeit des Beschlusses führen. Allerdings wird der Beschluss nicht rechtswidrig, weil die Beratung deshalb unterbleibt, weil kein Ratsmitglied das Wort wünschte. Es ist auch nicht zulässig, über mehrere Tagesordnungspunkte en bloc ohne Beratung und Einzelaufruf abzustimmen, weil die Angelegenheiten bereits durch Ausschüsse beraten worden sind und aufgrund der Ausschussberichte entschieden werden sollen, was zwar den Ratsmitgliedern aufgrund von Sitzungsvorlagen, nicht aber den Zuhörern bekannt ist. Eine noch so eingehende Vorberatung in der vorbereitenden öffentlichen Fachausschusssitzung kann die Beratung im Rat nicht ersetzen, da einerseits der zuständige Entscheidungsträger der Rat ist und andererseits nicht alle Ratsmitglieder im jeweiligen Ausschuss vertreten sind. Das „En-bloc-Verfahren" beeinträchtigt überdies auch die Möglichkeit der Ratsmitglieder, zu den einzelnen Tagesordnungspunkten differenziert zu entscheiden, da sie nur für oder gegen den gesamten „Block" entscheiden können.

Nach der GO ist lediglich in vier Fällen eine Beratung unzulässig: Die Stellvertreter des Bürgermeisters werden ohne Aussprache gewählt (§ 67 Abs. 1 Satz 1 GO); über den Antrag auf Einleitung des Abwahlverfahrens des Bürgermeisters und ebenso über den Antrag auf Abberufung der Stellvertreter des Bürgermeisters und der Beigeordneten ist ohne Aussprache abzustimmen (§§ 66 Abs. 1 Satz 4, 67 Abs. 4 Satz 4 GO und 71 Abs. 7 Satz 4 GO).

Verstöße gegen den Grundsatz der Öffentlichkeit führen zur Rechtswidrigkeit der Beschlüsse[158].

---

154 Kirchhof, Erl. 12 zu § 25; Rauball/Pappermann/Roters, Rn. 6 zu § 33; Rehn/Cronauge/von Lennep/Knirsch, Erl. IV.3 zu § 48.
155 Z. T. a. A.: Kirchhof, Erl. 13 zu § 25.
156 Rehn/Cronauge/von Lennep/Knirsch, Erl. IV.1 zu § 48.
157 Seeger, S. 91.
158 Kirchhof, Erl. 19 zu § 25; Wagner, in: Kleerbaum/Palmen, § 48 III.1.c.

6 Verfahren des Rates

Sowohl die Ratsmitglieder und die Fraktionen als auch die Bürger haben einen einklagbaren Anspruch auf Einhaltung bzw. Herstellung der Sitzungsöffentlichkeit[159].

6.6 Ausschluss der Öffentlichkeit

Die Öffentlichkeit darf generell nur ausgeschlossen werden, wenn dem Recht der Öffentlichkeit auf Beobachtung der Arbeitsweise im Rat übergeordnete Gesichtspunkte dies rechtfertigen. Die GO nennt zwei Wege zum Ausschluss der Öffentlichkeit:

Gemäß § 48 Abs. 2 Satz 2 GO kann die Öffentlichkeit durch die Geschäftsordnung für Angelegenheiten einer bestimmten Art ausgeschlossen werden. In diesen Fällen ist kein Ratsbeschluss über den Ausschluss der Öffentlichkeit erforderlich. Kraft der Geschäftsordnungsbestimmung ist die Nichtöffentlichkeit der Sitzung bereits verbindlich vorgeschrieben. Auch der Bürgermeister ist daran gebunden. Wenn er die Tagesordnung festsetzt, hat er solche Angelegenheiten dem Teil der Tagesordnung, der in nichtöffentlicher Sitzung behandelt werden soll, zuzuordnen[160]. Im Einzelnen kommen für einen generellen Ausschluss der Öffentlichkeit durch die Geschäftsordnung folgende Angelegenheiten in Betracht:

- Personalangelegenheiten[161],
- planungsbedeutsame Grundstücksangelegenheiten,
- Vergabe von Aufträgen,
- Rechnungsprüfung und
- Stundung, Niederschlagung, Erlass von Forderungen.

Außerdem kann die Öffentlichkeit im Einzelfall auf Antrag eines Ratsmitgliedes oder des Bürgermeisters durch Ratsbeschluss ausgeschlossen werden (§ 48 Abs. 2 Satz 3 GO). Solche Anträge sind in nichtöffentlicher Sitzung zu begründen und zu beraten (§ 48 Abs. 2 Satz 4 GO), weil sonst ja schon die Gründe, deretwegen nichtöffentlich verfahren werden soll, der Öffentlichkeit preisgegeben werden müssten. Jedenfalls wird der Rat in allen Fällen nichtöffentlich verhandeln müssen, in denen für Ratsmitglieder gem. § 43 Abs. 2 i. V. m. § 30 GO Verschwiegenheitspflicht besteht.

---

159 OVG NRW, NWVBl. 2002, 31.
160 Rehn/Cronauge/von Lennep/Knirsch, Erl. V.1 zu § 48
161 Wahl, Wiederwahl und Abberufung von Beigeordneten zählen nicht zu den Personalangelegenheiten in diesem Sinne. Diese Entscheidungen sind daher in öffentlicher Sitzung zu treffen. Ausgenommen sind die vorbereitenden Auswahlverfahren (vgl. auch Kirchhof, Erl. 16 zu § 25; Rehn/Cronauge/von Lennep/Knirsch, Erl. V.2. c zu § 48).

6 Verfahren des Rates

6.7 Teilnahme von Nichtmitgliedern an nichtöffentlichen Sitzungen

Nach Maßgabe der Geschäftsordnung können an nichtöffentlichen Sitzungen des Rates auch Mitglieder der Bezirksvertretungen und Ausschussmitglieder als Zuhörer teilnehmen (§ 48 Abs. 4 GO). Sie haben dieses Recht nicht kraft Gesetzes, sondern nur, wenn die Geschäftsordnung dies vorsieht und auch nur in dem Umfang, in dem dies in der Geschäftsordnung geregelt ist. Denkbar wäre, dass die Geschäftsordnung eine solche Teilnahme für die Tagesordnungspunkte vorsieht, die zuvor in der Bezirksvertretung oder in dem jeweiligen Ausschuss behandelt worden sind[162]. Als Ausschussmitglieder in § 48 Abs. 4 GO können nur sachkundige Bürger und sachkundige Einwohner in den jeweiligen Ausschüssen gemeint sein, also solche Ausschussmitglieder, die nicht Ratsmitglieder sind und daher nicht aus dieser Eigenschaft heraus ohnehin sogar aktiv an allen Ratssitzungen teilnehmen dürfen.

Die Beigeordneten nehmen an den Sitzungen des Rates (öffentlichen und nichtöffentlichen) teil (§ 69 Abs. 1 Satz 1 GO).

Auch andere Verwaltungsmitarbeiterinnen und -mitarbeiter können an nichtöffentlichen Sitzungen teilnehmen, soweit dies der Bürgermeister bestimmt. Ein eigenständiges Teilnahmerecht auch an nichtöffentlichen Sitzungen hat die Gleichstellungsbeauftragte (§ 5 Abs. 4 Satz 1 GO). Allerdings ist dieses Recht beschränkt auf Angelegenheiten ihres Aufgabenbereichs.

Ebenso haben Leiter und Prüfer der örtlichen Rechnungsprüfung ein eigenständiges von der Entscheidung des Bürgermeisters unabhängiges Teilnahmerecht zur Wahrnehmung ihrer Aufgaben, es sei denn, der Rat würde etwas anderes beschließen. Dies ergibt sich aus der unmittelbaren Verantwortlichkeit der Leitung und der Prüfer gegenüber dem Rat und aus ihrer unmittelbaren Unterstellung unter den Rat (§ 104 Abs. 1 GO).

6.8 Sitzungsleitung

Nach § 51 Abs. 1 GO leitet der Bürgermeister die Ratssitzungen. Eine Leitung durch den 1. ehrenamtlichen Stellvertreter (bei dessen gleichzeitiger Verhinderung durch den 2. ehrenamtlichen Stellvertreter) kommt nur bei Verhinderung des Bürgermeisters in Betracht. Dabei kann es sich um eine objektive oder um eine subjektive Verhinderung handeln. Objektive Verhinderung liegt vor, wenn der Bürgermeister abwesend ist (Urlaub, Krankheit, terminliche Verhinderung). Eine subjektive Verhinderung wird durch den (anwesenden) Bürgermeister jeweils erklärt. Dies ist auch für Teilfunktionen möglich.

---

162 Rehn/Cronauge/von Lennep/Knirsch, Erl. VII.1 zu § 48.

6 Verfahren des Rates

Beispiele subjektiver Verhinderung:
1. Der Bürgermeister ist wegen der Abstimmungsverhältnisse in der Sitzung anwesend, fühlt sich aber nicht wohl und erklärt sich deshalb zur Sitzungsleitung außerstande.
2. Der Bürgermeister möchte sich aktiv an der Diskussion zu einem Tagesordnungspunkt beteiligen und sieht sich deshalb nicht in der Lage, die Sitzung zu diesem Punkte zu leiten.

In beiden Fällen geht die Leitungsbefugnis auf den 1. Stellvertreter über; im ersten Fall bezogen auf die gesamte Sitzung, im zweiten Fall für die Dauer der Behandlung dieses einen Tagesordnungspunktes.

Andere als die ehrenamtlichen Stellvertreter sind im Verhinderungsfall des Bürgermeisters nicht zur Sitzungsleitung befugt. Die Wahl eines „Behelfsvorsitzenden" ist unzulässig[163]. Lediglich im Falle der Verhinderung des Bürgermeisters bei der Wahl und der Abberufung der ehrenamtlichen Stellvertreter verleiht § 67 Abs. 5 GO dem Altersvorsitzenden Leitungsbefugnis. Ebenso im Falle des § 65 Abs. 3 GO.

Der Bürgermeister darf die Sitzung wegen Befangenheit nicht leiten, wenn er nach § 50 Abs. 6 i. V. m. § 31 GO von der Beratung und Beschlussfassung ausgeschlossen ist. Dies ergibt sich schon aus § 31 Abs. 4 Satz 1 GO, wonach Befangene den Sitzungsraum verlassen bzw. bei einer öffentlichen Sitzung sich in dem für die Zuhörer bestimmten Teil des Sitzungsraumes aufhalten müssen. Allein schon diese „Aufenthaltspositionen" machen dem Bürgermeister eine Sitzungsleitung unmöglich.

Der Bürgermeister darf ebenfalls die Sitzung nicht leiten, wenn die zu behandelnde Angelegenheit ihn persönlich betrifft und er deshalb gem. § 40 Abs. 2 Satz 6 GO nicht mitstimmen darf, wie z. B. beim Beschluss über seine Entlastung (§ 96 Abs. 1 Satz 4 GO) oder über den Antrag auf Einleitung des Abwahlverfahrens und den darüber zu fassenden Beschluss (§ 66 Abs. 1 Satz 1 GO)[164].

Das gilt auch bei Beschlüssen, die die Geltendmachung von Ansprüchen der Gemeinde gegen den Bürgermeister oder die Amtsführung des Bürgermeisters betreffen. Für diese Beschlüsse bestimmt § 53 Abs. 2 GO, dass der Bürgermeister sich der Ausführung der Beschlüsse enthalten muss. Was für den Beschlussvollzug gilt, muss vom Sinn her auch für die Beschlussfassung gelten. Eine unvoreingenommene Sitzungsleitung könnte sonst gefährdet sein[165].

Im Übrigen ist die Geschäftsführung des Rates gem. § 47 Abs. 2 Satz 1 GO in der Geschäftsordnung zu regeln. Dabei kann der Rat auch Vorgaben für die Sit-

---

163 Geiger, in: Articus/Schneider, Erl. 1 zu § 51; Rehn/Cronauge/von Lennep/Knirsch, Erl. II.1 zu § 51; a. A. Kirchhof, Erl. 2 zu § 28.
164 Plückhahn, in : Held/Winkel, Erl. 1 zu § 51.
165 Wagner, in: Kleerbaum/Palmen, § 51 II.4.

zungsleitung machen. Bei Auslegungszweifeln entscheidet allerdings der Bürgermeister[166].

6.8.1 Eröffnung

Zur Eröffnung Sitzung gehört i. d. R. auch die Feststellung der Beschlussfähigkeit (Einzelheiten siehe unter 6.4). Soweit der Rat keine Änderungen beschließt, wird die Tagesordnung in der vom Bürgermeister festgelegten Reihenfolge abgehandelt.

6.8.2 Unterbrechung

Über die Unterbrechung der Sitzung enthält die GO keine Regelungen. Wenn der Bürgermeister aber gem. § 51 Abs. 1 GO das Recht hat, die Sitzung ganz zu schließen, so muss ihm auch erst recht das Recht zugestanden werden, die Sitzung zu unterbrechen. Auch der Rat als „Herr" des Verfahrens hat das Recht, eine Unterbrechung der Sitzung zu beschließen. Dabei ist unter Unterbrechung eine vorübergehende Aussetzung der Sitzung mit der Absicht der Fortführung in kurzer Zeit am gleichen Tage zu verstehen.

Wenn die Sitzung um mehrere Tage „unterbrochen" werden soll, handelt es sich nicht mehr um eine Unterbrechung, sondern um eine Vertagung, also um eine Schließung und eine neue Einladung zur Abhandlung der restlichen Tagesordnung. Bei dieser erneuten Einladung muss die in der Geschäftsordnung vorgesehene Ladungsfrist eingehalten werden.

Die Notwendigkeit der Unterbrechung kann sich ergeben, wenn im Verlauf der Sitzung neue Gesichtspunkte auftreten, die vor der Beschlussfassung in der Sache etwa fraktionelle Beratungen erforderlich machen. Denkbar wäre auch, dass zur Entscheidungsfindung nötige Auskünfte eingeholt werden müssen. Ebenfalls ist die Einlegung einer Pause rechtlich als Unterbrechung zu werten.

Vermutet der Bürgermeister, dass wegen des Umfangs der Tagesordnung ihre gesamte Abwicklung am Sitzungstage fraglich ist, so kann er vorsorglich für den Fall, dass die nicht erledigte Tagesordnung an einem weiteren Tage behandelt werden soll, die Ratsmitglieder schon bei der ersten Einladung für diesen weiteren Sitzungstag laden (bedingte Ladung, siehe 6.2).

6.8.3 Schließung

Der Bürgermeister hat ebenfalls die Befugnis, die Sitzung zu schließen. In der Regel wird dies nach vollständiger Abwicklung der Tagesordnung erfolgen. Er hat aber auch die vorzeitige Schließungsmöglichkeit. Der Bürgermeister kann

---

166 Plückhahn, in: Held/Winkel, Erl. 2.2 zu § 51; Wagner, in: Kleerbaum/Palmen, § 51 II.2.

6 Verfahren des Rates

die Sitzung sogar gegen den Willen der Ratsmehrheit vorzeitig schließen[167]. Im Übrigen ist die Sitzung auch geschlossen, wenn der Bürgermeister den Sitzungsraum endgültig verlässt, ohne ausdrücklich die Sitzung zu schließen.

Wenn eine Sitzung geschlossen ist, kann sie rechtmäßig nicht mehr eröffnet werden, weder durch den Bürgermeister noch durch Ratsbeschluss. In einem solchen Falle bleibt nur die Möglichkeit der erneuten förmlichen Einberufung.

6.9 Ordnungsgewalt und Hausrecht

Wesentliche Bestandteile der Leitungsbefugnis sind auch die Ordnungsgewalt und das Hausrecht. Es ist unerlässlich, dass die Meinungsbildung des Rates störungsfrei möglich ist. Dem Bürgermeister steht die Befugnis zu, auf Störungen mit entsprechenden Machtmitteln zu reagieren. Dabei ist zu unterscheiden zwischen der allgemeinen Ordnungsgewalt, die sich auf die Zuhörer bezieht, und der besonderen Ordnungsgewalt, die sich auf Ratsmitglieder erstreckt.

6.9.1 Allgemeine Ordnungsgewalt

Die meisten Geschäftsordnungen sehen im Wesentlichen drei Ordnungsmittel vor, und zwar

a) den Ordnungsruf,

b) die Ausweisung aus dem Sitzungsraum und

c) die Räumung des Sitzungsraumes.

Beim Gebrauch der Ordnungsmittel ist der Grundsatz der Verhältnismäßigkeit zu beachten[168]. Das bedeutet, dass der Bürgermeister das Mittel gebrauchen soll, das einerseits den gewünschten Erfolg garantiert und andererseits den Betroffenen nicht stärker als nötig beeinträchtigt. Wenn ein Ordnungsruf als Ordnungsmittel ausreicht, wäre die Ausweisung aus dem Sitzungsraum unverhältnismäßig. Dem Grundsatz der Verhältnismäßigkeit entspricht es auch, dass regelmäßig zuerst ein Ordnungsruf in Frage kommt, bevor der Bürgermeister jemanden des Raumes verweist. Allerdings sind auch Fälle denkbar, in denen gewissermaßen ohne Vorwarnung wegen der Art oder Schwere der Störung die sofortige Verweisung aus dem Sitzungssaal das einzig angemessene Ordnungsmittel ist.

Für den Ordnungsruf und die Verweisung aus dem Sitzungsraum sehen die Geschäftsordnungen i. d. R. als Voraussetzung vor, dass der Betroffene sich ungebührlich benimmt oder in sonstiger Weise die Würde der Versammlung ver-

---

167 Geiger, in: Articus/Schneider, Erl. 1 zu § 51; Plückhahn, in : Held/Winkel, Erl. 2.6 zu § 51; Rehn/Cronauge/von Lennep/Knirsch, Erl. II.1 zu § 51; Wagner, in: Kleerbaum/Palmen, § 51 II.3.

168 Rehn, S. 112.

letzt. Ein ungebührliches Benehmen könnte sich durch Zwischenrufe (sachlichen oder unsachlichen oder persönlichen Inhalts) ergeben. Die Würde der Versammlung könnte verletzt sein, wenn jemand Speisen oder Getränke zu sich nimmt, demonstrativ die Zeitung liest, Transistorradio hört, betrunken ist u. Ä.

Wer trotz Ausspruchs der Verweisung aus dem Sitzungsraum im Sitzungsraum verbleibt, begeht Hausfriedensbruch. Die Anordnung des Bürgermeisters kann notfalls durch die Polizei vollzogen werden.

Unter Räumung des Sitzungsraumes ist die Räumung des Zuhörerteils des Raumes zu verstehen. Voraussetzung für diese Maßnahme ist, dass unter den Zuhörern eine störende Unruhe entsteht, die sich nur durch Räumung beheben lässt. Hierbei muss die Störung von mehreren ausgehen, da im Falle der Störung durch einzelne Zuhörer die Ordnungsmittel Ordnungsruf und Verweisung aus dem Sitzungsraum in Betracht kommen. Vor Räumung des Raumes wird der Bürgermeister entsprechend dem Grundsatz der Verhältnismäßigkeit in der Regel mahnend auf diese Möglichkeit hinweisen.

6.9.2 Besondere Ordnungsgewalt

Diese über die allgemeine Ordnungsgewalt hinausgehende Befugnis bezieht sich auf die Ratsmitglieder. Da sie – anders als die Zuhörer – aktiv am Beratungs- und Entscheidungsgeschehen beteiligt sind, müssen dem Bürgermeister auf diese Rolle zugeschnittene Ordnungsmaßnahmen zur Verfügung stehen. Dabei handelt es sich i. d. R. um folgende Ordnungsmittel:

a) Ruf zur Sache,

b) Abmahnung,

c) Ordnungsruf,

d) Wortentzug,

e) Entzug der Sitzungsentschädigung,

f) Ausschluss aus der Sitzung.

6.9.2.1 Ruf zur Sache

Dieses Ordnungsmittel steht dem Bürgermeister gegen den vom Thema abschweifenden Redner zu. Im Einzelfall kann die Beurteilung der Frage, wann der Redner vom Thema abschweift, recht schwierig sein. Eine gewisse Großzügigkeit bei der Beurteilung ist zu empfehlen, da grundsätzlich jedem Ratsmitglied die Möglichkeit geboten werden muss, seine Argumentation so gut wie nur eben möglich zu festigen.

Erst wenn auch bei Anlegung eines großzügigen Maßstabes ein Zusammenhang der Ausführungen mit der in Rede stehenden Sache nicht mehr zu erkennen ist, sollte in Anbetracht der Tatsache, dass in jeder Sitzung die zur Verfügung stehende Zeit nicht unbegrenzt ist, vom Ruf zur Sache Gebrauch gemacht werden.

6.9.2.2 Abmahnung

Die Abmahnung ist eigentlich ein Ordnungsmittel, das der Vorankündigung eines anderen Ordnungsmittels dient. Bevor der Bürgermeister einem Ratsmitglied wegen Überschreitung der Redezeit das Wort entzieht, wird er auf diese Möglichkeit mahnend hinweisen.

6.9.2.3 Ordnungsruf

Der Ordnungsruf erfolgt, wenn ein Ratsmitglied, ohne dass der Bürgermeister ihm das Wort erteilt hat, das Wort ergreift, da eine genaue Einhaltung der Redeordnung für einen geordneten Beratungsablauf unerlässlich ist. Eine eigenmächtige Worterhebung liegt nur vor, wenn der Redner „unerlaubt" Stellung nimmt, nicht bei „parlamentsüblichen" Zwischenrufen[169]. Der Ordnungsruf ist ebenfalls angebracht, wenn ein Ratsmitglied trotz Abmahnung die vereinbarte oder durch die Geschäftsordnung vorgesehene Redezeit überschreitet. Allerdings wäre auch hier – wenn es der Sitzungszeitrahmen erlaubt – eine gewisse Großzügigkeit zu empfehlen, damit nicht der nach quantitativen Gesichtspunkten ausgerichtete Formalismus zu Lasten der Beratungsqualität geht.

6.9.2.4 Wortentzug

Der Wortentzug greift schon erheblich in das Mitwirkungsrecht des Ratsmitgliedes ein. Daher muss der Gebrauch dieses Ordnungsmittels von vergleichsweise strengen Voraussetzungen abhängig gemacht werden. Die Geschäftsordnungen sehen i. d. R. den Wortentzug als geeignetes Ordnungsmittel vor, wenn der Redner bereits mehrere Rufe zur Sache oder einen Ordnungsruf erhalten hat, ohne daraus Konsequenzen zu ziehen. Wenn der Redner nun Anlass zu einer erneuten Ordnungsmaßnahme gibt, ist ein Wortentzug angemessen. Folge des Wortentzuges ist, dass dem betroffenen Ratsmitglied zu dem fraglichen Tagesordnungspunkt in derselben Ratssitzung das Wort nicht mehr erteilt werden darf. Ebenfalls verwehrt diese Ordnungsmaßnahme dem Betroffenen die Möglichkeit, Anträge zur Geschäftsordnung oder zur Sache bezüglich des in Betracht kommenden Tagesordnungspunktes zu stellen. An der Abstimmung darf sich der Betroffene aber beteiligen[170].

---

169 Rehn, S. 115.
170 Ebd., S. 116.

6.9.2.5 Entzug der Sitzungsentschädigung

Gemäß § 51 Abs. 2 GO kann die Geschäftsordnung bestimmen, unter welchen Voraussetzungen einem Ratsmitglied bei Ordnungsverstößen die Entschädigung für den Sitzungstag ganz oder teilweise durch Ratsbeschluss entzogen werden kann. Dieses relativ stark rechtsbeeinträchtigende Ordnungsmittel steht also nur zur Verfügung, wenn die Geschäftsordnung es ausdrücklich vorsieht. Die Geschäftsordnungen sehen normalerweise als Voraussetzung für diese Ordnungsmaßnahme vor, dass ein Ratsmitglied sich während der Sitzung ungebührlich benimmt oder die Würde der Versammlung verletzt. Hinsichtlich der Beispiele ungebührlichen Benehmens oder würdeverletzenden Verhaltens wird auf die Ausführungen zu 6.9.1 verwiesen.

Dieses Ordnungsmittel wird durch Ratsbeschluss verfügt. Den Antrag auf entsprechende Beschlussfassung kann nicht nur der Bürgermeister, sondern auch jedes andere Ratsmitglied stellen.

Da § 51 Abs. 2 GO von Entschädigungen (Plural) ausgeht, verliert das Ratsmitglied, demgegenüber der Entzug ausgesprochen wird, nicht nur den Anspruch auf Aufwandsentschädigung für diese Sitzung, sondern auch den Anspruch auf Verdienstausfall und Fahrtkostenersatz[171]. Sollte nach Bestimmung der Hauptsatzung die Aufwandsentschädigung in Form eines Pauschalbetrages gezahlt werden, so ist ein entsprechender Teilbetrag, der entzogen wird, zu ermitteln. Als Anhaltspunkt kann hierbei der Sitzungsgeldbetrag dienen, der zu zahlen wäre, wenn die Aufwandsentschädigung z. T. als Pauschale und z. T. als Sitzungsgeld gem. § 1 Abs. 1 Buchst. b EntschVO gezahlt würde.

6.9.2.6 Ausschluss aus der Sitzung

Als schärfstes Ordnungsmittel kommt der Ausschluss aus einer oder gar mehreren (anzahlmäßig genau bestimmten) Sitzungen in Betracht. Auch dieses Mittel steht nur zur Verfügung, wenn es die Geschäftsordnung ausdrücklich vorsieht. Voraussetzung ist, dass das ordnungswidrige Verhalten trotz Beschlusses des Entzugs der Entschädigungen fortgesetzt wird. Eine Teilnahme als Zuhörer in öffentlicher Sitzung ist dem Ausgeschlossenen nicht verwehrt, da nur seine Rechte als Ratsmitglied, nicht als Einwohner durch den Ausschluss berührt werden. Formell ist auch für den Sitzungsausschluss ein Ratsbeschluss erforderlich.

Während die Ordnungsmittel von a) bis d) in die Zuständigkeit des Bürgermeisters fallen, ist für die Ordnungsmittel zu e) und f) grundsätzlich ein Ratsbeschluss erforderlich. Wenn allerdings die Geschäftsordnung die Möglichkeit der Ordnungsmittel zu e) und f) vorsieht, kann der Bürgermeister gem. § 51 Abs. 3 Satz 1 GO kraft eigenen Rechts als Sofortmaßnahme den sofortigen Aus-

---

171 Z. T. a. A.: Rehn, S. 119.

6 Verfahren des Rates

schluss eines Ratsmitgliedes aus der Sitzung verhängen und durchführen. Über die Berechtigung dieses Ausschlusses befindet der Rat in der nächsten Sitzung durch Beschluss (§ 51 Abs. 3 Satz 2 GO).

Ob der Ausschluss von einer oder mehreren Ratssitzungen auch den Ausschluss von in diesen Zeitraum fallenden Ausschusssitzungen bewirkt, hängt von einer entsprechenden Regelung in der Geschäftsordnung ab.

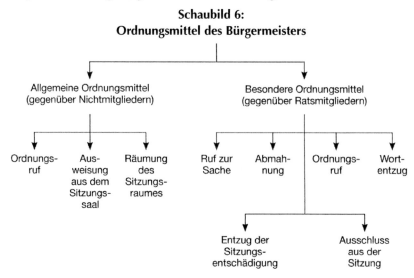

Schaubild 6:
Ordnungsmittel des Bürgermeisters

7 Ratsentscheidungen (Beschlüsse, Wahlen)

7.1 Allgemeines

Für zwei Arten rechtserheblicher Willensäußerung des Rates trifft die GO eingehende Regelungen, und zwar für Beschlüsse und Wahlen. § 50 GO verwendet hierfür den Oberbegriff Abstimmungen. Während § 50 GO klar zwischen Beschlüssen und Wahlen unterscheidet, wird diese Trennung in vielen anderen Vorschriften der GO nicht vorgenommen.

In der Regel wird nur von Beschlüssen im Sinne eines Oberbegriffs gesprochen, der Wahlen mit einschließt. So kennt § 49 GO neben der Beschlussfähigkeit nicht noch eine Wahlfähigkeit. § 52 GO schreibt eine Protokollierung nur für Beschlüsse, nicht auch für Wahlen vor. § 54 GO sieht Widerspruch und Beanstandung nur gegen Beschlüsse, nicht gegen Wahlen vor. Gemäß § 62 Abs. 2 GO bereitet der Bürgermeister lediglich Beschlüsse vor. § 122 Abs. 1 GO schließlich geht auch nur davon aus, dass die Aufsichtsbehörde zur Beanstandung rechtswidriger Beschlüsse anweisen kann. Aus der oberbegrifflichen Verwendung des Wortes „Beschluss" ergibt sich eindeutig, dass all diese Vorschriften selbstverständlich auch für Wahlen gelten.

7.2 Beschlüsse

Bei Beschlüssen kann zu einem Antrag oder Vorschlag mit „Ja" oder mit „Nein" gestimmt werden. Daneben besteht noch die Möglichkeit der Enthaltung.

7.2.1 Anträge

Im Verfahrensablauf sind Anträge der Beratungsphase zuzuordnen. Antragsberechtigungen ergeben sich vor allem aus der Geschäftsordnung. Die GO sieht lediglich in § 48 Abs. 2 Satz 2 (Ausschluss der Öffentlichkeit) und in § 50 Abs. 1 Sätze 4 und 5 (namentliche und geheime Abstimmung) Antragsrechte vor.

7.2.1.1 Antragsarten

Es ist hauptsächlich zu unterscheiden zwischen Sachanträgen und Verfahrensanträgen (Geschäftsordnungsanträgen).

Während Sachanträge Anträge mit materiellem Inhalt sind, also eine bestimmte inhaltliche Entscheidung in der zur Beratung stehenden Angelegenheit herbeiführen sollen, beziehen sich die Geschäftsordnungsanträge auf das Verfahren des Rates. Als Geschäftsordnungsanträge kommen insbesondere in Frage:

a) Antrag auf Schluss der Aussprache

Ziel eines solchen Antrages ist es, die Beratung zu einem Tagesordnungspunkt sofort zu beenden und zur Abstimmung (Entscheidung) in der Sache zu kommen.

b) Antrag auf Schluss der Rednerliste

Damit soll erreicht werden, dass nicht noch weitere Wortmeldungen zur Beratung eines Tagesordnungspunktes entgegengenommen werden. Nach Annahme des Antrages können nur noch die bis zur Antragstellung auf der Rednerliste stehenden Ratsmitglieder ihren Wortbeitrag liefern.

c) Antrag auf Verweisung an einen Ausschuss oder an den Bürgermeister

Zweck dieses Antrages ist, dass in der fraglichen Ratssitzung noch keine Sachentscheidung getroffen wird, sondern dass zunächst eine weitere Vorbereitung der Entscheidung durch einen Fachausschuss oder durch den Bürgermeister erfolgen soll. Ziel eines solchen Verweisungsantrages kann auch sein, die Entscheidungsbefugnis in dieser Sache auf einen Ausschuss oder auf den Bürgermeister zu übertragen (§ 41 Abs. 2 GO).

d) Antrag auf Vertagung

Dieser Antrag zielt darauf ab, dass die Beratung in dieser Sitzung ohne Entscheidung in der Sache beendet wird und die Entscheidung frühestens in der nächsten Ratssitzung getroffen wird. Von diesem Antrag wird vielfach Gebrauch gemacht, um weitere Informationen für die Sachentscheidung einholen zu können.

e) Antrag auf Unterbrechung oder Aufhebung der Sitzung

Auch mit diesen Anträgen wird der Zweck verfolgt, weitere Informationen einzuholen oder weitere interfraktionelle Absprachen und Ähnliches zu ermöglichen.

Unterbrechung der Sitzung ist eine vorübergehende Aussetzung der Sitzung mit der Fortführung in kurzer Zeit am gleichen Tage.

Der Antrag auf Aufhebung der Sitzung ist auf Schließung der Sitzung gerichtet. Die „Fortführung" dieser Sitzung ist dann nur nach erneuter Einladung unter Einhaltung der geschäftsordnungsmäßigen Ladungsfrist möglich.

f) Antrag auf Ausschluss oder Wiederherstellung der Öffentlichkeit

g) Antrag auf namentliche Abstimmung

Durch diesen Antrag soll Stimmabgabe nach namentlichem Aufruf erfolgen. Auch diese Form der Abstimmung ist noch eine offene Abstimmung. Die Geschäftsordnung bestimmt die Zahl der Antragsberechtigten (§ 50 Abs. 1 Satz 4 GO).

h) Antrag auf geheime Abstimmung

Dieses Antragsrecht steht nicht jedem einzelnen Ratsmitglied, sondern nur mindestens einem Fünftel der Ratsmitglieder zu (§ 50 Abs. 1 Satz 5 GO). Die Geschäftsordnung kann sogar noch ein höheres Quorum festlegen (§ 50 Abs. 1 Satz 7 GO).

7 Ratsentscheidungen (Beschlüsse, Wahlen)

Grundsätzlich sind die Anträge auf eine antragsentsprechende Beschlussfassung des Rates gerichtet, d. h., der Antrag ist nur erfolgreich, wenn ein entsprechender Ratsbeschluss gefasst wird, der Antrag also mit Mehrheit angenommen wird. Bei den unter g und h genannten Anträgen auf namentliche oder geheime Abstimmung handelt es sich eigentlich nicht um Anträge im ursprünglichen Sinne, weil sie unmittelbar zu dem beantragten Verfahren führen, ohne dass noch ein antragsentsprechender Ratsbeschluss erforderlich ist. D. h., der von einem Fünftel z. B. gestellte Antrag auf geheime Abstimmung zwingt zu geheimer Abstimmung, ohne dass der Rat über diesen Antrag abstimmen muss.

Beim Zusammentreffen der Beantragung von namentlicher und geheimer Abstimmung zu einem Tagesordnungspunkt ist geheim abzustimmen, weil der Antrag auf geheime Abstimmung den Vorrang hat (§ 50 Abs. 1 Satz 6 GO).

7.2.1.2 Zeitpunkt und Form der Antragstellung

Grundsätzlich werden Anträge in der Ratssitzung gestellt. Denkbar wäre aber auch eine vorherige schriftliche Antragstellung, und zwar sowohl bei Sachanträgen als auch bei Verfahrensanträgen.

Beispiele:

Aufgrund der mit der Einladung versandten Verwaltungsvorlagen gelangt eine Fraktion zu der Auffassung, einen in der Sache abweichenden Antrag zu stellen und macht dem Bürgermeister vor der Sitzung eine entsprechende Mitteilung.

Eine Fraktion stellt vor der Sitzung den Antrag, einen bestimmten Tagesordnungspunkt von der Tagesordnung abzusetzen und für eine spätere Sitzung vorzusehen.

Andererseits gibt es Anträge, die aus ihrer Eigenart heraus nur während der Sitzung möglich sind.

Beispiel:

Antrag auf Schluss der Aussprache oder der Rednerliste. Antrag auf Unterbrechung der Sitzung.

Grundsätzlich ist für die Antragstellung keine besondere Form vorgeschrieben, so dass sie i. d. R. mündlich erfolgt. Die Geschäftsordnung kann aber Schriftform vorsehen. In diesem Falle müssen auch während der Sitzung gestellte Anträge handschriftlich formuliert und dem Bürgermeister übergeben werden.

Die Bedeutung von Anträgen, insbesondere Sachanträgen, liegt auch in ihrer Funktion, Vorformulierungen der erwünschten Entscheidung zu sein. Sachanträge sollen daher einen abstimmungsfähigen Beschlussentwurf enthalten. Der Antrag muss so formuliert werden, dass er zum Beschluss erhoben werden kann[172].

---

172 Rehn, S. 87; Seeger, S. 173.

7 Ratsentscheidungen (Beschlüsse, Wahlen)

Beispiel:
„Der Bürgersteig vor dem Friedhof wird neu gepflastert."

Die Beschlussqualität steigt in dem Maße, in dem der Antrag so gefasst ist, dass er alle Modalitäten (zeitliche Abwicklung, Kostenbegrenzung pp.) berücksichtigt[173]. Dabei ist der Antrag so eindeutig zu formulieren, dass über ihn mit „Ja" oder „Nein" abgestimmt werden kann. Außerdem sind Anträge positiv zu formulieren.

Beispiel:
Richtig: „Oberverwaltungsrat O wird zum Verwaltungsdirektor befördert."
Falsch: „Oberverwaltungsrat O wird nicht zum Verwaltungsdirektor befördert."
Konsequenzen aus der positiven bzw. negativen Antragstellung können sich insbesondere im Falle der Stimmengleichheit ergeben. Bei Stimmengleichheit ist nämlich der Antrag abgelehnt (§ 50 Abs. 1 Satz 2 GO). Das würde bei positiver Antragsformulierung die Ablehnung der Beförderung bedeuten; bei negativer Formulierung würde dies bedeuten, dass die Beförderung beschlossen ist, denn der Antrag, den Beamten nicht zu befördern, ist ja abgelehnt worden.

Insbesondere ist eine doppelte Verneinung in der Antragsformulierung unzulässig[174].

Beispiel:
Der Bürgermeister formuliert aufgrund eines Antrages die Abstimmungsfrage: „Wer ist nicht dafür, dass der Schulbus nicht verkauft wird?"

7.2.1.3 Abstimmungsreihenfolge

Wenn zu einem Tagesordnungspunkt mehrere Anträge gestellt werden, ist es für das Ergebnis des Beschlusses durchaus bedeutsam, über welchen Antrag zuerst abgestimmt wird. Wenn Verfahrensanträge und Sachanträge zusammentreffen, ist über den Verfahrensantrag zuerst abzustimmen[175].

Beispiel:
Über den Antrag auf Vertagung ist vor einem Antrag auf inhaltliche Änderung eines Beschlusses abzustimmen.

Treffen mehrere Sachanträge einerseits oder mehrere Verfahrensanträge andererseits zusammen, ist über den weitestgehenden Antrag zuerst abzustimmen. Dabei gilt als Faustregel, dass derjenige Antrag als der weitestgehende anzusehen ist, der sich vom ursprünglichen Antrag oder vom ursprünglichen Beschlussvorschlag am weitesten entfernt[176].

---

173 Rehn, S. 87.
174 Seeger, S. 174.
175 Ebd., S. 175.
176 Rehn, S. 83.

7 Ratsentscheidungen (Beschlüsse, Wahlen)

Beispiel:
Zusammentreffen mehrerer Sachanträge:
Der Verwaltungsvorschlag lautet, dem Sportverein X einen Zuschuss in Höhe von 10.000 Euro zu gewähren. Die A-Fraktion beantragt, dem Verein 12.000 Euro zu bewilligen und die B-Fraktion beantragt sogar 15.000 Euro.
In diesem Fall ist zuerst über die Zuschussgewährung in Höhe 15.000 Euro abzustimmen, da es sich um den weitestgehenden Antrag handelt. Sollte dieser Antrag nicht mit der erforderlichen Mehrheit angenommen und damit zum Beschluss erhoben werden, ist über den Antrag auf Gewährung von 12.000 Euro abzustimmen usw.

Mit der Annahme des weitestgehenden Antrages sind die übrigen Anträge erledigt. Hinsichtlich des Zusammentreffens mehrerer Verfahrensanträge gilt, dass z. B. ein Antrag auf Aufhebung der Sitzung weiter geht als ein Antrag auf Vertagung eines Tagesordnungspunktes; ein Vertagungsantrag geht weiter als ein Antrag auf Schluss der Aussprache. Bei Änderungsanträgen zu Hauptanträgen wird zunächst über den Änderungsantrag abgestimmt.

In der Praxis ist die Frage des weitestgehenden Antrages nicht immer eindeutig zu entscheiden. In Zweifelsfällen bestimmt der Bürgermeister im Rahmen seiner Interpretationskompetenz endgültig und unangreifbar, welches der weitestgehende Antrag ist und lässt darüber zuerst abstimmen[177].

7.2.2 Mehrheiten

Beschlüsse werden gem. § 50 Abs. 1 Satz 1 GO mit Stimmenmehrheit gefasst, soweit das Gesetz nicht etwas anderes vorsieht. Besondere Mehrheiten sind vorgeschrieben in § 7 Abs. 3 Satz 2 GO (Beschluss und Änderung der Hauptsatzung), § 13 Abs. 1 Satz 2 GO (Änderung des Gemeindenamens), § 34 Abs. 2 GO (Verleihung und Entziehung des Ehrenbürgerrechts sowie Entziehung der Ehrenbezeichnung), §§ 66 Abs. 1, 67 Abs. 4 und 71 Abs. 7 GO (Antrag auf Abwahl bzw. Abberufung des Bürgermeisters, der ehrenamtlichen Stellvertreter und der Beigeordneten und Abberufungsbeschluss). Es ist unzulässig, darüber hinaus (z. B. durch Hauptsatzung) weitere besondere Mehrheiten vorzuschreiben. Stimmenmehrheit bedeutet Mehrheit der abgegebenen Stimmen, wobei gem. § 50 Abs. 5 GO Stimmenthaltungen und ungültige Stimmen zur Berechnung der Mehrheit nicht mitgezählt werden.

Beispiel:
Ein Antrag ist angenommen, wenn von 39 gesetzlichen und anwesenden Ratsmitgliedern zwei für den Antrag stimmen, einer dagegen stimmt und 36 Ratsmitglieder sich enthalten.

Von Einstimmigkeit wird im Übrigen immer dann gesprochen, wenn Beschlüsse ohne Gegenstimmen gefasst werden. Nicht nur, wenn bei 39 gesetzli-

---

177 Rehn, S. 83; Seeger, S. 177.

7 Ratsentscheidungen (Beschlüsse, Wahlen)

chen Ratsmitgliedern alle 39 mit „Ja" stimmen, sondern auch, wenn lediglich 9 mit „Ja" stimmen, während sich die übrigen anwesenden 30 Ratsmitglieder enthalten (Protokollvermerk: Einstimmig bei 30 Enthaltungen) liegt ein einstimmiger Beschluss vor.

Bei Stimmengleichheit ist der Antrag auf Beschlussfassung abgelehnt (§ 50 Abs. 1 Satz 2 GO). Eine gültige Stimme kann nur durch anwesende Ratsmitglieder persönlich abgegeben werden.

Ungültige Stimmen sind z. B. bedingte Stimmabgaben[178] (Zustimmung zum Verkauf des Schulbusses unter der Voraussetzung, dass ein neuer bei einer bestimmten Firma gekauft wird), Stimmabgaben mit Zusätzen oder Stimmabgaben, deren Aussagewille nicht eindeutig erkennbar ist[179] (es wird für und gegen den Antrag gestimmt). Enthaltungen sind entweder ausdrücklich als solche zu kennzeichnen oder ergeben sich aus der Passivität des Ratsmitgliedes im Abstimmungsverfahren.

7.2.3 Abstimmungsformen

Grundsätzlich wird bei der Beschlussfassung offen, i. d. R. durch Handzeichen, abgestimmt (§ 50 Abs. 1 Satz 3 GO). Bei dieser Verfahrensart ist für jedermann die Entscheidung des Ratsmitgliedes erkennbar. Auf Antrag einer in der Geschäftsordnung zu bestimmenden Zahl von Ratsmitgliedern ist namentlich abzustimmen (§ 50 Abs. 1 Satz 4 GO). Bei namentlicher Abstimmung gibt jedes Ratsmitglied nach Namensaufruf seine Stimme ab. In der Regel wird in der Niederschrift festgehalten, wie jedes Ratsmitglied bei der namentlichen Abstimmung gestimmt hat. Die namentliche Abstimmung ist lediglich eine Sonderform der öffentlichen Abstimmung[180].

Auf Antrag mindestens eines Fünftels der Ratsmitglieder ist geheim, also unter Verwendung von Stimmzetteln, abzustimmen (§ 50 Abs. 1 Satz 5 GO). Die Geschäftsordnung kann ein höheres Quorum festlegen oder generell für bestimmte Angelegenheiten geheime Abstimmung vorsehen (§ 50 Abs. 1 Satz 7 GO).

Wird zum selben Tagesordnungspunkt namentliche und geheime Abstimmung beantragt, so hat der Antrag auf geheime Abstimmung den Vorrang (§ 50 Abs. 1 Satz 6 GO). Es ist dann geheim abzustimmen. Wenn trotz eines gültigen Antrages auf geheime Abstimmung offen abgestimmt wird, so ist der Beschluss nichtig[181].

---

178 Plückhahn, in: Held/Winkel, Erl. 3.2 zu § 50.
179 Kirchhof, Erl. 5 zu § 27.
180 OVG NRW, VR 1981, 150.
181 Ebd.

Im Grundsatz muss es allerdings bei der offenen Abstimmung bleiben. Geheime Abstimmungen müssen die Ausnahme sein.

7.3 Wahlen

Bei Wahlen besteht eine Auswahlmöglichkeit zwischen mindestens zwei Personen[182]. Wenn es nur um die Entscheidung über eine Person geht, müsste es sich konsequenterweise um einen Beschluss i. S. v. § 50 Abs. 1 GO handeln. So bestimmte § 71 Abs. 2 Satz 4 GO (alt) zutreffend, dass über die Wiederwahl eines Beigeordneten durch Beschluss gem. § 50 Abs. 1 GO entschieden wird. Gestrichen wurde dieser Satz erst durch Änderungsgesetz vom 9. Oktober 2007 (GV. NRW. S. 380) – offenbar unter dem Eindruck neuerer Rechtsprechung. Nach neuerer Rechtsprechung des OVG NRW[183] handelt es sich auch dann um eine Wahl i. S. v. § 50 Abs. 2 GO, wenn lediglich über eine Person abgestimmt wird. § 50 Abs. 2 GO setze seinem Wortlaut nach nicht zwingend die Auswahl zwischen einer Mehrzahl von Kandidaten voraus, denn nach Satz 2 des § 50 Abs. 2 sei die Person gewählt, die mehr als die Hälfte der gültigen Stimmen erreicht hat. Damit sei nicht ausgeschlossen, dass über lediglich eine Person abgestimmt wird. Kennzeichnend für eine Wahl im gemeindeverfassungsrechtlichen Sinne sei nicht die Auswahl zwischen mehreren Kandidaten, sondern das „personale Element".

Die Kommentarliteratur ist dieser Rechtsprechung weitgehend gefolgt[184]. Dabei vermögen die Begründungen z. T. nicht zu überzeugen, bzw. es wird Konsequenz in der Argumentation vermisst.

Obwohl in der Kommentarliteratur – gestützt auf die Rechtsprechung des OVG NRW – abstellend darauf, dass kennzeichnend für eine Wahl im kommunalverfassungsrechtlichen Sinne nicht die Auswahl zwischen mehreren Kandidaten, sondern das „personale Element" sei, nahezu einhellig angenommen wird, dass es sich auch um eine Wahl gem. § 50 Abs. 2 GO handelt, wenn es nur um eine Person geht, wird andererseits in den selben Kommentierungen davon ausgegangen, dass z. B. die Bestellung eines Beigeordneten oder eines anderen Mitarbeiters zum allgemeinen Vertreter des Bürgermeisters (§ 68 Abs. 1 GO) oder die Bestellung zum Leiter oder Prüfer der örtlichen Rechnungsprüfung (§ 104 Abs. 2 GO) durch Beschluss gem. § 50 Abs. 1 GO (und nicht durch Wahl gem. § 50 Abs. 2 GO) geschieht[185].

---

182 Hofmann/Theisen, S. 396.
183 OVG NRW, NWVBl. 2002, 381.
184 Rehn/Cronauge/von Lennep/Knirsch, Erl. III.1 zu § 50; Plückhahn, in: Held/Winkel, Erl. 4.2 zu § 50; Wagner, in: Kleerbaum/Palmen, § 50 2b.
185 Plückhahn, in: Held/Winkel, Erl. 4.1 zu § 68; Rehn/Cronauge/von Lennep/Knirsch, Erl. I.1 zu § 68; Lübken, in: Kleerbaum/Palmen, § 68 II.1; Flüshöh, in: Kleerbaum/Palmen, § 104 III.

7 Ratsentscheidungen (Beschlüsse, Wahlen)

Wenn nunmehr, soweit nur eine Person zur Debatte steht, nach der Rechtsprechung des OVG NRW und nach h. M. in der Literatur nicht mehr von einem Beschluss, sondern von einer Wahl auszugehen ist, so hat dies Konsequenzen bezüglich des Abstimmungsverfahrens.

Nach § 50 Abs. 2 Satz 2 GO ist die (einzige) zur Wahl stehende Person gewählt, wenn sie mehr als die Hälfte der gültigen Stimmen erhalten hat. Wird diese Mehrheit nicht erreicht, ist die Person nicht gewählt, die Wahl ist fehlgeschlagen. Das weitere für Wahlen in § 50 Abs. 2 Sätze 4 bis 7 GO vorgesehene (und auch typische) Verfahren (engere Wahl und ggf. Losentscheidung) kann bei einer „Ein-Bewerber-Wahl" nicht durchgeführt werden. Auch diese Verfahrensfestlegung im Gesetz zeigt m. E., dass es logischer ist, eine Abstimmung per Beschluss nach § 50 Abs. 1 GO durchzuführen, wenn nur eine Person zur „Wahl" steht, wie etwa bei der Wiederwahl eines Beigeordneten. Im Ergebnis würde dies keine geringeren Anforderungen hinsichtlich des Abstimmungserfolges bedeuten. Auch Beschlüsse nach § 50 Abs. 1 GO werden mit Stimmenmehrheit gefasst.

Abgesehen von der Tatsache, dass bei der Wahl ein einzelnes Ratsmitglied durch Widerspruch gegen die offene Abstimmung geheime Wahl erzwingen kann (§ 50 Abs. 2 Satz 1 GO), während beim Beschluss geheime Abstimmung aufgrund eines Antrags mindestens eines Fünftels der Ratsmitglieder erfolgt (§ 50 Abs. 1 Satz 5 GO), besteht der Unterschied zwischen Beschlüssen nach § 50 Abs. 1 und Wahlen nach § 50 Abs. 2 GO darin, dass bei Stimmengleichheit beim Beschluss der auf Beschlussfassung gerichtete Antrag oder Vorschlag (z. B. Wiederwahl des Beigeordneten) abgelehnt ist (§ 50 Abs. 1 Satz 2 GO), wohingegen Stimmengleichheit bei der Wahl für mindestens zwei Bewerber zu einem weiteren Wahlgang zwingen würde (§ 50 Abs. 2 Satz 4 GO). Und genau dieses wahltypische Verfahren ist bei nur einem „Wahlbewerber" nicht möglich. Auch das spricht dafür, bei nur einem Bewerber durch Beschluss nach § 50 Abs. 1 GO zu entscheiden.

7.3.1 Verfahren

Bei Wahlen wird ebenfalls grundsätzlich offen abgestimmt. Nur in gesetzlich bestimmten Fällen (z. B. Wahl der stellvertretenden ehrenamtlichen Bürgermeister [§ 67 Abs. 2 Satz 1 GO]) und wenn ein Ratsmitglied widerspricht, ist geheim abzustimmen (§ 50 Abs. 2 Satz 1 GO). Der Widerspruch zwingt unmittelbar zur geheimen Abstimmung, ohne dass hierüber ein Ratsbeschluss erforderlich ist.

7 Ratsentscheidungen (Beschlüsse, Wahlen)

Eine namentliche Abstimmung ist im Wahlverfahren gem. § 50 Abs. 2 GO nicht zulässig, da § 50 Abs. 2 Satz 1 GO von der dortigen Regelung abweichende Verfahren nur aufgrund gesetzlicher Bestimmung zulässt[186].
Gewählt wird auch mit Stimmenmehrheit, d. h., gewählt ist die vorgeschlagene Person, die mehr als die Hälfte der gültig abgegebenen Stimmen erhalten hat (§ 50 Abs. 2 Satz 2 GO). Auch bei Wahlen zählen Stimmenthaltungen und ungültige Stimmen nicht zur Berechnung der Mehrheit mit. Aus § 50 Abs. 2 Satz 2 GO ergibt sich nunmehr eindeutig, dass eine Stimme für eine nicht vorgeschlagene Person ungültig ist. Außer den beim Beschluss (§ 50 Abs. 1 GO) aufgeführten Ungültigkeitsgründen sind bei einer Wahl (§ 50 Abs. 2 GO) auch Ja-Stimmen ungültig, wenn mehrere Wahlvorschläge vorliegen, da der Wille der Abstimmenden nicht erkennbar ist, für welchen Vorschlag das Votum erfolgt. Hingegen sind Nein-Stimmen gültig, da sie eindeutig erkennen lassen, dass die so Abstimmenden für keinen der Wahlvorschläge stimmen möchten (§ 50 Abs. 2 Satz 3 GO). Liegt nur ein Wahlvorschlag vor, ist bei Ja- und bei Nein-Stimmen der Wille der Abstimmenden zweifelsfrei erkennbar, so dass sowohl die Ja-Stimmen als auch die Nein-Stimmen gültig sind[187].

Erreicht bei der Wahl niemand mehr als die Hälfte der gültig abgegebenen Stimmen, so findet zwischen den Personen, die die beiden höchsten Stimmenzahlen erreicht haben, eine engere Wahl statt (§ 50 Abs. 2 Satz 4 GO). In die engere Wahl müssen nicht nur zwei Kandidaten kommen. Wenn von 37 gültig abgegebenen Stimmen der Kandidat A 16, die Kandidaten B und C je acht und der Kandidat D fünf Stimmen erhält, so stehen im zweiten Wahlgang drei Bewerber, nämlich die Kandidaten A, B und C zur Wahl, da sie die höchsten Stimmenzahlen (16 und acht) erreicht haben. Diesem Gesichtspunkt trägt auch § 50 Abs. 2 Satz 5 GO Rechnung, wonach im zweiten Wahlgang gewählt ist, wer die meisten Stimmen auf sich vereinigt. Wenn nur zwei Bewerber in die engere Wahl kommen könnten, so hätte in jedem Falle einer sogar mehr als die Hälfte der gültig abgegebenen stimmen, es sei denn, es läge Stimmengleichheit vor.

In die engere Wahl kommen auch dann drei Bewerber, wenn sich Stimmengleichheit bei der ersthöchsten Stimmenzahl ergibt (z. B. A und B erhalten je 14, C erhält neun Stimmen), da der Wortlaut des § 50 Abs. 2 Satz 4 GO eindeutig auf die beiden höchsten Stimmenzahlen abstellt[188].

---

186 Vgl. auch Kirchhof, Erl. 6 zu § 27.
187 OVG NRW, NWVBl. 1992, 92; NWVBl. 1993, 411; Plückhahn, in: Held/Winkel, Erl. 4.1 zu § 50; Wagner, in: Kleerbaum/Palmen, § 50 III.3.
188 Geiger, in: Articus/Schneider, Erl. 3 zu § 50; Rehn/Cronauge/von Lennep/Knirsch, Erl. III.4 zu § 50; abschwächend Kirchhof, Erl. 14 zu § 27, a. A.: Plückhahn, in: Held/Winkel, Erl. 4.1 zu § 50.

7 Ratsentscheidungen (Beschlüsse, Wahlen)

Bei Stimmengleichheit entscheidet das Los (§ 50 Abs. 2 Satz 6 GO). Allerdings führt Stimmengleichheit erst im zweiten Wahlgang zur Losentscheidung. Stimmengleichheit im ersten Wahlgang (ohne dass ein anderer Bewerber mehr als die Hälfte der gültig abgegebenen Stimmen erreicht) kann zur Durchführung des zweiten Wahlganges (engere Wahl) zwingen.

Das Wahlverfahren gem. § 50 Abs. 2 GO gilt nur, soweit durch die GO nicht besondere Wahlverfahren (wie z. B. für die Wahl der ehrenamtlichen Stellvertreter des Bürgermeisters gem. § 67 Abs. 2 GO) vorgeschrieben sind.

Bezüglich der Ausschusswahlen vgl. 10.3.

7.4 Niederschrift

Über Beschlüsse (und Wahlen) ist eine Niederschrift aufzunehmen (§ 52 Abs. 1 Satz 1 GO). Das Gesetz verlangt nur ein Beschlussprotokoll. Es bleibt dem Rat aber unbenommen, die Anfertigung eines Verhandlungsprotokolls zu beschließen, in dem außer dem Wortlaut des Beschlusses der Verhandlungsablauf festzuhalten ist.

Die Niederschrift wird vom Bürgermeister und einem Schriftführer unterzeichnet, den der Rat bestellt (§ 52 Abs. 1 Satz 2 GO). Mit der Unterzeichnung der Niederschrift wird lediglich bestätigt, dass tatsächlich in Übereinstimmung mit der Beschlussfassung protokolliert wird. Die Unterzeichnung der Niederschrift drückt nicht ein Einverständnis der Unterzeichner mit den Beschlussinhalten aus. Eine falsche Protokollierung hat keinen Einfluss auf den Beschluss. Inhalt und Rechtmäßigkeit des Beschlusses beurteilen sich ausschließlich nach der Beschlussfassung. Dennoch liegt der Sinn der Niederschrift auch gerade darin, den Inhalt der Ratsbeschlüsse für die Zukunft zu sichern. Der Rat entscheidet grundsätzlich frei bei der Auswahl der Person, die zum Schriftführer bestellt wird. Er kann ein Ratsmitglied bestellen. Er könnte diese Bestellung für die gesamte Wahlperiode oder auch für bestimmte Zeitabschnitte vornehmen. Denkbar wäre auch eine Bestellung für jeweils nur eine Sitzung.

Der Rat kann auch eine Verwaltungsmitarbeiterin oder einen Verwaltungsmitarbeiter zum Schriftführer bestellen. Dies ist die Regelpraxis. Zum Teil wird angenommen, dass dabei das Einverständnis des Bürgermeisters als Hauptverwaltungsbeamter erforderlich ist[189].

Die ordnungsgemäß unterzeichnete Niederschrift ist eine öffentliche Urkunde i. S. d. §§ 415, 417, 418 ZPO[190]. Weigert sich ein Unterzeichner, die Niederschrift ganz oder teilweise zu unterschreiben, so erhält die Niederschrift insge-

---

189 Wagner, in: Kleerbaum/Palmen, § 52 I.
190 Plückhahn, in: Held/Winkel, Erl. 1 zu § 52; Rehn/Cronauge/von Lennep/Knirsch, Erl. I.1 zu § 52.

samt oder in den fraglichen Teilen nicht den Charakter einer öffentlichen Urkunde[191]. Die Genehmigung der Niederschrift durch den Rat ist weder vorgesehen noch notwendig, zumal der Rat nicht durch Beschluss die Niederschrift ändern kann. Der Rat kann lediglich per Beschluss feststellen, dass er die Niederschrift für ungenau oder unrichtig halte[192].

Schaubild 7:
Unterscheidungen zwischen Beschluss und Wahl

	Beschluss	Wahl
Wesen	Abstimmung über einen Antrag mit Ja, Nein, Enthaltung	Auswahl zwischen mindestens zwei Personen[193]
Voraussetzungen für geheime Abstimmung	Antrag mindestens eines Fünftels der Ratsmitglieder (§ 50 Abs. 1 Satz 5 GO)	Widerspruch eines Ratsmitgliedes gegen die offene Abstimmung (§ 50 Abs. 2 Satz 1 GO)
Folgen bei Stimmengleichheit	Antrag ist abgelehnt (§ 50 Abs. 1 Satz 2 GO)	Losentscheidung bei Stimmengleichheit in der engeren Wahl = 2. Wahlgang (§ 50 Abs. 2 Satz 5 GO). Stimmengleichheit im ersten Wahlgang kann zur Durchführung eines zweiten Wahlganges zwingen (§ 50 Abs. 2 Satz 4 GO)

---

191 Kirchhof, Erl. 3 zu § 29; Buhren, VR 1983, 222.
192 Plückhahn, in: Held/Winkel, Erl. 2.5 zu § 52.
193 Siehe aber abweichend OVG NRW, NWVBl. 2002, 381.

8 Interventionsmittel gegen Rats- und Ausschussbeschlüsse

8.1 Ausführungshindernis

Grundsätzlich hat der Bürgermeister gem. § 62 Abs. 2 Satz 2 GO die Beschlüsse des Rates und der Ausschüsse mit Entscheidungsbefugnis auszuführen. Er darf allerdings dann nicht ausführen, wenn von ausführungshindernden Interventionsmitteln Gebrauch gemacht worden ist.

8.2 Interventionsmittel gegen Ratsbeschlüsse

8.2.1 Widerspruch

8.2.1.1 Voraussetzung

Gemäß § 54 Abs. 1 GO kann der Bürgermeister gegen einen Ratsbeschluss Widerspruch einlegen, wenn er der Auffassung ist, dass der Beschluss das Wohl der Gemeinde gefährdet. Dabei kommt es nur auf die subjektive Meinung des Bürgermeisters an. Damit ist prinzipiell bei jedem Beschluss die Widerspruchsmöglichkeit gegeben. Maßgebend sind lediglich der Erfindungsreichtum und die Formulierungskunst des Bürgermeisters.

Ob der Bürgermeister Widerspruch einlegt, liegt in seinem gerichtlich nicht überprüfbaren Ermessen[194].

Für die Möglichkeit des Widerspruchs ist es unerheblich, ob der Bürgermeister dem widersprochenen Beschluss zugestimmt hat[195]. Selbst wenn der Bürgermeister den entsprechenden Ratsbeschluss initiiert hat, hindert ihn das nicht, dem Beschluss hernach zu widersprechen. Man muss ihm durchaus zubilligen, dass sich ihm nach Beschlussfassung neue Gesichtspunkte auftun, die ihn zum Widerspruch bewegen.

Ebenfalls hindert die Tatsache, dass der Bürgermeister die Niederschrift über Ratssitzungen gem. § 52 Abs. 1 GO mit unterzeichnet, nicht sein Widerspruchsrecht, denn mit dieser Unterschrift bestätigt der Bürgermeister nur, dass in Übereinstimmung mit der Beschlussfassung protokolliert wurde.

Der Bürgermeister hat allerdings kein Widerspruchsrecht, wenn er in der Angelegenheit befangen ist (§ 50 Abs. 6, § 31 GO)[196]. Durch die aufschiebende Wirkung des Widerspruchs und die Folge, dass der Rat erneut über die Angelegenheit zu beschließen hat, kommt das Widerspruchsrecht zumindest einer Mitwirkung an der Beratung i. S. d. § 31 gleich.

---

194 Geiger, in: Articus/Schneider, Erl. 1 zu § 54; Plückhahn, in: Held/Winkel, Erl. 1.1 zu § 54.
195 Kirchhof, Erl. 4 zu § 31; Rehn/Cronauge/von Lennep/Knirsch, Erl. II.2 zu § 54; a. A. Rauball/Pappermann/Roters, Rn. 2 zu § 39.
196 Kirchhof, Erl. 4 zu § 31; Rauball/Pappermann/Roters, Rn. 2 zu § 39; Rehn/Cronauge/von Lennep/Knirsch, Erl. II.2 zu § 54.

Nicht eindeutig geklärt ist, wem das Widerspruchsrecht im Falle der Verhinderung des Bürgermeisters zusteht.

Aus der Tatsache, dass vor der Reform der GO zur Abschaffung der sog. Doppelspitze das Widerspruchsrecht schon dem damals noch ehrenamtlichen Bürgermeister (und nicht dem Gemeindedirektor) zustand, wird z. T. gefolgert, dass der ehrenamtliche Stellvertreter des Bürgermeisters im Verhinderungsfalle des Bürgermeisters diesen bei der Wahrnehmung des Widerspruchsrechts vertritt[197].

Der Wortlaut der die Vertretungskompetenz der ehrenamtlichen Stellvertreter des Bürgermeisters regelnden Vorschrift des § 67 Abs. 1 Satz 2 GO gibt dafür nichts her. Nach § 67 Abs. 1 Satz 2 GO vertreten die ehrenamtlichen Stellvertreter den Bürgermeister bei der Leitung der Ratssitzungen und bei der Repräsentation. Es handelt sich beim Widerspruch gegen einen Ratsbeschluss aber weder um eine Frage der Sitzungsleitung noch um Repräsentation[198].

Im Falle der Verhinderung des Bürgermeisters hat folglich der allgemeine Vertreter (Vertreter im Amt) nach § 68 das Recht des Widerspruchs.

Gleichwohl ist dieses Ergebnis nicht befriedigend, weil diese Regelung bzw. Lösung nicht „systemkonform" ist, da das Widerspruchsrecht des Bürgermeisters eher Folge seiner Funktion als Ratsvorsitzender denn der als Hauptverwaltungsbeamter sein dürfte.

8.2.1.2 Frist

Der Widerspruch ist nur bis zum dritten Tage nach der Beschlussfassung zulässig. Dabei handelt es sich um eine Ausschlussfrist. Hinsichtlich der Fristenberechnung sind die Vorschriften der §§ 187 bis 193 BGB zu beachten, die entsprechend auch im öffentlichen Recht Anwendung finden (vgl. § 31 VwVfG NRW).

Sollte nach Ablauf der Frist für den Bürgermeister erkennbar werden, dass der Beschluss das Wohl der Gemeinde gefährdet, bleibt nur die immer bestehende Möglichkeit, den Beschluss durch erneuten Ratsbeschluss unter Beachtung des Normalverfahrens zu ändern oder aufzuheben. Dies ist grundsätzlich auch nach Ausführung des Erstbeschlusses noch möglich.

8.2.1.3 Form

Der Widerspruch ist schriftlich zu begründen. Wenn der Bürgermeister z. B. im Anschluss an die entsprechende Beschlussfassung während der Sitzung münd-

---

197 Wagner, in: Kleerbaum/Palmen, § 54 I.1; nicht klar festlegend: Plückhahn, in: Held/Winkel, Erl. 1.1 zu § 54.
198 Plückhahn, in: Held/Winkel, Erl. 1.1 zu § 54.

lich widerspricht, so ist dieser mündliche Widerspruch nur rechtserheblich, wenn die schriftliche Begründung innerhalb der Drei-Tage-Frist nachgereicht wird[199].

8.2.1.4 Adressat

§ 54 Abs. 1 GO trifft keine Aussage darüber, wo der Widerspruch einzulegen ist.

Klar ist allerdings, dass Adressat des Widerspruchs der Rat ist, da der Widerspruch sich gegen einen Ratsbeschluss richtet und durch das Widerspruchsverfahren dem Rat Gelegenheit gegeben werden soll, die Angelegenheit noch einmal zu überdenken.

Da die Widerspruchsfrist mit drei Tagen recht kurz bemessen ist, wird man nicht verlangen können, dass der Widerspruch innerhalb dieser Frist allen Ratsmitgliedern zuzustellen ist.

Zum Teil wird angenommen, dass der Bürgermeister den Widerspruch seinem ehrenamtlichen Stellvertreter[200], z. T., dass er den Widerspruch seinem allgemeinen Vertreter[201] innerhalb der Drei-Tage-Frist mitzuteilen hat.

Meines Erachtens sind diese etwas gekünstelt wirkenden Lösungen nicht erforderlich. Nach § 40 Abs. 2 Satz 3 GO vertritt der Bürgermeister den Rat. Eine zur Verhinderung der „Entgegennahme" des Widerspruchs führende Interessenkollision liegt durch Gebrauch des Widerspruchsrechts nicht vor (er darf im Übrigen auch bei dem über den Widerspruch entscheidenden Ratsbeschluss mitwirken).

Folglich kann der Bürgermeister fristwahrend den Widerspruch gewissermaßen „bei sich" abgeben, um dann das übliche Vorlageverfahren gegenüber dem Rat zu praktizieren, damit der Rat über den Widerspruch innerhalb der in § 54 Abs. 1 Satz 3 GO vorgesehenen Frist entscheiden kann.

8.2.1.5 Wirkung

Der Widerspruch hat aufschiebende Wirkung (§ 54 Abs. 1 Satz 2 GO), das bedeutet, dass der Beschluss vorerst nicht ausgeführt werden darf.

8.2.1.6 Folgen

Der Widerspruch zwingt den Rat dazu, über die Angelegenheit in einer neuen Sitzung erneut zu beschließen. Diese neue Sitzung hat frühestens am dritten Tage und spätestens zwei Wochen nach Eingang des Widerspruchs stattzufin-

---

199 Rehn/Cronauge/von Lennep/Knirsch, Erl. II.1 zu § 54; ähnlich: Plückhahn, in: Held/Winkel, Erl. 1.2 zu § 54.
200 Wagner, in: Kleerbaum/Palmen, § 54 I.1.
201 Plückhahn, in: Held/Winkel, Erl. 1.2 zu § 54.

den (§ 54 Abs. 1 Satz 3 GO). Diese Fristen bilden lediglich den Zeitrahmen. Der tatsächliche Zeitpunkt im konkreten Falle wird von den in der Geschäftsordnung vorgesehenen Ladungsfristen mitbestimmt, da auch bei der Einladung zu dieser Sitzung diese Ladungsfristen einzuhalten sind.

Wenn der Rat bei seiner ersten Entscheidung verbleibt, ist der Widerspruch erledigt; ein weiterer Widerspruch ist unzulässig (§ 54 Abs. 1 Satz 4 GO). Ein erneuter Widerspruch muss allerdings dann möglich sein, wenn in der neuen Sitzung der Erstbeschluss über das Widerspruchsanliegen hinaus derart verändert wird, dass es sich praktisch um einen vollkommen neuen Beschluss handelt[202].

8.2.2 Beanstandung

8.2.2.1 Voraussetzung

Gemäß § 54 Abs. 2 GO ist der Bürgermeister verpflichtet, Beschlüsse des Rates, die das geltende Recht verletzen, zu beanstanden. Diese Rechtswidrigkeit des Beschlusses kann sich aus formellen und aus materiellen Rechtsmängeln ergeben.

Auch nichtige Beschlüsse sind zu beanstanden[203].

Formelle Mängel sind Mängel, die sich aus der Verletzung von Form-, Verfahrens- und Zuständigkeitsvorschriften bei der Beschlussfassung oder in dem auf Beschlussfassung gerichteten Verfahren ergeben.

Materielle Mängel sind solche, die sich daraus ergeben, dass der Beschlussinhalt gegen geltendes Recht verstößt.

Denkbare formelle Beanstandungsgründe:
1. Ladungsfehler
   a) Missachtung der Ladungsform (§ 47 Abs. 2 GO i. V. m. der Geschäftsordnung).
   b) Missachtung der Ladungsfrist (§ 47 Abs. 2 GO i. V. m. der Geschäftsordnung).
   c) Einberufung durch Nichtbefugten (§ 47 Abs. 1 GO), z. B. durch ehrenamtlich stellvertretenden Bürgermeister oder durch den allgemeinen Vertreter, ohne dass der Vertretungsfall gegeben ist.
2. Tagesordnungsmängel
   a) Festsetzung der Tagesordnung durch Nichtbefugten (§ 48 Abs. 1 GO), z. B. durch den allgemeinen Vertreter, ohne dass der Vertretungsfall gegeben ist.

---

202 A. A. Kirchhof, Erl. 5 zu § 31.
203 Kirchhof, Erl. 6 zu § 31; Geiger, in: Articus/Schneider, Erl. 2 zu § 54; Plückhahn, in: Held/Winkel, Erl. 2.3 zu § 54; Wagner, in: Kleerbaum/Palmen, § 54 II.1; Giesen, VR 1981, 89.

8 Interventionsmittel gegen Rats- und Ausschussbeschlüsse

    b) Missachtung der Verpflichtung, die Tagesordnung öffentlich bekanntzumachen (§ 48 Abs. 1 Satz 4 GO).
    c) Missachtung des Konkretisierungsgebots bezüglich der Tagesordnungspunkte (gefolgert aus § 48 Abs. 1 Satz 4 GO).

3. Missachtung der Verpflichtung, Ort und Zeit der Sitzung öffentlich bekanntzumachen (§ 48 Abs. 1 Satz 4 GO); führt nur zur Rechtswidrigkeit der in öffentlicher Sitzung gefassten Beschlüsse.
4. Verletzung des Grundsatze der Sitzungsöffentlichkeit (§ 48 Abs. 2 Satz 1 GO). Ausnahmen: durch Gesetz, Geschäftsordnung oder Ratsbeschluss im Einzelfall begründete Nichtöffentlichkeit (§ 48 Abs. 2 Sätze 2 und 3 GO).
5. Mangelnde Funktionsfähigkeit des Rates (Nichtanwesenheit von Bürgermeister und Stellvertretern, § 51 Abs. 1 GO).
6. Leitungsmängel (§ 51 Abs. 1 GO), z. B. Leitung durch einen Nichtbefugten, etwa durch den allgemeinen Vertreter.
7. Mangelnde Beschlussfähigkeit (§ 49 Abs. 1 GO, bei Ausschüssen außerdem ggf. § 58 Abs. 3 Satz 4 GO).
8. Mitwirkung eines nach § 43 Abs. 2, § 31 GO Auszuschließenden (s. aber § 31 Abs. 6 GO).
9. Missachtung spezieller gesetzlicher Verfahrensvorschriften (z. B. verfrühter Losentscheid bei einer Wahl gem. § 50 Abs. 2 GO, Missachtung der Frist zwischen Abberufungsantrag und Beschluss gem. § 66 Abs. 1 Satz 3 oder § 67 Abs. 4 Satz 3 oder § 71 Abs. 7 Satz 3 GO, Missachtung des Ausspracheverbots gem. § 66 Abs. 1 Satz 4, § 67 Abs. 4 Satz 4, § 71 Abs. 7 Satz 4 GO, geheime Abstimmung statt offener oder umgekehrt (§ 50 Abs. 1 und 2 GO).
10. Mängel, die sich aus der Missachtung von Verfahrensregeln nach der Geschäftsordnung ergeben, soweit es sich dabei um Regelungen mit Rechtsnormcharakter handelt.
11. Mangelnde Entscheidungszuständigkeit (Organkompetenz).
12. Mangelnde Zuständigkeit der Gemeinde (Verbandskompetenz).

Hinweis: Die Frage der Stimmenmehrheit (§ 50 GO) ist keine Frage der Rechtmäßigkeit, sondern gibt lediglich darüber Auskunft, ob ein auf Beschlussfassung gerichteter Antrag angenommen oder abgelehnt worden ist. Folglich kann mangelnde Stimmenmehrheit auch kein Beanstandungsgrund i. S. v. § 54 Abs. 2 und 3 GO sein.

8.2.2.2 Frist

Anders als im Falle des Widerspruchs ist eine Frist für die Beanstandung nicht vorgesehen. Offenbar soll nicht durch Fristablauf eine Rechtswidrigkeit sanktioniert werden.

Nach § 54 Abs. 4 GO kann die Verletzung eines Mitwirkungsverbots gem. § 43 Abs. 2 i. V. m. § 31 GO gegen einen Rats- oder Ausschussbeschluss nach Ablauf eines Jahres seit der Beschlussfassung oder im Falle der öffentlichen Bekanntmachung des Beschlusses ein Jahr nach dieser nicht mehr geltend gemacht werden.

Daraus ist zu schließen, dass nach Ablauf dieses Jahres auch eine Beanstandung ausgeschlossen ist[204]. Ansonsten wäre die Platzierung dieser Regelung im „Beanstandungsparagraphen" (§ 54 GO) wenig verständlich.

Bedeutsam ist dies ohnehin nur, wenn die Mitwirkung des Auszuschließenden für das Abstimmungsergebnis entscheidend war (§ 31 Abs. 6 GO).

8.2.2.3 Form, Adressat

Die Beanstandung ist dem Rat schriftlich vorzulegen. Da eine sachgerechte Auseinandersetzung des Rates mit der Rechtsverletzung nur möglich ist, wenn den Ratsmitgliedern die zur Beanstandung führenden Gründe bekannt sind, muss die Beanstandung eingehend begründet werden. Es ist durchaus denkbar, Beanstandung mit Begründung in Form einer sog. Verwaltungsvorlage, die der Bürgermeister unterzeichnet, abzufassen.

8.2.2.4 Wirkung

Die Beanstandung hat wie der Widerspruch aufschiebende Wirkung.

8.2.2.5 Folgen

Der Rat muss sich in der nächsten Sitzung mit der Beanstandung befassen. Wenn der Rat bei seiner erneuten Beschlussfassung bei seiner ersten Entscheidung verbleibt und somit den Rechtsfehler nicht korrigiert, hat der Bürgermeister unverzüglich die Aufsichtsbehörde einzuschalten (§ 54 Abs. 2 Satz 4 GO), die dann den rechtswidrigen Beschluss aufheben kann (§ 122 Abs. 1 Satz 2 GO). Bis zur Entscheidung der Aufsichtsbehörde bleibt die aufschiebende Wirkung bestehen (§ 54 Abs. 2 Satz 5 GO). Der Rat „verbleibt" i. S. v. § 54 Abs. 2 Satz 4 GO auch dann bei seinem ersten Beschluss, wenn er aufgrund der Beanstandung untätig bleibt und sich nicht mehr mit der Angelegenheit befasst. Auch dann kann nach angemessenem Zuwarten die Aufsichtsbehörde tätig

---

204 Geiger, in: Articus/Schneider, Erl. 5 zu § 54; Wagner, in: Kleerbaum/Palmen, § 54 V; a. A.: Hofmann/Theisen, S. 447.

werden und entscheiden, ob sie es bei der Fortdauer der von der Beanstandung ausgehenden aufschiebenden, die Ausführung hindernden, Wirkung belassen oder den Beschluss gem. § 122 Abs. 1 Satz 2 GO aufheben will.

8.2.2.6 Beanstandung auch noch nach Ausführung des Beschlusses?

Grundsätzlich ist wegen der aufschiebenden Wirkung eine Beanstandung nur bis zur Ausführung des Beschlusses sinnvoll. Die Verpflichtung zur Beanstandung besteht aber auch noch in den Fällen, in denen die Rechtswidrigkeit erst nach Ausführung des Beschlusses entdeckt wird. Der Korrekturmöglichkeit der aufgrund eines solchen Beschlusses getätigten Außenvertretungsakte (Vertrag, Verwaltungsakt) wird der Vertrauensschutz des durch den Außenvertretungsakt Begünstigten Grenzen setzen. Eine Beanstandung wegen der Verletzung eines Mitwirkungsverbots gem. § 43 Abs. 2 i. V. m. § 31 GO ist allerdings nach Ablauf eines Jahres nach der Beschlussfassung nicht mehr möglich (§ 54 Abs. 4 GO).

8.2.2.7 Folgen der Unterlassung der Beanstandung

Unterlässt der Bürgermeister – aus welchen Gründen auch immer – die Beanstandung, so bedeutet dies eine Dienstpflichtverletzung, die disziplinarische Konsequenzen haben kann. Wenn er trotz Kenntnis der Rechtswidrigkeit die Beanstandung unterlässt, so ist er gem. § 84 Abs. 1 Satz 2 LBG der Gemeinde zum Ersatz des Schadens verpflichtet, der durch die Ausführung eines solchen rechtswidrigen Beschlusses entsteht. Gleiches gilt, wenn er infolge grober Fahrlässigkeit den Rechtsfehler nicht erkannt hat.

Die Beanstandungsverpflichtung wird nicht dadurch berührt, dass der Betroffene die Möglichkeit hat, gegen einen entsprechenden Verwaltungsakt zu klagen[205].

Ebenfalls entbindet die Möglichkeit eines Kommunalverfassungsstreitverfahrens der betroffenen Ratsmitglieder nicht von der Beanstandungspflicht[206].

Der Bürgermeister kann seiner Beanstandungspflicht auch nicht durch Klage (gegen den Ratsbeschluss) vor dem Verwaltungsgericht ausweichen. Eine solche Klage wäre in Ermangelung des Rechtsschutzbedürfnisses unzulässig[207].

Allerdings kann der Bürgermeister einen Beschluss, der unmittelbar in seine organschaftlichen Rechte eingreift, mit kommunalverfassungsrechtlicher Klage angreifen, und zwar unabhängig von seiner Pflicht, diesen Beschluss beanstanden zu müssen[208].

---

205 Plückhahn, in: Held/Winkel, Erl. 2.3 zu § 54.
206 Wagner, in: Kleerbaum/Palmen, § 54 II.3.
207 OVG NRW, OVGE 23, 124 ff.
208 Plückhahn, in: Held/Winkel, Erl. 2.10 zu § 54.

Die Beanstandung dient der Wahrung der Rechtsordnung im Interesse der Allgemeinheit; sie dient nicht unmittelbar dem Schutz einzelner Bürger. Daher haben sie keine Möglichkeit, die Beanstandung durch den Bürgermeister zu erzwingen[209].

Im Übrigen kann die Aufsichtsbehörde gem. § 122 Abs. 1 Satz 1 GO den Bürgermeister anweisen, einen rechtswidrigen Beschluss zu beanstanden.

8.3 Interventionsmittel gegen Ausschussbeschlüsse

8.3.1 Einspruch

8.3.1.1 Berechtigte

Gemäß § 57 Abs. 4 Satz 2 GO kann der Bürgermeister innerhalb einer von der Geschäftsordnung zu bestimmenden Frist gegen einen Beschluss eines Ausschusses mit Entscheidungsbefugnis Einspruch einlegen. Das gleiche Einspruchsrecht steht einem Fünftel der Ausschussmitglieder zu. Ausschussmitglieder, die wegen eines Enthaltungsgrundes (§ 43 Abs. 2, § 31 GO) in der Angelegenheit nicht mit beraten und entscheiden durften, haben in dieser Sache auch kein Einspruchsrecht und können sich somit am Einspruch nicht beteiligen[210].

Auch sachkundige Einwohner als Ausschussmitglieder (§ 58 Abs. 4 GO) sind nicht einspruchsberechtigt[211]. Der Einspruch hat zur Folge, dass der Rat über ihn zu entscheiden hat (§ 57 Abs. 4 Satz 3 GO). Der Einspruch hindert also zunächst die Durchführbarkeit des Ausschussbeschlusses und bewirkt darüber hinaus, dass der Rat darüber befindet, ob der Beschluss letztlich durchgeführt werden kann. Das Einspruchsrecht ist daher in seiner Wertigkeit dem Recht, mit entscheiden zu können, gleichzusetzen. Sachkundige Einwohner haben als Ausschussmitglieder aber nur beratende Funktion (§ 58 Abs. 4 GO). Würde man ihnen das Recht zugestehen, sich an einem Einspruch gegen einen Ausschussbeschluss zu beteiligen, erhielten sie eine Befugnis, die über eine beratende Funktion hausginge.

Außerdem hat das Einspruchsrecht des Ausschussfünftels offenbar den Sinn, einer überstimmten Minderheit das Recht einzuräumen, in der fraglichen Angelegenheit eine Entscheidung des Rats herbeizuführen. Auch aus diesem Gesichtspunkt kann ein Ausschussmitglied ohne Stimmrecht kein Einspruchsrecht besitzen.

---

209 Wagner, in: Kleerbaum/Palmen, § 54 IV.2.
210 Stibi, in: Kleerbaum/Palmen, § 57 VIII.1.
211 Ebd.

8 Interventionsmittel gegen Rats- und Ausschussbeschlüsse

8.3.1.2 Voraussetzung

Anders als beim Widerspruch gegen einen Ratsbeschluss (empfundene Gefährdung gemeindlichen Wohls) ist im Gesetz für den Einspruch keine entsprechende Voraussetzung vorgesehen. Es muss daher angenommen werden, dass der Bürgermeister bzw. das Fünftel mit jedweder Begründung Einspruch einlegen kann. Lediglich die Rechtswidrigkeit steht den Einsprechenden als Begründung nicht zur Verfügung, weil im Falle der Rechtswidrigkeit ein besonderes Interventionsmittel, nämlich die Beanstandung, für den Bürgermeister zur Verfügung steht (§ 54 Abs. 3 GO). Allerdings darf nicht angenommen werden, dass Einspruch auch ohne Begründung eingelegt werden kann. Dass der Einspruch überhaupt zu begründen ist, ergibt sich aus § 57 Abs. 4 Satz 3 GO, wonach der Rat über den Einspruch zu entscheiden hat. Dies ist ihm aber nur möglich, wenn er die Einspruchsgründe kennt.

8.3.1.3 Folgen

Im Gegensatz zur Beanstandung erhält der Ausschuss aufgrund des Einspruchs nicht sofort die Gelegenheit zur Selbstkorrektur, sondern es wird sogleich der Rat mit dem Einspruch befasst. Allerdings kann sich der Rat auch anders als im Falle der Beanstandung unmittelbar nur mit dem Einspruch („über den Einspruch entscheidet der Rat"), nicht mit der zugrundeliegenden Sachentscheidung auseinandersetzen. Der Rat hat nur die Möglichkeit, den Einspruch zurückzuweisen oder ihn zu bestätigen. Im Fall der Zurückweisung ist der Ausschussbeschluss auszuführen, im Falle der Bestätigung darf der Beschluss nicht durchgeführt werden[212]. Dem Ausschuss bleibt es nun unbenommen, die Sache auf sich beruhen zu lassen oder in der Sache neu zu entscheiden. Will der Rat in der Sache selbst eine andere Entscheidung treffen, muss er zuvor insoweit von seiner Rückholmöglichkeit Gebrauch machen, was nur im Rahmen gewillkürter Delegation möglich ist, wenn also der Rat die Angelegenheit gem. § 41 Abs. 2 GO auf den Ausschuss übertragen hat[213].

Im Falle der Eilbedürftigkeit ist auch eine Entscheidung über den Einspruch durch den Hauptausschuss gem. § 60 Abs. 1 Satz 1 GO möglich.

Fraglich ist allerdings eine Entscheidung des Bürgermeisters mit einem Ratsmitglied gem. § 60 Abs. 1 Satz 2 GO, wenn der Bürgermeister Einspruch eingelegt hat[214]. In einem solchen Falle würde ja der Bürgermeister über seinen eigenen Einspruch entscheiden, wobei seiner Stimme erhebliches Gewicht (50 Prozent) zukäme.

---

212 Stibi, in: Kleerbaum/Palmen, § 57 VIII.2.
213 Ebd.
214 Ebd.

8.3.2 Beanstandung

8.3.2.1 Voraussetzung

Wenn ein Beschluss eines entscheidungsbefugten Ausschusses das geltende Recht verletzt, so ist der Bürgermeister zur Beanstandung verpflichtet (§ 54 Abs. 3 GO). Im Einzelnen gilt das zur Beanstandung eines Ratsbeschlusses Gesagte.

8.3.2.2 Folgen

Aufgrund der Beanstandung muss der Ausschuss sich erneut mit der Angelegenheit befassen (anders als im Falle des Einspruchs [siehe 8.3.1.3]). Verbleibt der Ausschuss bei seinem ersten Beschluss, so hat der Rat „über die Angelegenheit zu beschließen" (§ 54 Abs. 3 Satz 2 GO). Der Rat hat nunmehr Gelegenheit, den Rechtsfehler zu korrigieren. Bestätigt er allerdings den Ausschussbeschluss, so hat der Bürgermeister die Aufsichtsbehörde einzuschalten. Eine nochmalige Beanstandung des bestätigenden Ratsbeschlusses ist nicht erforderlich, denn der Rat hat sich ja gerade mit dem zugrundeliegenden rechtlichen Mangel schon befasst.

8.4 Interventionsmittel gegen Wahlen?

Auch Wahlen sind Beschlüsse i. S. v. § 54 GO, die Gegenstand der Interventionsmittel sein können[215].

Sogar die Losentscheidung (§§ 50 Abs. 2 Satz 5 und 6, 67 Abs. 2 Satz 4 GO) kann Ziel eines Widerspruchs oder einer Beanstandung sein[216].

8.5 Gleichzeitigkeit beider Interventionsmittel

Gegen denselben Ratsbeschluss sind zugleich Widerspruch und Beanstandung aus folgenden Gründen zulässig:

- Beiden Interventionsmitteln liegen unterschiedliche Motive zugrunde,
- diese unterschiedlichen Motive führen zu unterschiedlicher Behandlung im Rat,
- die Konsequenzen sind unterschiedlich (Beharren auf der Erstentscheidung im Falle der Beanstandung führt zur Einschaltung der Aufsichtsbehörde mit der Möglichkeit der Aufhebung des Beschlusses),

---

215 Rehn/Cronauge/von Lennep/Knirsch, Erl. III.4 zu § 50; Plückhahn, in: Held/Winkel, Erl. 1.2 zu § 122.
216 OVG NRW, OVGE 23, 124; Rehn/Cronauge/von Lennep/Knirsch, Erl. III.4 zu § 50; Plückhahn, in: Held/Winkel, Erl. 1.2 zu § 122.

8 Interventionsmittel gegen Rats- und Ausschussbeschlüsse

- rein tatsächlich kann derselbe Beschluss aus gleichem Grunde oder unterschiedlichen Gründen das Wohl der Gemeinde gefährden als auch das geltende Recht verletzen.

Entsprechendes gilt auch für die Gleichzeitigkeit von Einspruch und Beanstandung.

Hier enthält die die Einspruchsmöglichkeit regelnde Vorschrift des § 57 in Abs. 4 Satz 4 GO sogar einen Hinweis auf die gleichzeitige Beanstandungsmöglichkeit, indem bestimmt wird, dass durch den Einspruch die die Beanstandung ermöglichende Vorschrift des § 54 Abs. 3 GO unberührt bleibt. Die Gleichzeitigkeit beider Mittel ist hier gewissermaßen ausdrücklich gesetzlich zugelassen.

Schaubild 8:
Interventionsmittel gegen Rats- und Ausschussbeschlüsse

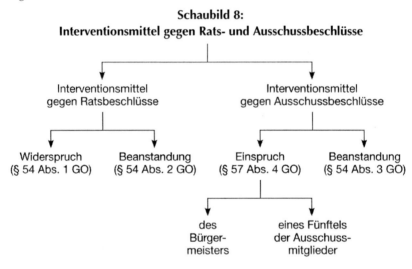

8 Interventionsmittel gegen Rats- und Ausschussbeschlüsse

Schaubild 9:
Verfahren nach Beanstandung eines Ausschussbeschlusses
(§ 54 Abs. 3 GO)

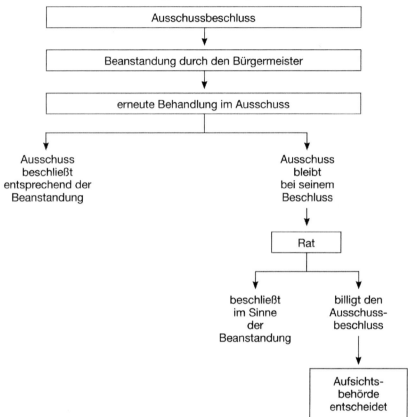

8 Interventionsmittel gegen Rats- und Ausschussbeschlüsse

Schaubild 10:
Verfahren nach Einspruch gegen einen Ausschussbeschluss
(§ 57 Abs. 4 GO)

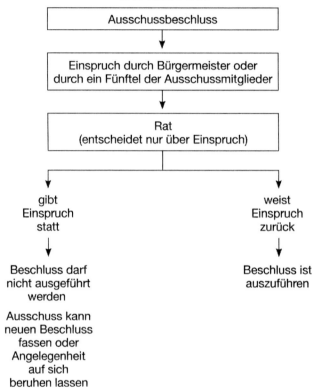

9 Dringliche Entscheidungen

9.1 Bedeutung

Grundsätzlich ist der Rat für die Entscheidung aller Angelegenheiten zuständig (§ 41 Abs. 1 Satz 1 GO), soweit nicht durch die GO oder durch Ratsbeschluss etwas anderes bestimmt ist. Es sind aber auch Situationen denkbar, in denen ein Warten auf eine reguläre Ratsentscheidung im Interesse der ordnungsgemäßen Sacherledigung nicht möglich ist. Zur Entscheidung solcher Fälle trifft § 60 GO Vorsorge. Hier sind je nach Dringlichkeit zwei Entscheidungsarten zu unterscheiden, und zwar

- der Dringlichkeitsbeschluss durch den Hauptausschuss (§ 60 Abs. 1 Satz 1 GO) und
- die Dringlichkeitsentscheidung durch den Bürgermeister mit einem Ratsmitglied (§ 60 Abs. 1 Satz 2 GO).

9.2 Dringlichkeitsstufen

§ 60 Abs. 1 GO unterscheidet zwei Eilfälle unterschiedlicher Dringlichkeitsstufen.

Falls zur Entscheidung der Angelegenheit die Einberufung des Rates nicht rechtzeitig möglich ist, entscheidet anstelle des Rates der Hauptausschuss (1. Dringlichkeitsstufe, Dringlichkeitsbeschluss).

Erst wenn auch die Einberufung des Hauptausschusses nicht rechtzeitig möglich ist und die Entscheidung nicht aufgeschoben werden kann, weil sonst erhebliche Nachteile oder Gefahren entstehen können, kann der Bürgermeister mit einem Ratsmitglied entscheiden (2. Dringlichkeitsstufe, Dringlichkeitsentscheidung).

Maßstab für die konkrete Dringlichkeitsbeurteilung sind zunächst die in der Geschäftsordnung für den Rat und den Hauptausschuss vorgesehenen Ladungsfristen.

Wenn eine Angelegenheit so dringlich ist, dass mit der Entscheidung nicht bis zum Zusammentritt des sofort unter Beachtung der Ladungsfrist einberufenen Rates gewartet werden kann, ist Dringlichkeit der ersten Stufe gegeben mit der Folge, dass der Hauptausschuss entscheiden kann.

Sollte mit der Entscheidung auch nicht mehr bis zum Zusammentritt des sofort unter Einhaltung der in Frage kommenden Ladungsfrist einzuberufenden Hauptausschusses abgewartet werden können, so ist erst dann die zweite Dringlichkeitsstufe gegeben, falls sonst erhebliche Nachteile oder Gefahren entstehen können. Nur wenn beide Voraussetzungen vorliegen, ist eine Entscheidung des Bürgermeisters mit einem Ratsmitglied zulässig.

9 Dringliche Entscheidungen

Soweit eine Geschäftsordnung für Dringlichkeitsfälle eine verkürzte Ladungsfrist vorsieht, ist diese bei der Beurteilung der Dringlichkeit zugrunde zu legen.

Es ist zunächst immer das größere Gremium zur dringlichen Entscheidung in Betracht zu ziehen.

Da in den meisten Geschäftsordnungen in der Praxis für Rat und Ausschüsse eine gleich lange Ladungsfrist (sowohl ordentliche als auch verkürzte) vorgesehen ist (vgl. § 26 Mustergeschäftsordnung), kann es in diesen Fällen zu einem Dringlichkeitsbeschluss des Hauptausschusses kaum kommen, da ja unter Einhaltung derselben Ladungsfrist der Rat selbst als das für die Entscheidung zuständige Organ einberufen werden kann. Die 1. Dringlichkeitsstufe kann es dann praktisch nicht geben.

Folglich liegt in diesen Fällen in Eilfällen immer gleich die 2. Dringlichkeitsstufe vor, wenn auch die dafür notwendige weitere Voraussetzung gegeben ist, nämlich, dass sonst erhebliche Nachteile oder Gefahren entstehen können.

Die in der Praxis häufige Übung, Dringlichkeitsbeschlüsse oder Dringlichkeitsentscheidungen schon dann zu fassen, wenn zwar die Einberufung des Rates bzw. des Hauptausschusses unter Einhaltung der Ladungsfrist noch möglich ist, die nächste turnusmäßige Sitzung allerdings für einen späteren Zeitpunkt geplant ist, verstößt eindeutig gegen § 60 Abs. 1 GO. In diesen Fällen müsste der Bürgermeister gem. § 54 Abs. 2 GO beanstanden.

§ 60 Abs. 1 GO soll nicht der Entlastung des Rates dienen, sondern begründet eine Ausnahmezuständigkeit in besonderen Fällen.

9.3 Zulässigkeit

Dringlichkeitsbeschlüsse und Dringlichkeitsentscheidungen sind nach h. M. in allen Zuständigkeiten des Rates möglich[217]. Dies gilt auch für Satzungen einschließlich Haushaltssatzung, freilich unter Beachtung aller Verfahrensschritte[218]. Selbst die Hauptsatzung kann trotz des Erfordernisses absoluter Mehrheit (§ 7 Abs. 3 Satz 3 GO) durch Dringlichkeitsentscheidung erlassen bzw. geändert werden[219]. Welche Gründe zur Eilbedürftigkeit der Angelegenheit geführt haben, ist unerheblich.

Gegenstand der dringlichen Entscheidung können auch Wahlen sein[220].

---

217 Kirchhof, Erl. II zu § 34; Plückhahn, in: Held/Winkel, Erl. 2 zu § 60; Rehn/Cronauge/von Lennep/Knirsch, Erl. II.2 zu § 60; Stibi, in: Kleerbaum/Palmen, § 60 I.; Zielke, in: Articus/Schneider, Erl. 1 zu § 60; mit Einschränkungen: Rauball/Pappermann/Roters, Rn. 7 zu § 43.
218 OVG NRW, NWVBl. 1988, 336; Kirchhof, Erl. II zu § 34; Rehn/Cronauge/von Lennep/Knirsch, Erl. II.3 zu § 60.
219 Kirchhof, Erl. II zu § 34; Rauball/Pappermann/Roters, Rn. 12 zu § 43.
220 Plückhahn, in: Held/Winkel, Erl. 2 zu § 60; Zielke, in: Articus/Schneider, Erl. 1 zu § 60.

9.4 Form

Während der Dringlichkeitsbeschluss in Form eines Beschlusses durch den Hauptausschuss gefasst wird, bestehen für die Dringlichkeitsentscheidung mehrere Möglichkeiten. Denkbar wäre, dass Bürgermeister und Ratsmitglied zur Entscheidung zusammentreffen. Ebenso ist vorstellbar, dass beide telefonisch ihr Einverständnis geben. Der in der Praxis gebräuchlichste Weg ist die schriftliche Vorlage, die von Bürgermeister und Ratsmitglied unterzeichnet wird.

9.5 Einzelprobleme

9.5.1 „Hausieren" mit Dringlichkeitsentscheidungen

Zum Zustandekommen einer Dringlichkeitsentscheidung ist Übereinstimmung von Bürgermeister und mitentscheidendem Ratsmitglied erforderlich. Wenn das zur Mitentscheidung ausgewählte Ratsmitglied nicht für die Entscheidung ist, ist damit in der Sache ablehnend entschieden worden. Der Entscheidungsprozess ist beendet; die Entscheidung ist getroffen. Unzulässig wäre es, nunmehr ein weiteres Ratsmitglied anzusprechen in der Hoffnung, dessen Zustimmung zur Entscheidung zu finden. Ein solches „Hausieren" wäre deshalb unzulässig, weil das gerade für diese Entscheidung ad hoc gebildete und zuständige Zweiergremium (Organ) bereits mit der Ablehnung des zuerst angesprochenen Ratsmitgliedes endgültig entschieden hat.

9.5.2 Bestimmung des mitentscheidenden Ratsmitgliedes

Die GO regelt nicht, wer das mitentscheidende Ratsmitglied auswählt. Grundsätzlich ist der Rat im Rahmen seines Organisationsrechts dafür zuständig. Er kann generell für einen längeren Zeitraum etwa alphabetisch diese Bestimmung (ggf. mit Vertretungsregelung) vornehmen oder jeweils für den Zeitraum bis zur nächsten Ratssitzung ein Ratsmitglied (ggf. mit Vertretung) zur Mitentscheidung von Dringlichkeitsentscheidungen auswählen. Wenn der Rat eine solche Bestimmung unterlässt, obliegt dem Bürgermeister (quasi stellvertretend für den Rat) die Auswahl des mitentscheidenden Ratsmitgliedes.

9.5.3 Dringlichkeitsentscheidung in Ausschusszuständigkeiten

Wenn die Einberufung eines entscheidungsbefugten Ausschusses nicht rechtzeitig möglich ist, kann der Bürgermeister mit dem Ausschussvorsitzenden oder einem anderen dem Ausschuss angehörenden Ratsmitglied anstelle des Ausschusses entscheiden (§ 60 Abs. 2 GO).

Hier ist – anders als bei der Entscheidung des Bürgermeisters mit einem Ratsmitglied in Ratszuständigkeiten – als weitere Voraussetzung die Vermeidung sonst entstehender erheblicher Nachteile oder Gefahren nicht vorgeschrieben.

9 Dringliche Entscheidungen

Im Übrigen gilt für die Dringlichkeitsentscheidung in Ausschusszuständigkeiten das für die Dringlichkeitsentscheidung in Ratszuständigkeiten Ausgeführte entsprechend.

9.5.4 Interventionsmittel gegen Dringlichkeitsentscheidungen (von Bürgermeister und Ratsmitglied)

Beide Interventionsmittel, Widerspruch und Beanstandung des Bürgermeisters, richten sich gem. § 54 Abs. 1 und 2 GO gegen Ratsbeschlüsse (bei Ausschussbeschlüssen Einspruch gem. § 57 Abs. 3 Satz 2 GO und Beanstandung gem. § 54 Abs. 3 GO). Da es sich bei der Dringlichkeitsentscheidung um eine einen Ratsbeschluss zunächst ersetzende Entscheidung handelt, müssten von daher auch die Interventionsmittel gegen Dringlichkeitsentscheidungen zulässig sein.

Allerdings haben beide Interventionsmittel gem. § 54 Abs. 1 und 2 GO aufschiebende Wirkung, was dem Interesse an eiligster Durchführung der Angelegenheiten zuwiderlaufen könnte. Es ist daher zu fragen, ob Widerspruch und Beanstandung überhaupt gegen solche Entscheidungen zulässig sind.

Es ist nicht zu verkennen, dass das Widerspruchsrecht des Bürgermeisters im Falle des Widerspruchs gegen eine Dringlichkeitsentscheidung eine Stärke erhält, die ihm nach der GO eigentlich nicht zugedacht ist.

Wenn der Bürgermeister gem. § 54 Abs. 1 GO gegen einen Ratsbeschluss Widerspruch einlegt, so hat er bei der Entscheidung über den Widerspruch in der nächsten Ratssitzung lediglich eine von z. B. 39 Stimmen im Rat, so dass er seinem Widerspruch allein nicht zum Erfolg verhelfen kann. Wenn er aber Widerspruch gegen eine Dringlichkeitsentscheidung einlegt, muss wegen der Eilbedürftigkeit der Angelegenheit über den Widerspruch auch im Wege der Dringlichkeitsentscheidung durch das Zweiergremium entschieden werden. Hierbei hat der Bürgermeister mit seiner Stimme allein bei der erneuten Entscheidung aus Anlass des Widerspruchs die Möglichkeit, die erste Entscheidung zu Fall zu bringen und damit den Widerspruch erfolgreich sein zu lassen. Denn die erste Entscheidung kann nach Einlegung des Widerspruchs nur gestützt werden, wenn beide, Bürgermeister und weiteres Ratsmitglied, entscheiden, bei der ersten Entscheidung zu bleiben. Damit wandelt sich in diesen Fällen das vom Gesetzgeber als „aufschiebendes Vetorecht" gedachte Widerspruchsrecht zu einem „verhindernden Vetorecht". Aus diesem Grunde müsste eigentlich ein Widerspruchsrecht des Bürgermeisters gegen Dringlichkeitsentscheidungen verneint werden.

Dieses Ergebnis wäre aber im Hinblick auf § 39 Abs. 4 KrO nicht haltbar. Nach dieser Vorschrift wird das Widerspruchsrecht des Landrats gegen Dringlichkeitsentscheidungen ausdrücklich vorgesehen. Diese vom gleichen Gesetzgeber stammende Regelung muss wegen der gegebenen Rechtsgleichheit auch im

Rahmen der GO, die eine solche ausdrückliche Vorschrift nicht enthält, als richtig angenommen werden. Daraus folgt, dass ein Widerspruch des Bürgermeisters auch gegen Dringlichkeitsentscheidungen zulässig ist. Schließlich muss man dem Bürgermeister zubilligen, dass er nach der Dringlichkeitsentscheidung zu einer anderen Auffassung gelangen kann, die ihn zum Widerspruch veranlasst.

Eine Beanstandung des Bürgermeisters, mit der eine rechtswidrige Dringlichkeitsentscheidung aufgehalten werden soll, muss ebenso zulässig sein. Sonst würde die Dringlichkeit einer Angelegenheit die Gemeinde von der Beachtung des Grundsatzes der Gesetzmäßigkeit der Verwaltung entbinden. Auch bezüglich der Beanstandung enthält § 39 Abs. 4 KrO eine ausdrücklich diese Zulässigkeit feststellende Vorschrift.

9.5.5 Besonderheiten im Eigenbetriebsrecht

Eine Besonderheit gilt für Eigenbetriebe insofern, als der Betriebsausschuss in den Eigenbetriebsangelegenheiten, die der Beschlussfassung des Rates unterliegen, entscheidet, falls „die Angelegenheit keinen Aufschub duldet". „In Fällen äußerster Dringlichkeit" kann der Bürgermeister mit dem Vorsitzenden des Betriebsausschusses entscheiden (§ 5 Abs. 6 EigVO).

§ 5 Abs. 6 EigVO verwendet zur Festlegung der Voraussetzungen für beide Arten der dringlichen Entscheidungen die Formulierungen, wie sie in der alten Fassung der GO bis zur Neufassung der GO durch Gesetz vom 17. Mai 1994 für dringliche Entscheidungen vorgesehen waren.

„Keinen Aufschub" duldet die Angelegenheit, wenn ihre Entscheidung so dringlich ist, dass nicht gewartet werden kann, bis der Rat unter Einhaltung der (ggf. reduzierten) Ladungsfrist zusammentreten kann.

Sollte mit der Entscheidung sogar nicht mehr bis zum Zusammentritt des sofort unter Einhaltung der in Frage kommenden Ladungsfrist einberufenen Betriebsausschusses abgewartet werden können, so ist erst dann ein „Fall äußerster Dringlichkeit" gegeben.

Auf die weitere in § 60 Abs. 1 Satz 2 GO für Dringlichkeitsentscheidungen der 2. Dringlichkeitsstufe geforderte Voraussetzung, dass ohne sofortige Entscheidung erhebliche Nachteile oder Gefahren entstehen können, kommt es im Eigenbetriebsrecht also nicht an.

§ 5 Abs. 6 EigVO enthält nur eine ausdrückliche Verweisung auf § 60 Abs. 1 Sätze 3 und 4 GO im Zusammenhang mit dem Dringlichkeitsbeschluss des Betriebsausschusses und der Dringlichkeitsentscheidung von Bürgermeister und Vorsitzendem des Betriebsausschusses, nicht aber auch auf § 60 Abs. 1 Satz 2 GO, wo als Voraussetzung für die Dringlichkeitsentscheidung des „Zweierorgans" u. a. die Notwendigkeit zur Vermeidung erheblicher Gefahren oder Nachteile vorgeschrieben ist.

Diese weitere Voraussetzung gilt aber für die Interimszeit, wenn der Hauptausschuss an die Stelle des noch nicht gebildeten Betriebsausschusses tritt und im Falle der nicht rechtzeitigen Entscheidungsmöglichkeit des Rates auch in Eigenbetriebsangelegenheiten den Dringlichkeitsbeschluss fasst. Für diese Interimszeit wird in § 5 Abs. 6 Satz 4 EigVO die Vorschrift des § 60 Abs. 1 Satz 2 GO ausdrücklich für anwendbar erklärt.

Das bedeutet: Im „Normalfall" ist einzige Voraussetzung für die Dringlichkeitsentscheidung des Bürgermeisters und des Vorsitzenden des Betriebsausschusses anstelle des Rates, dass die Angelegenheit von „äußerster Dringlichkeit" ist, der Betriebsausschuss zur rechtzeitigen Entscheidung also nicht einberufbar ist.

In der „Interimszeit", solange der Betriebsausschuss nach der Neuwahl noch nicht gebildet und der Hauptausschuss für den Dringlichkeitsbeschluss in Eigenbetriebsangelegenheiten zuständig ist, darf im Falle der nicht rechtzeitigen Ladungsmöglichkeit des Hauptausschusses der Bürgermeister mit einem Ratsmitglied eine Dringlichkeitsentscheidung auch in Angelegenheiten des Eigenbetriebs zulässigerweise nur treffen, wenn sonst erhebliche Nachteile oder Gefahren entstehen können.

Ob diese Unterschiedlichkeit im „normalen" Geschäftsverlauf des Eigenbetriebes einerseits und im Eigenbetriebsgeschäft nach der Neuwahl bis zur Bildung eines Betriebsausschusses wirklich und bewusst gewollt oder nur ein „Versehen" des Gesetzgebers ist, wird die weitere Rechtsentwicklung zeigen. Vermutlich ist die Unterschiedlichkeit in der unterbliebenen Anpassung des § 5 Abs. 6 EigVO an die Neufassung des § 60 Abs. 1 GO begründet.

9.6 Verfahren nach der Dringlichkeitsentscheidung

Dringlichkeitsbeschluss und Dringlichkeitsentscheidung sind vom Bürgermeister gem. § 62 Abs. 2 GO durchzuführen wie die ersetzten Rats- oder Ausschussbeschlüsse. Sie müssen dem Rat bzw. dem Ausschuss in der nächsten Sitzung zur Genehmigung vorgelegt werden (§ 60 Abs. 1 Satz 3 GO).

Unklar ist, ob die „nächste Sitzung" i. S. d. § 60 Abs. 1 Satz 3 GO die tatsächlich nächste Sitzung oder die Sitzung nach der Dringlichkeitsentscheidung oder dem Dringlichkeitsbeschluss ist, zu der ordnungsgemäß unter Einhaltung der Ladungsfrist mit genau konkretisiertem die Dringlichkeitsentscheidung betreffenden Tagesordnungspunkt eingeladen wurde.

9 Dringliche Entscheidungen

Beispiel:
Am 10. Januar wird eine Eilentscheidung zur Vergabe eines bestimmten Auftrages gefasst. Am 14. Januar findet eine Ratssitzung statt. In der entsprechenden Tagesordnung konnte der auf die Sache konkretisierte Tagesordnungspunkt „Genehmigung der Eilentscheidung über die Vergabe des Auftrages ..." wegen der Ladungsfrist nicht enthalten sein.
Eine weitere Ratssitzung findet am 20. Februar statt. Die der Einladung beigefügte Tagesordnung könnte einen entsprechend konkretisierten Tagesordnungspunkt enthalten.

In der tatsächlich nächsten Sitzung, deren Tagesordnung einen konkretisierten die Genehmigung der Dringlichkeitsentscheidung betreffenden Tagesordnungspunkt nicht enthält, kann über die Genehmigung nur entschieden werden, wenn zuvor in der Sitzung die Tagesordnung um diesen fraglichen Punkt gem. § 48 Abs. 1 Satz 5 GO erweitert worden ist. Diese Erweiterung ist aber nur zulässig, wenn die Genehmigung zu diesem Zeitpunkt von äußerster Dringlichkeit ist oder keinen Aufschub duldet. In allen anderen Fällen kann die Dringlichkeitsentscheidung dem Rat erst in der Sitzung vorgelegt werden, zu der nach der Dringlichkeitsentscheidung ordnungsgemäß mit entsprechendem Tagesordnungspunkt eingeladen worden ist (das ist praktisch die tatsächlich übernächste Sitzung, im vorstehenden Beispiel die Sitzung am 20. Februar). In diesem Falle ist der Tagesordnungspunkt genauso zu konkretisieren (vgl. 6.3.3) wie jeder andere. Die in der Praxis z. T. gebräuchliche Vorsorgeformulierung „Genehmigung von Dringlichkeitsentscheidungen, die seit der letzten Sitzung gefasst worden sind", wird dem Konkretisierungsgebot nicht gerecht.

Die von Kirchhof[221] vertretene Auffassung, dass die Entscheidung immer in der tatsächlich nächsten Sitzung vorzulegen sei, ganz gleich, ob der Punkt unter Einhaltung der Ladungsfristen auf die Tagesordnung gesetzt werden kann, weil immer ein Grund zur Erweiterung der Tagesordnung vorliege, da sonst die Dringlichkeitsentscheidung nicht mehr korrigiert werden könne, trägt nicht voll der Praxis Rechnung. Dringlichkeitsentscheidungen werden nämlich zum Zeitpunkt der nächsten Sitzung in den allermeisten Fällen wegen der besonderen Dringlichkeit schon ausgeführt sein, so dass eine Aufhebung jedenfalls dann nicht in Betracht kommt, wenn durch die Ausführung der Entscheidung Rechte Dritter entstanden sind (§ 60 Abs. 1 Satz 4 GO). Entscheidungen, deren Ausführung Dritte verpflichten, können auch später noch aufgehoben werden, da anders als bei der Begründung von Rechten Vertrauensschutzgesichtspunkte dem nicht entgegenstehen.

Der Rat kann den Dringlichkeitsbeschluss oder die Dringlichkeitsentscheidung aufheben, soweit nicht schon Rechte anderer durch die Ausführung entstanden sind (§ 60 Abs. 1 Satz 4 GO).

---

221 Kirchhof, Erl. 15 zu § 34.

9 Dringliche Entscheidungen

Der Rat muss im Übrigen nicht genehmigen, wenn Rechte Dritter bereits entstanden sind und somit die Entscheidung nicht mehr aufgehoben werden darf. Diese nicht mehr aufhebbare Entscheidung bleibt dann genehmigungslos existent. Diese paradox erscheinende Möglichkeit ist für die Frage der Haftung bedeutsam. Die Haftungsvorschriften des § 43 Abs. 4 GO gelten nämlich auch für Hauptausschussmitglieder beim Dringlichkeitsbeschluss und für Bürgermeister und mitentscheidendes Ratsmitglied bei der Dringlichkeitsentscheidung, wenngleich insbesondere bei der Dringlichkeitsentscheidung unter Beachtung der Situation der Momententscheidung großzügigere Beurteilungsmaßstäbe angelegt werden müssen. Mit der Genehmigung nach § 60 Abs. 1 Satz 3 GO geht die Haftung auf die genehmigenden Ratsmitglieder über.

Betraf die dringliche Entscheidung eine Angelegenheit, zu deren Entscheidung durch den Rat eine besondere Mehrheit vorgeschrieben ist (z. B. § 7 Abs. 3 Satz 2 GO), so ist diese Mehrheit auch für den Genehmigungsbeschluss erforderlich[222].

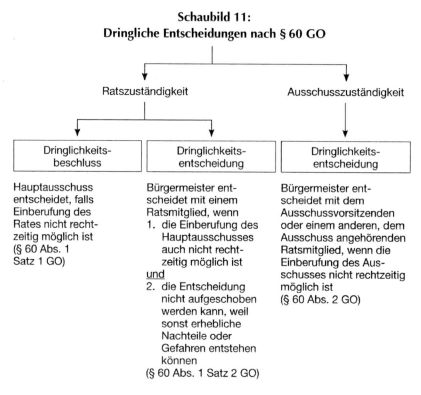

Schaubild 11:
Dringliche Entscheidungen nach § 60 GO

---

222 Hofmann/Theisen, S. 378.

9 Dringliche Entscheidungen

**Schaubild 12:
Dringliche Entscheidungen nach Eigenbetriebsrecht**

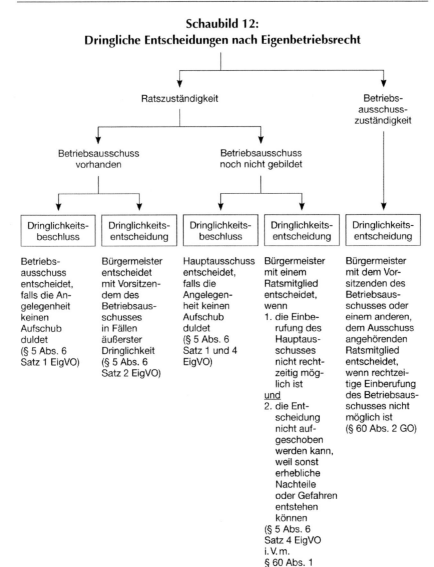

9 Dringliche Entscheidungen

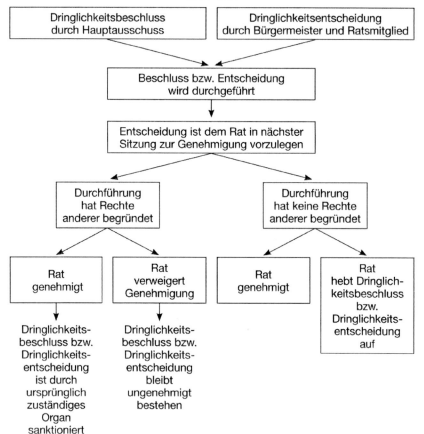

Schaubild 13:
Verfahren nach dringlichen Entscheidungen
(§ 60 GO)

10 Ausschüsse des Rates

10.1 Bildung

Gemäß § 58 Abs. 1 Satz 1 GO regelt der Rat mit der Mehrheit der Stimmen der Ratsmitglieder die Zusammensetzung der Ausschüsse. Der Bürgermeister stimmt dabei nicht mit (§ 40 Abs. 2 Satz 6 GO). Das bedeutet, dass der Rat zunächst für jeden Ausschuss einen sog. Zusammensetzungsbeschluss fassen muss, in dem festzulegen ist:

a) die Zahl der Ausschussmitglieder überhaupt,
b) ob und wie viel sachkundige Bürger dem Ausschuss angehören sollen und
c) ob und wie viel sachkundige Einwohner dem Ausschuss angehören sollen.

10.1.1 Zahl der Ausschussmitglieder

Der Rat ist in der Festlegung der Zahl der Ausschussmitglieder bzw. -sitze frei. Allenfalls wäre denkbar, dass für sondergesetzlich zu bildende Ausschüsse eine bestimmte Mitgliederzahl vorgeschrieben ist. Die Gesamtzahl der Ausschusssitze sollte, muss aber nicht, ungerade sein. Jedes Ratsmitglied ist berechtigt, zum Ausschussmitglied gewählt zu werden. Der Rat ist nicht verpflichtet, die Zahl der Ausschusssitze so festzulegen, dass alle Fraktionen oder Gruppen einen Sitz erhalten[223].

Allerdings hat nach § 58 Abs. 1 Satz 11 GO jedes Ratsmitglied das Recht, einem der Ausschüsse mit beratender Stimme anzugehören.

10.1.2 Sachkundige Bürger

10.1.2.1 Sachkundige Bürger nach § 58 Abs. 3 Satz 1 GO

Den Ausschüssen können grundsätzlich neben Ratsmitgliedern auch sachkundige Bürger angehören (§ 58 Abs. 3 Satz 1 GO). Ausgenommen davon sind aber der Hauptausschuss, der Finanzausschuss und der Rechnungsprüfungsausschuss (§ 58 Abs. 3 Satz 1 GO).

Die sachkundigen Bürger werden ihrer besonderen Sachkunde wegen in die einzelnen Ausschüsse gewählt. sie müssen das Wahlrecht zum Rat besitzen (§ 58 Abs. 3 Satz 1 „..., die dem Rat angehören können, ..."). Damit sind nicht nur Ausländer ausgeschlossen, sondern praktische Bedeutung hat diese Regelung auch insofern, als Personen von dieser Art der Ausschussmitgliedschaft ausgeschlossen sind, auf die die Inkompatibilitätsvorschriften des § 13 KWahlG Anwendung finden (z. B. Bedienstete der Gemeinde)[224].

---

223 OVG NRW, NWVBl. 2005, 135; Rehn/Cronauge/von Lennep/Knirsch, Erl. III.2 zu § 58.
224 Eine Sonderregelung gilt für den Betriebsausschuss, dem kraft Gesetzes Beschäftige des Eigenbetriebes angehören (§ 114 Abs. 3 GO).

Die Zahl der sachkundigen Bürger darf die Zahl der Ratsmitglieder in dem jeweiligen Ausschuss nicht erreichen. Diese Beschränkung gilt jedoch nicht für Bezirksausschüsse. Ihnen dürfen mehr sachkundige Bürger als Ratsmitglieder angehören (§ 39 Abs. 4 Nr. 2 GO).

Sachkundige Bürger haben im Ausschuss volles Stimmrecht. Dies ergibt sich:

1. aus der Formulierung des § 58 Abs. 3 Satz 1 GO („Zu Mitgliedern der Ausschüsse ..."), ohne den einschränkenden Zusatz „... mit beratender Stimme ...", wie dies in § 58 Abs. 4 Satz 1 GO für sachkundige Einwohner ausdrücklich vorgesehen ist,
2. aus der zahlenmäßigen Beschränkung gem. § 58 Abs. 3 Satz 3 GO, die nicht verständlich wäre, wenn sachkundige Bürger nur beratende Funktion besäßen,
3. aus der Vorschrift des § 58 Abs. 3 Satz 4 GO, wonach die Ausschüsse nur beschlussfähig sind, wenn die Zahl der anwesenden Ratsmitglieder die Zahl der anwesenden sachkundigen Bürger übersteigt. Auch diese Vorschrift wäre ohne Sinn, wenn sachkundige Bürger kein Stimmrecht hätten.

Allerdings können sachkundige Bürger nicht zum Ausschussvorsitzenden oder dessen Stellvertreter gewählt werden (§ 58 Abs. 5 Satz 1 und 6 GO).

10.1.2.2 Sachkundige Bürger gem. § 58 Abs. 1 Sätze 7 bis 10 GO

Die GO verwendet den Begriff des sachkundigen Bürgers in zweifacher Bedeutung. Außer den stimmberechtigten sachkundigen Bürgern kennt die GO auch sachkundige Bürger mit beratender Funktion. Wenn eine Fraktion aufgrund ihrer relativen Kleinheit in der Verhältniswahl nach § 50 Abs. 3 GO keinen Ausschusssitz erhalten hat und somit in einem Ausschuss nicht vertreten ist, so kann diese Fraktion einen sachkundigen Bürger, der das passive Wahlrecht zum Rat besitzt (oder ein Ratsmitglied), benennen, der vom Rat zum Ausschussmitglied mit beratender Stimme zu bestellen ist. Bei der Zusammensetzung und der Berechnung der Beschlussfähigkeit des Ausschusses werden diese „zusätzlichen" Mitglieder aber nicht mitgezählt (§ 58 Abs. 1 Sätze 6 bis 10 GO).

Nach der eindeutigen Formulierung im Gesetz („... benannte ... wird vom Rat zum Ausschussmitglied bestellt", § 58 Abs. 1 Satz 8 GO), muss der Rat dem Vorschlag der benennenden Fraktion folgen, ohne ein eigenes Ablehnungsrecht zu besitzen[225]. Ein Auswahlrecht hätte der Rat nur dann, wenn die Fraktion mehrere Personen zur Auswahl benennen würde.

Verlangt eine Fraktion den Austausch eines solchen benannten Mitgliedes, so muss der Rat dem Verlangen entsprechen und das neu benannte Mitglied be-

---

[225] Rehn/Cronauge/von Lennep/Knirsch, Erl. I.6 zu § 58.

stellen[226]. Insbesondere gilt dies bei Fraktionswechsel des ursprünglich benannten Mitgliedes. Die Vorschrift des § 58 Abs. 1 Sätze 7 und 8 GO hat ja gerade den Sinn, den Informationsfluss zur benennenden Fraktion sicherzustellen.

Fraglich ist, ob die Benennung dieser Art sachkundiger Bürger mit beratender Funktion auch möglich ist für solche Ausschüsse, denen sonst nur Ratsmitglieder und keine sachkundigen Bürger mit Stimmrecht angehören dürfen (Hauptausschuss, Finanzausschuss, Rechnungsprüfungsausschuss). Nach h. M. wird die Mitgliedschaft benannter sachkundiger Bürger mit beratender Funktion auch in diesen Ausschüssen bejaht[227]. Begründet wird diese Auffassung mit der nur beratenden Funktion dieser benannten sachkundigen Bürger. Das in § 58 Abs. 3 GO ausgesprochene Verbot zur Wahl stimmberechtigter sachkundiger Bürger in diese Ausschüsse erklärt sich nämlich aus der Absicht des Gesetzgebers, in diesen Ausschüssen das Recht der Abstimmung ausschließlich Ratsmitgliedern vorzubehalten.

Die Zulässigkeit der Bestellung benannter sachkundiger Bürger mit beratender Funktion zu Mitgliedern der Pflichtausschüsse lässt sich m. E. auch mit der für Kreise in der Kreisordnung für diesen Fall ausdrücklich getroffenen Regelung begründen. § 41 Abs. 3 Sätze 7 bis 10 KrO enthält die gleiche Regelung wie § 58 Abs. 1 Sätze 7 bis 10 GO, so dass auch beim Kreis den Fraktionen die Möglichkeit gegeben ist, für Ausschüsse, in denen sie nicht vertreten sind, u. a. einen sachkundigen Bürger zu benennen, der dann vom Kreistag zum Ausschussmitglied mit beratender Funktion zu bestellen ist.

§ 52 Abs. 3 KrO erklärt diese Vorschrift des § 41 Abs. 3 Sätze 7 bis 10 KrO ausdrücklich auch als auf den Kreisausschuss, dem gem. § 51 Abs. 1 KrO nur Mitglieder des Kreistages angehören dürfen, anwendbar.

Was bezüglich der Zulässigkeit der Mitgliedschaft benannter sachkundiger Bürger mit beratender Funktion für die Ausschüsse gilt, denen nach gesetzlicher Vorschrift keine sachkundigen Bürger mit Stimmrecht angehören dürfen, muss erst recht auch für die Ausschüsse gelten, denen lediglich kraft Ratsbeschlusses keine stimmberechtigten sachkundigen Bürger angehören sollen. Würde man die Möglichkeit der Benennung beratender sachkundiger Bürger für die letzteren Ausschüsse verneinen, könnte durch Mehrheitsbeschluss des Rates das gesetzlich garantierte Benennungsrecht kleiner Minderheiten beseitigt werden.

Die Benennung und Bestellung sachkundiger Bürger mit beratender Funktion ist allerdings selbstverständlich dann nicht zulässig, wenn diese Möglichkeit

---

226 Rehn/Cronauge/von Lennep/Knirsch, Erl. I.7 zu § 58; Stibi, in: Kleerbaum/Palmen, § 58 II.2.
227 Rauball/Pappermann/Reters, Rn. 4 zu § 42 (alt); Rehn/Cronauge/von Lennep/Knirsch, Erl. I.5 zu § 58; Plückhahn, in: Held/Winkel, Erl. 4.5 zu § 58; Stibi, in: Kleerbaum/Palmen, § 58 III.3; Goldammer, VR 1985, 49.

gesetzlich ausdrücklich ausgeschlossen wird, wie dies z. B. in § 2 Abs. 3 KWahlG bezüglich des Wahlausschusses geschieht.

10.1.3 Sachkundige Einwohner

Neben Ratsmitgliedern und ggf. sachkundigen Bürgern können den Ausschüssen als Mitglieder auch sachkundige Einwohner angehören. Außer der Sachkunde ist Voraussetzung, dass sie volljährig sind (§ 58 Abs. 4 GO). Sie haben beratende Funktion. Da sachkundige Einwohner Mitglieder der Ausschüsse sind, denen das Stimmrecht vorenthalten ist, haben sie nur die Rechte eines Ausschussmitgliedes, die in ihrer Wertigkeit einer beratenden Funktion entsprechen. Sie können nicht zum Ausschussvorsitzenden oder dessen Stellvertreter gewählt werden (§ 58 Abs. 5 Sätze 1 und 7 GO).

Im Zusammenhang mit der Ausschussmitgliedschaft sachkundiger Einwohner ergeben sich einige Problemfragen:

10.1.3.1 Bürger als sachkundige Einwohner?

Können auch Bürger als sachkundige Einwohner in die Ausschüsse gewählt werden?

Auch Bürger (vgl. § 21 Abs. 2 GO) sind Einwohner, da sie in der Gemeinde wohnen (§ 21 Abs. 1 GO, § 7 KWahlG), so dass sie die Voraussetzungen gem. § 58 Abs. 5 GO erfüllen. Wenn auch die vornehmliche Bedeutung des § 58 Abs. 5 GO darin liegen mag, Ausländern Mitwirkungsmöglichkeiten zu bieten, so ist § 58 Abs. 5 GO doch nicht darauf beschränkt. Es wäre auch durchaus denkbar, dass eine Gemeinde den Sachverstand ihrer Bürger in der Ausschussarbeit nutzen will, ohne die möglichen Schwierigkeiten sachkundiger Bürger für die Beschlussfähigkeit (§ 58 Abs. 3 Satz 4 GO) tragen zu wollen, und dass deshalb Bürger zu sachkundigen Einwohnern gewählt werden. Ebenso wäre es denkbar, dass über die zulässige Zahl sachkundiger Bürger hinaus (§ 58 Abs. 3 Satz 3 GO) Bürger zu sachkundigen Einwohnern gewählt werden, um so weiteren Sachverstand zu nutzen.

10.1.3.2 Inkompatibilität sachkundiger Einwohner?

Gelten die Inkompatibilitätsvorschriften des § 13 KWahlG auch für sachkundige Einwohner?

Nach § 58 Abs. 4 Satz 2 GO gilt § 58 Abs. 3 Satz 1 GO für sachkundige Einwohner entsprechend. Damit gilt § 13 KWahlG auch für sie, was bedeutet, das die dort aufgeführten Unvereinbarkeitsgründe an der Übernahme einer Tätigkeit als sachkundiger Einwohner hindern.

10.1.3.3 Sachkundige Einwohner in Pflichtausschüssen?

Dürfen sachkundige Einwohner auch in die Pflichtausschüsse gewählt werden?
Die Frage der Zulässigkeit der Mitgliedschaft in den Pflichtausschüssen war lange Zeit umstritten. Die Änderung der GO durch Gesetz vom 17. Mai 1994 hat Klarheit geschaffen. Nach § 58 Abs. 4 Satz 2 GO gilt § 58 Abs. 3 Sätze 1 und 2 GO für sachkundige Einwohner entsprechend. Damit ist die Mitgliedschaft sachkundiger Einwohner in den in § 59 GO aufgeführten Pflichtausschüssen ausgeschlossen.

10.2 Personelle Besetzung

§ 50 Abs. 3 GO sieht zwei Verfahrensmöglichkeiten zur personellen Besetzung der Ausschüsse vor, nämlich Einigungsverfahren und Wahlverfahren.

10.2.1 Einheitlicher Wahlvorschlag

Die Ratsmitglieder haben die Möglichkeit, sich zur Besetzung der Ausschüsse auf einen einheitlichen Wahlvorschlag zu einigen. Ein solcher einheitlicher Wahlvorschlag liegt dann vor, wenn kein Ratsmitglied diesem Vorschlag widerspricht. Eine Enthaltung verhindert das Zustandekommen eines einheitlichen Wahlvorschlags nicht[228]. Es ist nicht erforderlich, dass alle Ratsmitglieder an der Aufstellung des Wahlvorschlages mitgewirkt haben, es muss aber durch ausdrückliches Nachfragen sichergestellt sein, dass keine weiteren Wahlvorschläge gemacht werden[229]. Zur Ausschussbesetzung ist dann noch der einstimmige Beschluss des Rates über die Annahme dieses einheitlichen Wahlvorschlages erforderlich. Einstimmig ist der Beschluss, wenn der Wahlvorschlag ohne Gegenstimmen (Nein-Stimmen) angenommen wird. Stimmenthaltungen und ungültige Stimmen zählen dabei nicht mit (§ 50 Abs. 5 GO). Dass der einheitliche Wahlvorschlag noch der Annahme durch Ratsbeschluss bedarf, ist damit zu erklären, dass die Ausschussbesetzung durch den Rat (Kollegialorgan) erfolgen muss, während der einheitliche Wahlvorschlag lediglich von den Ratsmitgliedern (i. d. R. in der Form der Fraktionsvereinbarungen) unterbreitet wird.

Wenn ein einheitlicher Wahlvorschlag nicht zustande kommt oder wenn sich beim Beschluss über die Annahme eines einheitlichen Wahlvorschlages keine Einstimmigkeit ergibt, muss die Besetzung der Ausschüsse im Wege der Verhältniswahl erfolgen (§ 50 Abs. 3 Satz 2 GO).

Es ist denkbar, dass einige Ausschüsse durch einstimmige Annahme eines einheitlichen Wahlvorschlages besetzt werden, während zur personellen Besetzung der übrigen Ausschüsse die Durchführung der Verhältniswahl erforderlich

---

228 Geiger, in: Articus/Schneider, Erl. 4 zu § 50.
229 Plückhahn, in: Held/Winkel, Erl. 5.3 zu § 50; Wagner, in: Kleerbaum/Palmen, § 50 VI.2.

10 Ausschüsse des Rates

ist[230]. Es ist nämlich nicht vorgeschrieben, dass sämtliche Ausschüsse entweder nur im Einigungsverfahren oder nur im Wege der Verhältniswahl besetzt werden müssen, wenngleich in der Praxis i. d. R. einheitliche Wahlvorschläge für sämtliche Ausschüsse einer Gemeinde vorgelegt und auch durch einstimmigen Beschluss angenommen werden.

10.2.2 Verhältniswahl

Soweit ein einheitlicher Wahlvorschlag der Ratsmitglieder über die Besetzung der Ausschüsse nicht zustande kommt, wird über die Ausschussbesetzung nach den Grundsätzen der Verhältniswahl in einem Wahlgang abgestimmt (§ 50 Abs. 3 Satz 2 GO). Dieses Verfahren setzt mehrere Wahlvorschläge der Parteien und Wählergruppen im Rat voraus, für die die Ratsmitglieder ihre Stimme abgeben können.

Dabei sind die Wahlstellen auf die Wahlvorschläge der Fraktionen und Gruppen des Rates entsprechend dem Verhältnis der Stimmenzahlen, die auf die einzelnen Wahlvorschläge entfallen, zur Gesamtzahl der abgegebenen gültigen Stimmen zu verteilen (Proportionalverfahren nach Hare/Niemeyer).

Jedem Wahlvorschlag werden zunächst so viele Sitze zugeteilt, wie sich für ihn ganze Zahlen ergeben. Sind danach noch Sitze zu vergeben, so sind sie in der Reihenfolge der höchsten Zahlenbruchteile zuzuteilen. Bei gleichen Zahlenbruchteilen entscheidet das vom Bürgermeister zu ziehende Los (§ 50 Abs. 3 Sätze 2 bis 6 GO).

Soweit der Rat sich nicht auf eine Ausschussbesetzung nach § 50 Abs. 3 Satz 1 GO einigen kann, sind die zuzuteilenden Ausschusssitze also nach folgender Berechnungsmethode zu ermitteln:

$$\frac{\text{Stimmenzahl für einen Wahlvorschlag} \times \text{Zahl der Ausschusssitze}}{\text{Gesamtzahl der abgegebenen gültigen Stimmen}}$$

Beispiel:

Für die Besetzung eines Ausschusses mit 13 Sitzen entfallen bei 51 abgegebenen gültigen Stimmen auf den Vorschlag der Fraktion A 25 Stimmen, den Vorschlag der Fraktion B 19 Stimmen und den Vorschlag der Fraktion C sieben Stimmen.

Daraus ergibt sich unter Anwendung obiger Formel folgende Berechnung:

$$\frac{25 \times 13}{51} = 6{,}37$$

$$\frac{19 \times 13}{51} = 4{,}84$$

$$\frac{7 \times 13}{51} = 1{,}78$$

---

230 Wagner, in: Kleerbaum/Palmen, § 50 VII.2.

10 Ausschüsse des Rates

Nach § 50 Abs. 3 Satz 4 GO werden zunächst so viele Sitze zugeteilt, wie sich ganze Zahlen ergeben. Danach entfallen auf

Wahlvorschlag Fraktion A	6 Sitze
Wahlvorschlag Fraktion B	4 Sitze
Wahlvorschlag Fraktion C	1 Sitz

Da durch die bisherige Sitzverteilung erst elf der 13 Ausschusssitze besetzt worden sind, entfallen nach § 50 Abs. 3 Satz 5 GO auf die beiden Vorschläge mit den höchsten Zahlenbruchteilen, also die Vorschläge der Fraktion B (0,84) und der Faktion C (0,78) jeweils ein weiterer Sitz.

Somit wird der Ausschuss wie folgt besetzt:

Wahlvorschlag Fraktion A	6 Sitze
Wahlvorschlag Fraktion B	5 Sitze
Wahlvorschlag Fraktion C	2 Sitze

Wenn einem Ausschuss sachkundige Bürger und sachkundige Einwohner angehören sollen, so sind Ratsmitglieder und sachkundige Bürger und Einwohner immer in einem Wahlgang zu wählen[231].

Bei der Wahl in einem Wahlgang sind in den Wahlvorschlägen die Ratsmitglieder, die sachkundigen Bürger und die sachkundigen Einwohner in getrennten Blöcken aufzuführen, und der Rat muss in dem Zusammensetzungsbeschluss (§ 58 Abs. 1 Satz 1 GO) bestimmen, wie viel Ratsmitglieder, wie viel sachkundige Bürger und wie viel sachkundige Einwohner dem jeweiligen Ausschuss angehören sollen.

Auch die stellvertretenden Ausschussmitglieder müssen vom Rat gewählt werden. Soweit die Fraktionen wünschen, dass jedes Ratsmitglied, das einem Ausschuss nicht angehört, jedes Ausschussmitglied seiner Fraktion vertreten kann, empfiehlt sich folgendes Verfahren: Alle Ratsmitglieder werden in die Wahlvorschläge aufgenommen und der Rat einigt sich darauf, dass alle nicht als Mitglied eines Ausschusses gewählten Ratsmitglieder in einer bestimmten Reihenfolge als stellvertretende Ausschussmitglieder tätig werden können[232].

Die von den Fraktionen nach § 58 Abs. 1 Satz 8 zu benennenden Mitglieder mit beratender Stimme werden dagegen vom Rat durch Mehrheitsbeschluss bestellt.

---

231 Geiger, in: Articus/Schneider, Erl. 4 zu § 50; Rehn/Cronauge/von Lennep/Knirsch, Erl. IV.3 zu § 50; Plückhahn, in: Held/Winkel, Erl. 5.4 zu § 50; Wagner, in: Kleerbaum/Palmen, § 50 IV.3.
232 Plückhahn, in: Held/Winkel, Erl. 6 zu § 50; Wagner, in: Kleerbaum/Palmen, § 50 IV.5.

10 Ausschüsse des Rates

Die Abberufung eines Ausschussmitgliedes ist weder dem Rat noch einer Fraktion, dem das fragliche Mitglied angehört, möglich. Ein solcher Abberufungsbeschluss würde gegen die Grundsätze der Verhältniswahl verstoßen[233].
Die Verhältniswahl stellt einen Minderheitenschutz dar. Wäre nämlich eine Ausschussbesetzung durch Mehrheitsbeschluss zulässig, könnte die durch eine oder mehrere Fraktionen im Rat gebildete Mehrheit sämtliche Ausschüsse nur mit Angehörigen der eigenen Fraktion(en) besetzen und so alle übrigen Ratsmitglieder von jeglicher Ausschussarbeit ausschließen.

Verhältniswahlsystem als Minderheitenschutz bedeutet andererseits nicht, dass jede auch noch so kleine Fraktion oder Gruppe im Rat tatsächlich einen Ausschusssitz erhalten muss. Wie stark zahlenmäßig eine Fraktion oder Gruppe im konkreten Fall sein muss, um in den Ausschüssen vertreten zu sein, hängt von der Gesamtzahl der Sitze des jeweiligen Ausschusses ab. Diese Gesamtzahl der jeweiligen Ausschusssitze beschließt der Rat per Mehrheitsbeschluss im sog. Zusammensetzungsbeschluss (s. o.). Die einzelnen Fraktionen haben keinen Anspruch gegen den Rat, im Zusammensetzungsbeschluss die jeweilige Ausschusssitzzahl so festzusetzen, dass sie mindestens einen Ausschusssitz abbekommen[234].

Immerhin haben die Fraktionen, die wegen ihrer relativen Kleinheit in einem Ausschuss nicht vertreten sind, das Recht, für den in Frage kommenden Ausschuss ein Ratsmitglied oder einen sachkundigen Bürger zu benennen, der dann durch Mehrheitsbeschluss vom Rat zum Ausschussmitglied mit beratender Funktion zu bestellen ist (§ 58 Abs. 1 Sätze 7 bis 10 GO).

10.2.3 Bestimmung der Ausschussvorsitzenden

Gemäß § 58 Abs. 5 Satz 1 GO können sich die Fraktionen über die Verteilung der Ausschussvorsitze einigen und die Ausschussvorsitzenden aus der Mitte der den Ausschüssen angehörenden Ratsmitglieder bestimmen. Kommt eine solche Einigung der Fraktionen nicht zustande oder wird der Einigung von einem Fünftel der Ratsmitglieder widersprochen, so erhalten die Fraktionen die Ausschussvorsitze in der Reihenfolge der Höchstzahlen zugeteilt, die sich durch Teilung der Mitgliederzahlen der Fraktionen durch 1, 2, 3 usw. ergeben. Bei gleichen Höchstzahlen entscheidet das vom Bürgermeister zu ziehende Los (§ 58 Abs. 5 Sätze 2 und 3 GO).

Nach Ermittlung dieser Höchstzahlen benennen die Fraktionen in der Reihenfolge dieser Höchstzahlen die Ausschüsse, die sie beanspruchen (Zugriffsverfahren) und bestimmen gleichzeitig die Vorsitzenden (§ 58 Abs. 5 Satz 4 GO).

---

233 Plückhahn, in: Held/Winkel, Erl. 9 zu § 50; Wagner, in: Kleerbaum/Palmen, § 50 IV.7.
234 OVG NRW, NWVBl. 2005, 135; Rehn/Cronauge/von Lennep/Knirsch, Erl. III.2 zu § 58; Plückhahn, in: Held/Winkel, Erl. 3 zu § 58; Stibi, in: Kleerbaum/Palmen, § 58 II.2.8.

10 Ausschüsse des Rates

Dieses zum Vorsitzenden bestimmte Ratsmitglied muss nicht der vorschlagenden Fraktion angehören. Diese Verfahrensweise gilt für stellvertretende Ausschussvorsitzende entsprechend (§ 58 Abs. 5 Satz 6 GO). Ausgenommen vom Bestimmungsverfahren ist allerdings der stellvertretende Vorsitzende des Hauptausschusses. Er wird gem. § 57 Abs. 3 Satz 2 GO vom Hauptausschuss aus seiner Mitte gewählt.

Bei vorzeitigem Ausscheiden eines Ausschussvorsitzenden bestimmt seine Fraktion ein dem Ausschuss angehörendes Ratsmitglied zum Nachfolger (§ 58 Abs. 5 Satz 5 GO).

Ein Fraktionswechsel berührt den Ausschussvorsitz allerdings nicht.

Wenn besondere Vorschriften über die Wahl oder die Bestellung von Vorsitzenden bestehen, fallen diese Ausschüsse aus dem Zugriffsverfahren heraus (z. B. Hauptausschuss, Bezirksausschuss [vgl. § 39 Abs. 4 Nr. 4 GO]). Da das Zugriffsverfahren untrennbar verbunden ist mit der Vorsitzendenbestimmung, entfällt in diesen Fällen auch eine Anrechnung des Vorsitzes auf das Zugriffsrecht der Fraktion, der der jeweilige Vorsitzende angehört, es sei denn, diese Anrechnung ist ausdrücklich vorgeschrieben.

Für die Verteilung und Bestimmung der stellvertretenden Ausschussvorsitze muss der Rat beschließen, ob nach Zuteilung der Vorsitze in der Reihenfolge der Höchstzahlen fortgesetzt werden soll oder ob der Zugriff von vorn (beginnend wieder mit der ersten Höchstzahl) begonnen werden soll[235].

Wenn während der Wahlperiode Ausschüsse neu gebildet, aufgelöst oder ihre Aufgaben wesentlich verändert werden, ist das Einigungsverfahren zur Bestimmung der Ausschussvorsitzenden oder das Zugriffverfahren für sämtliche Ausschüsse zu wiederholen (§ 58 Abs. 6 GO). Diese Vorschrift ist durchaus sinnvoll, denn der Wertung der einzelnen Ausschüsse, die dem Zugriff oder Einigung der Fraktionen zugrunde lag, wird ja nachträglich die Grundlage entzogen. Unter Auflösung eines Ausschusses i. S. d. § 58 Abs. 6 GO ist nur eine ersatzlose Auflösung zu verstehen. Wird der Ausschuss nach der Auflösung gleich wieder gebildet, ist ein neues Zugriffsverfahren nicht erforderlich[236].

Allerdings gilt dies nur, soweit die Aufgaben und Befugnisse des aufgelösten und neu gebildeten Ausschusses im Wesentlichen unverändert bleiben. Als wesentliche Änderung der Aufgaben i. S. v. § 58 Abs. 6 GO muss auch die nachträgliche Übertragung von Entscheidungsbefugnissen auf einen Ausschuss gem. § 41 Abs. 2 GO angesehen werden.

---

235 Plückhahn, in: Held/Winkel, Erl. 9.4 zu § 58.
236 VG Gelsenkirchen, NWVBl. 1994, 179.

10 Ausschüsse des Rates

Auch zum Zugriffs- und Bestimmungsrecht ein Beispiel:

Bei einem Rat mit 21 gesetzlichen Mitgliedern ergibt sich bei der Sitzverteilung Fraktion A zehn, Fraktion B acht und Fraktion C drei folgende Höchstzahlenberechnung:

	A	B	C
	10 (1)	8 (2)	3 (6)
: 2	5 (3)	4 (4)	1,5
: 3	3,33 (5)	2,66 (7)	1
: 4	2,5 (8)	2 (9)	0,75
: 5	2 (9)	1,60	0,6

Die in Klammern angegebenen Zahlen kennzeichnen die Reihenfolge der Höchstzahlen. Die Fraktion A wählt zuerst einen Ausschuss aus und benennt dessen Vorsitzenden. Sodann benennt die Fraktion B den gewünschten Ausschuss und dessen Vorsitzenden. Danach hat wieder die Fraktion A das Benennungs- und Bestimmungsrecht usw. Erst beim sechsten Ausschuss kommt die Fraktion C zum Zuge. Bei sieben zu vergebenden Ausschussvorsitzenden fallen der Fraktion A und der Fraktion B je drei Vorsitzende zu und die Fraktion C erhält einen Vorsitz. Sind nur fünf Sitze zu vergeben, erhält die Fraktion A drei und die Fraktion B zwei, die Fraktion C geht leer aus. sind neun Ausschussvorsitze zu verteilen, so entscheidet das Los, ob die Fraktion A oder B den Vorsitz im neunten Ausschuss erhält, da beide die gleiche Höchstzahl, nämlich zwei, haben (§ 58 Abs. 5 Satz 3 GO).

Nach § 57 Abs. 3 GO führt der Bürgermeister den Vorsitz im Hauptausschuss. Der stellvertretende Vorsitzende des Hauptausschusses wird allerdings vom Hauptausschuss aus seiner Mitte gewählt (§ 57 Abs. 3 Satz 2 GO).

Es ist in der Praxis denkbar, dass nur für einen Teil der Ausschüsse das Fraktionseinigungsverfahren greift, während für die übrigen Ausschüsse im Zugriffsverfahren gem. § 58 Abs. 5 Satz 2 GO die Ausschussvorsitze zugeteilt werden. Dies ergibt sich eindeutig aus der Formulierung des Satzes 2 des § 58 Abs. 5 („Soweit …")[237].

---

[237] Plückhahn, in: Held/Winkel, Erl. 9.1 zu § 59.

10 Ausschüsse des Rates

Schaubild 14:
Bildung der Ausschüsse

Zusammensetzungsbeschluss
§ 58 GO

Gesamtzahl der Mitglieder, Zusammensetzung der Mitglieder (Ratsmitglieder, sachkundige Bürger, sachkundige Einwohner)

Personelle Besetzung
§ 50 Abs. 3 GO

a) Einstimmiger Beschluss über die Annahme eines einheitlichen Wahlvorschlages
oder
b) Verhältniswahl

Vorsitzendenbestimmung
§ 58 Abs. 5 GO

a) Einigung der Fraktionen
oder
b) Zugreifverfahren
Ausnahmen:
§ 57 Abs. 3 GO, § 39 Abs. 4 Nr. 4 GO und wenn sondergesetzlich Wahl des Vorsitzenden vorgeschrieben ist

10.3 Nachbesetzung der Ausschüsse

Scheidet ein Ausschussmitglied vorzeitig aus einem Ausschuss aus, wählen die Ratsmitglieder (ohne Bürgermeister) auf Vorschlag der Fraktion oder Gruppe, welcher das ausgeschiedene Mitglied bei seiner Wahl angehörte, einen Nachfolger (§ 50 Abs. 3 Satz 7 GO).

Scheidet ein Ausschussvorsitzender während der Wahlzeit aus, bestimmt die Fraktion, der er angehört, ein Ratsmitglied zum Nachfolger (§ 58 Abs. 5 Satz 5 GO).

Während bei der Nachfolgebestimmung des Ausschussmitgliedes auf die Fraktionszugehörigkeit zum Zeitpunkt der Wahl abgestellt wird, kommt es bei der

Nachfolgebestimmung des Vorsitzenden hinsichtlich der Fraktionszugehörigkeit auf den Zeitpunkt des Ausscheidens an.

Das bedeutet, dass im Falle des Ausschussmitgliedes ein Fraktionswechsel nach der Wahl das ursprüngliche Vorschlagsrecht nicht verändert, während im Falle des Vorsitzenden das Bestimmungsrecht von der ursprünglichen auf die derzeitige Fraktion (zum Zeitpunkt des Ausscheidens) übergeht[238].

10.4 Verfahren in den Ausschüssen

10.4.1 Grundsätzliche Anwendung der Ratsregeln

Gemäß § 58 Abs. 2 GO finden auf das Verfahren in den Ausschüssen die für das Verfahren im Rat geltenden Vorschriften entsprechende Anwendung. Dies sind insbesondere Vorschriften über

- die Einberufung (§ 47 GO),
- die Tagesordnung (§ 48 Abs. 1 GO),
- das Öffentlichkeitsprinzip (§ 48 Abs. 2 GO),
- die Beschlussfähigkeit (§ 49 GO),
- die Abstimmungen (§ 50 GO) und
- die Ordnung in den Sitzungen (§ 51 GO).

Die Vorschriften der Geschäftsordnung des Rates gelten insoweit auch für die Ausschüsse, soweit sie nicht ohnehin für die Ausschüsse besondere Regelungen treffen.

10.4.2 Besonderheiten

Die für den Rat geltenden Verfahrensvorschriften gelten jedoch dann nicht, wenn die GO für Ausschüsse Sonderregelungen trifft:

10.4.2.1 Festsetzung der Tagesordnung

Der Ausschussvorsitzende hat nicht die Befugnis, die Tagesordnung allein festzusetzen, sondern er setzt die Tagesordnung im Benehmen mit dem Bürgermeister fest (§ 58 Abs. 2 Satz 2 GO).

„Benehmen" (im Gegensatz zum rechtlichen Terminus „Einvernehmen") bedeutet aber lediglich rechtzeitige Information des Bürgermeisters[239], Zustimmung des Bürgermeisters ist nicht erforderlich.

---

[238] Plückhahn, in: Held/Winkel, Erl. 10 zu § 58; Zielke, in: Articus/Schneider, Erl. 4 zu § 58; a. A.: Rehn/Cronauge/von Lennep/Knirsch, Erl. V.4 zu § 58; Stibi, in: Kleerbaum/Palmen, § 58 VII.4.b.

[239] Rehn/Cronauge/von Lennep/Knirsch, Erl. II.3 zu § 58; Stibi, in: Kleerbaum/Palmen, § 58 IV.2.

Der Ausschussvorsitzende ist zur Aufnahme von Tagesordnungspunkten verpflichtet, wenn ein Fünftel der Ausschussmitglieder (§ 58 Abs. 2 Satz 1, § 48 Abs. 1 Satz 1 GO) oder eine Fraktion (§ 58 Abs. 2 Satz 4 GO) oder der Bürgermeister (§ 58 Abs. 2 Satz 3 GO) dies verlangt.

10.4.2.2 Veröffentlichung der Tagesordnung

Zeit und Ort der Ausschusssitzung sowie die Tagesordnung brauchen nicht, wie im Falle des Rates, öffentlich bekanntgemacht zu werden. § 48 Abs. 1 Satz 4 GO findet also keine Anwendung. Es reicht aus, wenn der Bürgermeister hierüber die Öffentlichkeit vorher in geeigneter Weise unterrichtet (§ 58 Abs. 2 Satz 5 GO).

Beispiele:
Bekanntmachung an den Bekanntmachungstafeln; Pressenotiz; Bekanntmachung im Amtsblatt auch in den Gemeinden, deren Hauptsatzung als amtliches Veröffentlichungsorgan eine Tageszeitung bestimmt.

Bedenklich ist diese geringere Anforderung im Vergleich zum Rat bei den Ausschüssen mit Entscheidungsbefugnis, die anstelle des Rates durchzuführende Beschlüsse fassen. Offenbar hatte der Gesetzgeber bei der Abfassung dieser Vorschrift an den grundsätzlichen Fall der nur beratenden Ausschussarbeit gedacht.

10.4.2.3 Beschlussfähigkeit

Grundsätzlich gilt gem. § 58 Abs. 2 GO die Regelung des § 49 GO. Danach sind die Ausschüsse beschlussfähig, wenn mehr als die Hälfte ihrer (ordentlichen) Mitglieder anwesend sind. Sie gelten so lange als beschlussfähig, bis ihre Beschlussunfähigkeit ausdrücklich festgestellt ist. Gemäß § 58 Abs. 2 i. V. m. § 49 Abs. 2 GO ist ein Ausschuss ohne Rücksicht auf die Zahl der erschienenen Ausschussmitglieder beschlussfähig, wenn er zum zweiten Mal zur Verhandlung über denselben Grund (Tagesordnungspunkt) unter ausdrücklichem Hinweis auf die Vorschrift des § 49 Abs. 2 GO einberufen wird, nachdem der Ausschuss in der Sitzung, in der ursprünglich die Angelegenheit behandelt werden sollte, beschlussunfähig war.

Eine Besonderheit hinsichtlich der Beschlussfähigkeit gilt für die Ausschüsse, denen sachkundige Bürger (mit Stimmrecht) angehören. Gemäß § 58 Abs. 3 Satz 4 GO sind diese Ausschüsse nur beschlussfähig, wenn die Zahl der anwesenden Ratsmitglieder die Zahl der anwesenden Bürger übersteigt. Allerdings gelten sie auch insoweit als beschlussfähig, solange ihre Beschlussunfähigkeit nicht festgestellt wird.

Für diese Ausschüsse gilt also in zweifacher Weise eine Fiktion der Beschlussfähigkeit: Zunächst bezieht sich die Fiktion auf die Zahl der Anwesenden im Verhältnis zur Gesamtzahl der Ausschussmitglieder (§ 58 Abs. 2 i. V. m. § 49 Abs. 1 Satz 2 GO). Sodann bezieht sich die Fiktion auf das zahlenmäßige Verhältnis von anwesenden Ratsmitgliedern zu anwesenden sachkundigen Bürgern (§ 58 Abs. 3 Satz 5 GO).

10.4.2.4 Einberufung zur konstituierenden Sitzung

Zur konstituierenden Sitzung werden die Ausschüsse von ihrem bereits von den Fraktionen benannten Vorsitzenden einberufen. Die Ausschüsse, deren Vorsitzende nicht im Zugriffsverfahren bestimmt, sondern vom Ausschuss in dessen konstituierender Sitzung erst gewählt werden, können nur durch den Rat, der der „Herr" der Ausschüsse ist, zu ihrer ersten Sitzung einberufen werden. Da der Rat in seiner Gesamtheit nicht einberufen kann, obliegt diese Aufgabe in Vertretung des Rates dem Bürgermeister. Die bisherigen Ausschussvorsitzenden sind zu dieser Einberufung nicht mehr berechtigt, da ihre Befugnisse ja mit Zusammentritt des neuen Rates beendet sind (§ 42 Abs. 2 GO).

10.4.2.5 Niederschrift

Gemäß § 58 Abs. 7 GO ist eine Niederschrift über die Beschlüsse der Ausschüsse aufzunehmen. Dieser Vorschrift hätte es nicht bedurft, da gem. § 58 Abs. 2 i. V. m. § 52 Abs. 1 GO die Niederschrift vorgeschrieben ist. Wenn man § 58 Abs. 7 GO aber als Sondervorschrift für Ausschüsse betrachten will, fragt sich, ob Ausschussniederschriften auch der Doppelunterzeichnung (wie § 52 Abs. 1 GO dies vorsieht) bedürfen oder ob eine einfachere Form genügt, da § 58 Abs. 7 GO darüber keine Aussage enthält. Da § 58 Abs. 7 GO nur die grundsätzliche Regelung über die Niederschrift trifft und die Form der Niederschrift zu den Verfahrensvorschriften zu zählen ist, muss insoweit § 58 Abs. 2 i. V. m. § 52 Abs. 1 GO anwendbar sein mit der Folge, dass die Ausschussniederschriften vom Ausschussvorsitzenden und einem Schriftführer zu unterzeichnen sind. Diese Lösung ist auch logisch, weil gleiche Gründe, die für eine Mehrfachunterzeichnung von Ratsniederschriften sprechen (Beurkundungseffekt) auch für Ausschussniederschriften gelten.

Fraglich ist aber, wer den Schriftführer bestellt. Gemäß § 52 Abs. 1 Satz 2 GO wird der Schriftführer für den Rat vom Rat bestellt. Nach § 58 Abs. 2 GO werden neben den Vorschriften, die für die Mitglieder gelten, nur die Verfahrensvorschriften für den Rat auf Ausschüsse analog angewendet. Bei der die Bestimmung des Schriftführers regelnden Vorschrift des § 52 Abs. 1 Satz 2 GO handelt es sich aber nicht um eine Verfahrensvorschrift, sondern um eine Zuständigkeitsnorm, die regelt, wer für die Bestellung des Schriftführers zuständig ist. Eine analoge Anwendung gem. § 58 Abs. 2 GO ist daher nicht möglich. Folglich hat gem. § 62 Abs. 1 Satz 3 GO der Bürgermeister im Rahmen seiner Geschäftsverteilungsbefugnis den Schriftführer zu bestellen, jedenfalls dann,

10 Ausschüsse des Rates

wenn ein gemeindlicher Mitarbeiter diese Aufgabe übernehmen soll[240]. Der jeweilige Ausschuss hätte nur die Möglichkeit, ein Ausschussmitglied zum Schriftführer zu bestellen.

10.4.2.6 Fraktionen

Die Bildung von separaten Fraktionen in den Ausschüssen ist nicht zulässig, da § 56 Abs. 1 Satz 1 GO den Zusammenschluss zu Fraktionen nur für Ratsmitglieder und für Mitglieder der Bezirksvertretungen vorsieht.

10.5 Sitzungsteilnehmer

10.5.1 Ordentliche Ausschussmitglieder

Dass die ordentlichen Ausschussmitglieder teilnahmeberechtigt sind, ist selbstverständlich.

10.5.2 Ratsmitglieder

Zu den nichtöffentlichen Ausschusssitzungen haben auch Ratsmitglieder, die dem jeweiligen Ausschuss nicht angehören, Zugang. Sie können gem. § 58 Abs. 1 Satz 4 GO als Zuhörer teilnehmen. Wenn in einer Ausschusssitzung ein Antrag beraten wird, den ein Ratsmitglied gestellt hat, das dem Ausschuss nicht angehört, so kann es sich sogar an der Beratung, nicht aber an der Beschlussfassung dieses Antrages beteiligen (§ 58 Abs. 1 Satz 6 GO). Die Teilnahme lediglich als Zuhörer begründet keinen Anspruch auf Ersatz des Verdienstausfalls und auf Zahlung von Sitzungsgeld. Ein solcher Anspruch muss nach der Formulierung des § 58 Abs. 1 Satz 5 GO aber dann bestehen, wenn das Ratsmitglied wegen eigener Antragstellung befugt ist, an der Beratung über seinen Antrag teilzunehmen.

Würde sich ein Ratsmitglied, das nur als Zuhörer teilnehmen darf, an der Beratung beteiligen, wäre der Ausschussbeschluss rechtswidrig. Gleiches gilt, wenn das wegen Antragstellung beratungsberechtigte Ratsmitglied mit abstimmen würde.

10.5.3 Sachkundige Bürger und sachkundige Einwohner

Sachkundige Bürger und Einwohner sind grundsätzlich nur berechtigt, an den Sitzungen der Ausschüsse teilzunehmen, zu deren Mitglieder sie gewählt worden sind. Allerdings können sachkundige Bürger und Einwohner, die zu stellvertretenden Ausschussmitgliedern gewählt worden sind, an den nichtöffentlichen Sitzungen des Ausschusses als Zuhörer teilnehmen (§ 58 Abs. 1 Satz 4 GO).

---

[240] A. A.: Zielke, in: Articus/Schneider, Erl. 3 zu § 58.

Dieses Recht der stellvertretenden sachkundigen Bürger und Einwohner, an nichtöffentlichen Sitzungen als Zuhörer teilnehmen zu dürfen, bezieht sich aber nur auf die Sitzungen des jeweiligen Ausschusses, dessen stellvertretende Mitglieder sie sind. Dies ergibt sich zum einen aus der Formulierung des § 58 Abs. 1 Satz 4 (... eines Ausschusses), vor allem aber daraus, dass § 58 Abs. 1 Satz 4, Satzteil 3 ausdrücklich für ein Teilnahmerecht als Zuhörer für Mitglieder anderer Ausschüsse eine besondere Regelung trifft. Für sachkundige Bürger und sachkundige Einwohner als Mitglieder anderer Ausschüsse bestimmt § 58 Abs. 1 Satz 4 Satzteil 3 GO, dass sie das Recht der Teilnahme als Zuhörer nur nach Maßgabe der Geschäftsordnung haben und nur, soweit der Aufgabenbereich ihres (anderen) Ausschusses durch den Beratungsgegenstand berührt wird.

Dass trotz der allgemeinen Formulierung „... Mitglieder anderer Ausschüsse ..." in § 58 Abs. 1 Satz 4, Satzteil 3 GO nur sachkundige Bürger und sachkundige Einwohner gemeint sein können, ergibt sich aus der Tatsache, dass alle Ratsmitglieder gem. § 58 Abs. 1 Satz 4 GO ohnehin an den Sitzungen aller Ausschüsse, denen sie nicht als Mitglied angehören, als Zuhörer teilnahmeberechtigt sind.

10.5.4 Bürgermeister und Verwaltungsmitarbeiter

Nach § 58 Abs. 1 Satz 3 GO hat der Bürgermeister das Recht, mit beratender Stimme an den Sitzungen der Ausschüsse teilzunehmen. Ihm ist auf Verlangen jederzeit das Wort zu erteilen. Im Hauptausschuss hat der Bürgermeister Stimmrecht (§ 57 Abs. 3 Satz 2 GO); er ist Vorsitzender des Hauptausschusses (§ 57 Abs. 3 Satz 1 GO).

Auf Verlangen eines Ausschusses ist der Bürgermeister verpflichtet, an dessen Sitzungen teilzunehmen (§ 69 Abs. 2 GO). Dieses Verlangen bedarf eines Ausschussbeschlusses[241].

Auch die Beigeordneten sind berechtigt und auf Verlangen eines Ausschusses in Angelegenheiten ihres Geschäftsbereichs verpflichtet, an dessen Sitzungen teilzunehmen (§ 69 Abs. 2 GO).

Auf Verlangen eines Fünftels der Ausschussmitglieder ist der Bürgermeister verpflichtet, zu einem Punkt der Tagesordnung vor dem Ausschuss Stellung zu nehmen (§ 69 Abs. 1 Satz 2 und Abs. 2 Satz 2 GO).

Ob sonstige Verwaltungsmitarbeiter zur Teilnahme berechtigt und verpflichtet sind, entscheidet der Bürgermeister im Rahmen seiner Organisationsgewalt gem. § 62 Abs. 1 Satz 3 GO. Die Gleichstellungsbeauftragte hat in Angelegenheiten ihres Aufgabenbereiches ein eigenständiges Recht zur Teilnahme an den

---

241 Plückhahn, in: Held/Winkel, Erl. 3 zu § 69.

Ausschusssitzungen; ihr ist auf Wunsch das Wort zu erteilen (§ 5 Abs. 4 Sätze 1 und 2 GO).

Selbstverständlich ist die Teilnahme des Schriftführers.

10.5.5 Öffentlichkeit

Ausschusssitzungen sind grundsätzlich öffentlich (§ 58 Abs. 2 i. V. m. § 48 Abs. 2 Satz 1 GO), daher kann an den öffentlichen Sitzungen jeder Interessierte als Zuhörer teilnehmen.

11 Zuständigkeitsordnung (Organkompetenzen)

11.1 Allzuständigkeit des Rates

Grundsätzlich ist der Rat gem. § 41 Abs. 1 Satz 1 GO für die Entscheidung aller Angelegenheiten zuständig (Allzuständigkeit). Allerdings sieht die GO in einigen Fällen die Entscheidungszuständigkeit anderer Gemeindeorgane vor. Außerdem gibt die GO dem Rat die Möglichkeit, durch Beschluss Entscheidungsbefugnisse zu übertragen. Dementsprechend sieht sie verschiedene Arten der Entscheidungsdelegation vor (ohne sie im Einzelnen so zu bezeichnen).

11.2 Delegationsarten

11.2.1 Gesetzliche Delegation

Die GO sieht, abweichend vom Grundsatz des § 41 Abs. 1 Satz 1 GO, die Entscheidungsbefugnis anderer Organe anstelle des Rates in folgenden Fällen vor:

- Nach § 59 Abs. 1 Satz 1 GO hat der Hauptausschuss die Funktion eines Koordinierungsausschusses. Er hat die Arbeit aller Ausschüsse aufeinander abzustimmen. Er entscheidet gem. § 37 Abs. 2 GO auch im Einzelfall bei Streitigkeiten der Bezirksvertretungen untereinander und zwischen Bezirksvertretungen und den Ausschüssen über Zuständigkeiten.

- Der Finanzausschuss trifft unbeschadet der Zuständigkeit anderer Ausschüsse die für die Ausführung des Haushaltsplanes erforderlichen Entscheidungen (§ 59 Abs. 2 GO).

- Nach § 60 Abs. 1 Satz 1 GO entscheidet der Hauptausschuss in Angelegenheiten, die der Beschlussfassung des Rates unterliegen, wenn die Einberufung des Rates nicht rechtzeitig möglich ist (Dringlichkeitsbeschluss [vgl. auch 9.2]).

- Nach § 60 Abs. 1 Satz 2 GO entscheidet der Bürgermeister mit einem Ratsmitglied in Angelegenheiten, die der Beschlussfassung des Rates unterliegen, wenn im Falle des § 60 Abs. 1 Satz 1 GO die Einberufung des Hauptausschusses nicht rechtzeitig möglich ist und die Entscheidung nicht aufgeschoben werden kann, weil sonst erhebliche Nachteile oder Gefahren entstehen können (Dringlichkeitsentscheidung [siehe auch 9.2]).

- Wenn die Einberufung eines Ausschusses, dem eine Angelegenheit zur Entscheidung übertragen ist, nicht rechtzeitig möglich ist, kann der Bürgermeister mit dem jeweiligen Ausschussvorsitzenden oder einem anderen dem Ausschuss angehörenden Ratsmitglied gem. § 60 Abs. 2 GO entscheiden.

- Nach § 62 Abs. 1 Satz 3 GO obliegt dem Bürgermeister die Geschäftsleitung und die Geschäftsverteilung (Organisationsgewalt).

11 Zuständigkeitsordnung (Organkompetenzen)

Die Befugnis zur Geschäftsverteilung, zur Zuweisung bestimmter Funktionen und Aufgaben an Veraltungsmitarbeiter ist allerdings in einigen Fällen eingeschränkt:

1. Nach § 52 Abs. 1 Satz 2 GO bestellt der Rat einen Schriftführer für Ratssitzungen.
2. Gemäß § 68 Abs. 1 GO bestellt der Rat den allgemeinen Vertreter des Bürgermeisters.
3. Gemäß § 73 Abs. 1 Satz 1 GO kann der Rat den Geschäftskreis der Beigeordneten im Einvernehmen mit dem Bürgermeister bestimmen.
4. Nach § 104 Abs. 2 Satz 1 GO werden Leiter und Prüfer der örtlichen Rechnungsprüfung durch den Rat bestellt und abberufen.

- Gemäß § 63 Abs. 1 Satz 1 GO ist der Bürgermeister der gesetzliche Vertreter der Gemeinde in Rechts- und Verwaltungsgeschäften.
- Gemäß § 73 Abs. 2 zweiter Halbsatz GO ist der Bürgermeister Dienstvorgesetzter aller Bediensteten der Gemeinde.
- Nach § 73 Abs. 3 Satz 1 GO trifft der Bürgermeister die dienstrechtlichen und arbeitsrechtlichen Entscheidungen, soweit gesetzlich nichts anderes bestimmt ist (Personalgewalt).

Nach § 73 Abs. 3 Satz 2 GO kann die Hauptsatzung bestimmen, dass für Bedienstete in Führungspositionen Entscheidungen, die das beamtenrechtliche Grundverhältnis oder das Arbeitsverhältnis eines Bediensteten zur Gemeinde verändern, durch den Rat oder den Hauptausschuss im Einvernehmen mit dem Bürgermeister zu treffen sind.

- Nach § 80 Abs. 1 GO ist der Bürgermeister zuständig für die Bestätigung des vom Kämmerer aufgestellten Entwurfs der Haushaltssatzung.
- In kreisfreien Städten verleiht § 37 GO den Bezirksvertretungen umfangreiche Entscheidungsbefugnisse.

11.2.2 Gewillkürte Delegation

Gemäß § 41 Abs. 2 GO kann der Rat Entscheidungsbefugnis auf Ausschüsse oder auf den Bürgermeister übertragen. Die Übertragung kann durch einfachen Ratsbeschluss oder durch Satzung, etwa Hauptsatzung oder besondere „Zuständigkeitsordnung", erfolgen. Die Übertragung durch Satzung bewirkt eine große Transparenz der Zuständigkeitsregelung; allerdings begibt sich der Rat dadurch einer gewissen Flexibilität, da zur Ausübung des Rückholrechts (s. unten) eine Änderung oder gar Aufhebung der Satzung (durch Satzung) erforderlich ist, soweit das Rückholrecht nicht von vornherein in der Übertragungssatzung hinreichend bestimmt ist.

11 Zuständigkeitsordnung (Organkompetenzen)

§ 41 Abs. 2 Satz 2 GO sieht außerdem vor, dass der Rat die Ausschüsse ermächtigen kann, in Angelegenheiten ihres Aufgabenbereichs die Entscheidung dem Bürgermeister zu übertragen (Subdelegation).

Die Möglichkeiten gewillkürter Delegation sind begrenzt. Die im Katalog des § 41 Abs. 1 Satz 2 Buchstabe a bis t aufgeführten Angelegenheiten erfordern immer eine Ratsentscheidung und können somit nicht übertragen werden. Dieser Katalog enthält aber keine abschließende Regelung[242]. Die GO weist dem Rat auch noch andere Entscheidungen zu, die er nicht delegieren kann. Zu den über § 41 Abs. 1 Satz 2 GO hinaus nicht übertragbaren Angelegenheiten zählen:

- Allgemeine Richtlinien zur Aufgabenerledigung durch Bezirksvertretungen (§ 37 Abs. 1 Satz 1 GO)
- Abgrenzung der Aufgaben der Bezirksvertretungen (§ 37 Abs. 1 Sätze 2 und 3 GO)
- Wahl der Ortsvorsteher (§ 39 Abs. 2 Satz 1 GO)
- Regelung der Einzelheiten über die Offenbarung persönlicher und wirtschaftlicher Verhältnisse der Ratsmitglieder (§ 43 Abs. 3 Satz 2 GO)
- Erlass einer Geschäftsordnung für den Rat (§ 47 Abs. 2 Satz 2 GO)
- Festsetzung eines Ordnungsgeldes gem. §§ 43 Abs. 2, 30 Nr. 5 und 29 Abs. 3 GO
- Beschluss zur Einleitung des Abwahlverfahrens des Bürgermeisters (§ 66 Abs. 1 GO)
- Wahl der ehrenamtlichen Stellvertreter des Bürgermeisters (§ 67 Abs. 1 GO)
- Abberufung der ehrenamtlichen Stellvertreter des Bürgermeisters (§ 67 Abs. 4 GO)
- Entscheidung über die Berechtigung von Ordnungsmaßnahmen des Bürgermeisters gem. § 51 Abs. 3 Satz 2 GO
- Akteneinsichtsverlangen gem. § 55 Abs. 3 GO
- Abberufung der Beigeordneten (§ 71 Abs. 7 Satz 1 GO)
- Bestellung eines allgemeinen Vertreters des Bürgermeisters (§ 68 Abs. 1 GO)
- Ggf. Festlegung der Geschäftskreise der Beigeordneten (§ 73 Abs. 1 GO)
- Beschluss über die Einwendungen gegen den Entwurf der Haushaltssatzung (§ 80 Abs. 3 Satz 3 GO)
- Zustimmung zu erheblichen über- und außerplanmäßigen Aufwendungen und Auszahlungen (§ 83 Abs. 2 GO)

---

242 OVG NRW, OVGE 17, 225

11 Zuständigkeitsordnung (Organkompetenzen)

11.2.3 Gesetzlich fingierte Delegation

Die GO sieht nur einen Fall gesetzlich fingierter Delegation vor, und zwar gelten gem. § 41 Abs. 3 GO Geschäfte der laufenden Verwaltung im Namen des Rates als auf den Bürgermeister übertragen. Die gesetzlich fingierte Delegation ist der Art nach ein „Zwischending" zwischen gesetzlicher und gewillkürter Delegation. Das Merkmal gesetzlicher Delegation ist in der Tatsache zu sehen, dass bereits das Gesetz diese Übertragung vorsieht. Ein Wesenselement gewillkürter Delegation ist darin zu erblicken, dass eine Delegation durch den Rat angenommen (fingiert) wird. Einzelheiten zu den Geschäften der laufenden Verwaltung siehe unter 11.4.3.

11.3 Rückholrecht

11.3.1 Begriff

Unter Rückholrecht ist das Recht des Rates zu verstehen, seine eigene Entscheidungszuständigkeit wiederherzustellen. Praktisch bedeutsam ist die differenzierte Kenntnis der Delegationsarten nicht nur für die exakte Zuständigkeitsabgrenzung, sondern auch für die Frage des Rückholrechts, deren Beurteilung sich je nach Delegationsart unterschiedlich gestaltet.

11.3.2 Zulässigkeit

11.3.2.1 bei gesetzlicher Delegation

In den Fällen der gesetzlichen Delegation besteht ein Rückholrecht nur, wenn die GO dies ausdrücklich vorsieht. Dies ist lediglich bei der Personalgewalt des Bürgermeisters bezüglich der Bediensteten der Gemeinde insoweit der Fall, als die Hauptsatzung eine von § 73 Abs. 3 Satz 1 GO abweichende Regelung in Form der Mitwirkung des Rates oder des Hauptausschusses bei bestimmten Personalentscheidungen für Mitarbeiterinnen und Mitarbeiter in Führungspositionen vorsehen kann (§ 73 Abs. 3 Satz 2 GO).

Eine Quasi-Rückholmöglichkeit verbirgt sich in der Richtlinienkompetenz des Rates gem. § 61 Abs. 1 GO. Nach § 61 Abs. 1 GO entscheidet der Hauptausschuss über die Planung der Verwaltungsaufgaben von besonderer Bedeutung im Rahmen der vom Rat festgelegten allgemeinen Richtlinien. Wenn der Rat bestehende Richtlinien enger fassen würde, käme dies der Ausübung des Rückholrechts gleich, da der Entscheidungsrahmen des Hauptausschusses dadurch schrumpft. Die Grenze für die Möglichkeit des Rates, diese Richtlinien enger zu fassen, ist dort zu ziehen, wo der Charakter der allgemeinen Richtlinie verlorengeht.

11 Zuständigkeitsordnung (Organkompetenzen)

11.3.2.2 bei gewillkürter Delegation

Im Rahmen der gewillkürten Delegation besteht ein unbeschränktes Rückholrecht. Da es im Ermessen des Rates liegt, diese Entscheidungsbefugnis zu übertragen, muss es ihm auch in freier Ermessensentscheidung möglich sein, sie zurückzuholen.

11.3.2.3 bei gesetzlich fingierter Delegation

Bei der gesetzlich fingierten Delegation besteht ein beschränktes Rückholrecht. Gemäß § 41 Abs. 3 GO kann bei Geschäften der laufenden Verwaltung der Rat sich oder einem Ausschuss oder einer Bezirksvertretung für einen bestimmten Kreis von Geschäften oder für einen Einzelfall die Entscheidung vorbehalten. Ganz kann durch Ausübung des Rückholrechts die Zuständigkeit des Bürgermeisters zur Entscheidung der Geschäfte der laufenden Verwaltung nicht beseitigt werden.

Die Essenz dieses Aufgabenbereiches muss in der Zuständigkeit des Bürgermeisters verbleiben.

11 Zuständigkeitsordnung (Organkompetenzen)

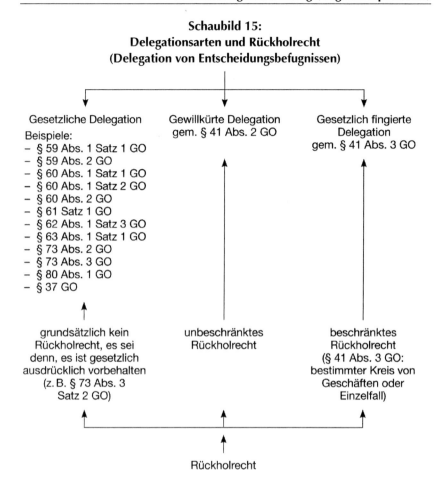

11.3.3 Ausübung des Rückholrechts

Grundsätzlich ist das Rückholrecht in der gleichen Form auszuüben, wie die Delegation erfolgte. Wurde durch Satzung delegiert, erfordert auch die Ausübung des Rückholrechts eine satzungsrechtliche Regelung.

Bei Delegation durch „einfachen" Ratsbeschluss reicht ein solcher auch zum Gebrauch des Rückholrechts.

Im Falle der Delegation durch Satzung reicht ein „einfacher" Ratsbeschluss zum Rückholrechtsgebrauch nur dann aus, wenn diese Möglichkeit bereits in

11 Zuständigkeitsordnung (Organkompetenzen)

der delegierenden Satzung vorgesehen ist, und zwar unter hinreichend bestimmten Voraussetzungen[243].

In der Literatur wird überwiegend die Auffassung vertreten, dass ein Rückholrecht des Rates nicht mehr besteht, wenn der Ausschuss (oder der Bürgermeister) bereits die Entscheidung getroffen hat[244].

Diese Auffassung vermag nicht unbedingt zu überzeugen. Grundsätzlich kann der Rat durch einen neuen Ratsbeschluss einen älteren Ratsbeschluss ändern oder aufheben. Er kann außerdem eine durch gewillkürte Delegation begründete Entscheidungsbefugnis eines Ausschusses (oder des Bürgermeisters) durch Gebrauch des Rückholrechts jederzeit wieder beenden.

Es ist m. E. nicht erkennbar, warum es unzulässig sein soll, einen durch einen Ausschuss während der Zeit seiner durch gewillkürte Delegation bestehenden Entscheidungszuständigkeit gefassten Beschluss nach einer durch Rückholrechtsgebrauch beendeten Ausschusszuständigkeit in dieser Angelegenheit im Rahmen nunmehr wieder bestehenden Ratszuständigkeit zu ändern oder aufzuheben.

Allerdings muss der Rat in einem solchen Falle zuvor seine eigene Entscheidungszuständigkeit durch Ausübung des Rückholrechts wieder herstellen. Notwendig zur Änderung oder Aufhebung eines Beschlusses eines Ausschusses, der seine Entscheidungsbefugnis durch gewillkürte Delegation erhalten hat, sind also

1. ein Rückholrechtsbeschluss und
2. ein separater Beschluss des Rates zur Änderung oder Aufhebung des früher gefassten Ausschussbeschlusses.

Ohne ausdrücklichen vorhergehenden Rückholrechtsbeschluss ist eine andere Ratsentscheidung anstelle der früheren Ausschussentscheidung allerdings nicht zulässig. Keinesfalls kann davon ausgegangen werden, dass der Beschluss des Rates, der den früheren Ausschussbeschluss korrigiert, einen Beschluss über die Ausübung des Rückholrechts (automatisch) einschließt. Der Gebrauch des Rückholrechts muss immer ausdrücklich und vorher erfolgen.

Die z. T. in diesen Fällen vertretene Auffassung[245], eine Korrektur eines bereits gefassten Ausschussbeschlusses könnte nur über die Möglichkeiten des § 54 Abs. 3 GO (Beanstandung des Ausschussbeschlusses) und des § 57 Abs. 4 GO

---

243 Erlenkämper, in: Articus/Schneider, Erl. 3.7 zu § 41; Smith, in: Kleerbaum/Palmen, § 41 V.3; Wansleben, in: Held/Winkel, Erl. 3 zu § 41.
244 Erlenkämper, in: Articus/Schneider, Erl. 3.7 zu § 41; Rehn/Cronauge/von Lennep/Knirsch, Erl. III.2 zu § 41; Smith, in: Kleerbaum/Palmen, § 41 V.3.
245 Erlenkämper, in: Articus/Schneider, Erl. 3.7 zu § 41; Rehn/Cronauge/von Lennep/Knirsch, Erl. III.2 zu § 41.

11 Zuständigkeitsordnung (Organkompetenzen)

(Einspruch gegen einen Ausschussbeschluss) erfolgen, trägt m. E. der Tatsache nicht Rechnung, dass diese Möglichkeiten nicht vom Rat, sondern vom Bürgermeister bzw. von einem Fünftel der jeweiligen Ausschussmitglieder eröffnet werden können und im Falle der Beanstandung auf rechtswidrige Beschlüsse begrenzt sind.

11.4 Ausgewählte Zuständigkeitsbereiche

In der Praxis gibt es bisweilen Missverständnisse und Unstimmigkeiten bezüglich der Organisationsgewalt, der Personalgewalt und der Geschäfte der laufenden Verwaltung. Deshalb soll auf diese drei Bereiche näher eingegangen werden.

11.4.1 Organisationsgewalt (Organisations- und Leitungsbefugnis)

Nach § 62 Abs. 1 Satz 3 GO leitet und verteilt der Bürgermeister die Geschäfte. Somit ist er zuständig für die institutionelle und funktionelle Organisation. Im Rahmen der institutionellen Organisation bestimmt er die Gliederung und den Aufbau des gemeindlichen Verwaltungsapparats. Wichtige Instrumentarien hierzu sind Aufgabengliederungs- und Verwaltungsgliederungspläne.

Beispiele:
Der Bürgermeister bestimmt z. B., ob je ein separates Hauptamt und Personalamt eingerichtet wird oder ob stattdessen eine einzige Organisationseinheit, etwa ein Haupt- und Personalamt, gebildet wird. Er hat es in der Entscheidungsgewalt, Fragen der Organisation im Hauptamt erledigen zu lassen oder gar ein besonders Organisationsamt zu bilden. Er entscheidet, ob anstelle der Ämtergliederung eine Fachbereichsgliederung gewählt wird.

Allerdings steht die Frage der institutionellen Organisation nicht uneingeschränkt im Ermessen des Bürgermeisters. Er muss diejenigen Organisationseinheiten schaffen, die gesetzlich vorgeschrieben sind.

Beispiele:
Kreisfreie Städte sowie Große und Mittlere kreisangehörige Städte müssen ein Rechnungsprüfungsamt einrichten (§ 102 Satz 1 GO). Gemeinden mit mehr als 25.000 Einwohnern müssen eine Volkshochschule betreiben (§ 11 Weiterbildungsgesetz). In kreisfreien Städten ist für jeden Bezirk eine Bezirksverwaltungsstelle zu bilden (§ 38 Abs. 1 Satz 1 GO).

Im Rahmen der Bestimmung der funktionellen Organisation ist der Bürgermeister befugt, eigenständig darüber zu befinden, welche Aufgaben er welchen Beschäftigten zuweist, und er regelt sämtliche Fragen des Arbeitsablaufes. Er ist verantwortlich für die Leitung und Beaufsichtigung des Geschäftsgangs der gesamten Verwaltung (§ 62 Abs. 1 Satz 2 GO). Im Rahmen der Geschäftsverteilung kann sich der Bürgermeister bestimmte Aufgaben vorbehalten und auch die Bearbeitung einzelner Angelegenheiten selbst übernehmen (§ 62 Abs. 1

Satz 4 GO). Das Recht der Geschäftsverteilung ist allerdings in einigen Fällen eingeschränkt:

1. Der Rat kann den Geschäftskreis der Beigeordneten im Einvernehmen mit dem Bürgermeister festlegen.

   Wenn ein Einvernehmen nicht zustande kommt, kann der Rat allein den Geschäftskreis der Beigeordneten festlegen. Allerdings ist dazu ein Beschluss mit der Mehrheit der gesetzlichen Zahl der Ratsmitglieder erforderlich (§ 73 Abs. 1 Sätze 1 und 2 GO).

   Kommt eine einvernehmliche Festlegung oder ersatzweise ein Beschluss mit der Mehrheit der gesetzlichen Zahl der Ratsmitglieder nicht zustande, dann kann der Bürgermeister allein den Geschäftskreis der Beigeordneten bestimmen (§§ 73 Abs. 1 Satz 4 und 62 Abs. 1 Satz 3 GO).

2. Der Rat bestellt den Leiter und die Prüfer des Rechnungsprüfungsamtes (§ 104 Abs. 2 GO). Kämmerer und Kassenverwalter (soweit nicht Beigeordnete) werden aber vom Bürgermeister bestellt.

3. Der Rat bestellt den allgemeinen Vertreter des Bürgermeisters (§ 68 Abs. 1 Satz 4 GO).

4. Der Rat bestellt den Schriftführer (§ 52 Abs. 1 Satz 2 GO).

5. Die Beigeordneten werden vom Rat gewählt (§ 71 Abs. 1 Satz 3 GO).

6. Der Rat bestellt die Betriebsleitungen der Eigenbetriebe (§ 4 Buchst. a EigVO)

Ansonsten ist die Geschäftsverteilungsbefugnis des Bürgermeisters nicht entziehbar, da es sich dabei um eine gesetzliche Delegation handelt (vgl. auch 11.2.1).

11.4.2 Personalgewalt

Nach § 73 Abs. 3 Satz 1 GO trifft der Bürgermeister die dienstrechtlichen und arbeitsrechtlichen Entscheidungen, soweit gesetzlich nicht etwas anderes bestimmt ist.

Damit ist der Bürgermeister grundsätzlich zuständig für sämtliche Personalentscheidungen für alle Beamten und für alle arbeitsrechtlich beschäftigten Mitarbeiter der Gemeinde. Er ist damit zuständig für die Ernennungen (Einstellung, Beförderung, Versetzung, Versetzung in den Ruhestand) der Beamten und für die Begründung, Änderung und Aufhebung von Arbeitsverhältnissen der vertraglich Beschäftigten der Gemeinde.

Bei diesen Entscheidungen ist der Bürgermeister aber an den (vom Rat als Anlage zum Haushaltsplan beschlossenen) Stellenplan gebunden (§ 74 Abs. 2 GO).

11 Zuständigkeitsordnung (Organkompetenzen)

Diese Zuständigkeiten können dem Bürgermeister grundsätzlich nicht durch den Rat entzogen werden.

Allerdings ist für einen bestimmten Personenkreis für bestimmte Personalentscheidungen eine abweichende, einschränkende Regelung durch die Hauptsatzung möglich. Nach § 73 Abs. 3 Satz 2 GO kann die Hauptsatzung bestimmen, dass für Bedienstete in Führungspositionen Entscheidungen, die das beamtenrechtliche Grundverhältnis oder das Arbeitsverhältnis eines Bediensteten zur Gemeinde verändern, durch den Rat oder den Hauptausschuss im Einvernehmen mit dem Bürgermeister zu treffen sind.

Kommt ein solches Einvernehmen nicht zustande, kann der Rat die Entscheidung mit einer Mehrheit von zwei Dritteln der Ratsmitglieder treffen (§ 73 Abs. 3 Satz 3 GO).

Kommt weder das Einvernehmen noch der ersetzende Ratsbeschluss zustande, entscheidet wieder der Bürgermeister allein (§ 73 Abs. 3 Satz 5 GO).

Bedienstete in Führungspositionen sind Leiter von Organisationseinheiten, die dem Bürgermeister oder einem anderen Wahlbeamten (Beigeordneter) oder diesem in der Führungsfunktion vergleichbaren Bediensteten unmittelbar unterstehen. In der klassischen kommunalen Verwaltungsorganisation sind Bedienstete in Führungsfunktionen die Amtsleiter. Ausgenommen vom Mitwirkungsvorbehalt des Rates bzw. des Hauptausschusses sind Bedienstete mit Aufgaben eines persönlichen Referenten oder Pressereferenten (§ 73 Abs. 3 Satz 6 GO).

Nicht alle Personalentscheidungen für Mitarbeiter in Führungspositionen können durch Hauptsatzungsregelung unter den Mitwirkungsvorbehalt des Rates bzw. des Hauptausschusses gestellt werden, sondern nur Entscheidungen, die das beamtenrechtliche Grundverhältnis oder die das Arbeitsverhältnis zur Gemeinde verändern.

Der Begriff des beamtenrechtlichen Grundverhältnisses umfasst nur Entscheidungen, die das statusrechtliche Amt des Beamten berühren[246]. Dazu gehören alle Ernennungen (wie z. B. Begründung eines Beamtenverhältnisses, Beförderung) und die Überlassung eines Amtes auf Probe. Ebenso berühren die Versetzung in den Ruhestand und die Entlassung aus dem Beamtenverhältnis das beamtenrechtliche Grundverhältnis[247].

---

246 Rehn/Cronauge/von Lennep/Knirsch, Erl. III.2 zu § 73; Wagner, in: Kleerbaum/Palmen, § 73 IV.2.b.
247 Ebd.

Veränderungen des Arbeitsverhältnisses i. S. von § 73 Abs. 3 Satz 2 GO sind Abschluss, Änderung, Kündigung oder Aufhebung von Arbeitsverträgen[248]. Auch eine Umsetzung eines angestellten Bediensteten in einer Führungsposition verändert dann das Arbeitsverhältnis, wenn die Umsetzung auf einen höherwertigen Arbeitsplatz einen Rechtsanspruch auf Höhergruppierung mit sich bringt[249].

Nach § 73 Abs. 3 Satz 2 GO ist der Mitwirkungsvorbehalt nur zulässig, wenn es um Entscheidungen geht, die das beamtenrechtliche Grundverhältnis oder das Arbeitsverhältnis zur Gemeinde verändern. Verändern kann man nur etwas bereits Bestehendes.

Wenn man diese Vorschrift wörtlich nimmt, dann wären Einstellungen unter Begründung eines Beamtenverhältnisses zur Gemeinde und Begründungen von Arbeitsverhältnissen zur Gemeinde von der Möglichkeit des Mitwirkungsvorbehalts ausgenommen, weil ja diese Vorgänge kein bestehendes Beamten- oder Arbeitsverhältnis zur Gemeinde verändern. Damit wäre die Regelung höchst unvollkommen und lückenhaft.

Sinn und Zweck der Regelung des § 73 Abs. 3 Satz 2 GO ist auch – und insbesondere – die das beamtenrechtliche Grundverhältnis bzw. das Arbeitsverhältnis begründenden Entscheidungen dem Mitwirkungsvorbehalt durch Hauptsatzungsregelung zugänglich zu machen[250]. Nach der Gesetzesbegründung (LT-Drs. 14/3979, S. 147) sollen gerade auch beamtenrechtliche Ernennungen und der Abschluss von Arbeitsverträgen unter die Regelung fallen.

Eine gesetzliche Sonderregelung besteht für die Leitung der örtlichen Rechnungsprüfung. Ihre Bestellung und Abberufung erfolgt immer durch den Rat (§§ 104 Abs. 2 Satz 1 und 41 Abs. 1 Satz 2 Buchst. q GO).

Ebenso werden die Betriebsleiter der gemeindlichen Eigenbetriebe durch den Rat bestellt und abberufen (§ 4 Satz 1 Buchst. a EigVO), und der Rat kann bei mehreren Betriebsleitern eines Eigenbetriebes einen Betriebsleiter zum Ersten Betriebsleiter bestellen (§ 2 Abs. 2 Satz 2 EigVO).

Beigeordnete werden immer vom Rat gewählt (§§ 71 Abs. 1 Satz 3 und 41 Abs. 1 Satz 2 Buchst. c GO).

---

[248] Plückhahn, in: Held/Winkel, Erl. 4.3 zu § 73.
[249] Rehn/Cronauge/von Lennep/Knirsch, Erl. III.2 zu § 73; Wagner, in: Kleerbaum/Palmen, § 73 IV.2.b.
[250] Runderlass des Innenministers vom 12. Dezember 2007; Plückhahn, in: Held/Winkel, Erl. 4.3 zu § 73; Rehn/Cronauge/von Lennep/Knirsch, Erl. III.1 zu § 73.

11.4.3 Geschäfte der laufenden Verwaltung

Nach § 41 Abs. 3 GO ist der Bürgermeister zuständig für die Erledigung der Geschäfte der laufenden Verwaltung. Das bedeutet, dass in diesen Angelegenheiten der Bürgermeister die Entscheidung trifft, ohne den Rat oder einen Ausschuss einschalten zu müssen. Selbstverständlich führt der Bürgermeister auch diese Entscheidungen durch. Diese Geschäfte gelten als im Namen des Rates auf den Bürgermeister übertragen (gesetzlich fingierte Delegation [vgl. 11.2.3]). Der Rat kann sich, einer Bezirksvertretung oder einem Ausschuss für einen bestimmten Kreis von Geschäften oder für einen Einzelfall die Entscheidung vorbehalten (§ 41 Abs. 3 GO) und er besitzt ein beschränktes Rückholrecht (siehe im Einzelnen 11.3).

Die GO definiert die Geschäfte der laufenden Verwaltung nicht, da der Umfang dieser Aufgaben von der Größe, der Finanzkraft und der Bedeutung der einzelnen Gemeinde abhängt.

Bei der Formulierung „Geschäfte der laufenden Verwaltung" handelt es sich um einen unbestimmten Rechtsbegriff[251]. Die Voraussetzungen dieses unbestimmten Rechtsbegriffs liegen vor, wenn eine Angelegenheit nach Regelmäßigkeit und Häufigkeit zu den üblichen Geschäften gehört, ohne dass es auf Umfang und Schwierigkeiten in rechtlicher oder tatsächlicher Hinsicht und auf die finanziellen Auswirkungen ankommt; entscheidendes Merkmal ist die Erledigung der fraglichen Aufgabe nach feststehenden Grundsätzen auf eingefahrenen Geleisen[252]. Die in der Praxis wegen ihrer Exaktheit beliebte Abgrenzung nach der finanziellen Auswirkung des Geschäfts ist daher rechtlich kaum vertretbar. In Erkenntnis der Tatsache, dass eine andere als die rechtlich zumindest zweifelhafte Abgrenzung nach der geldlichen Bedeutung des Geschäfts in der Praxis recht schwierig ist, empfahl Nr. 2 Abs. 1 Satz 2 VV zu § 28 GO (alt) eine Regelung, nach der der Gemeindedirektor (heute: Bürgermeister) „nach pflichtgemäßem Ermessen" darüber entscheiden soll, welche Angelegenheiten nach § 28 Abs. 3 GO (heute: § 41 Abs. 3 GO) von ihm selbst entschieden werden können.

Dabei bedeutet aber Ermessen nicht, dass der Bürgermeister bei Ausfüllung des unbestimmten Rechtsbegriffs einen Ermessensspielraum besitzt, denn auf der Tatbestandsseite einer Norm gibt es kein Ermessen. Dem Bürgermeister steht auch kein Bewertungsspielraum zu. Er kann nur eine rechtmäßige Entscheidung treffen, bejahend oder verneinend. Kommt er zu der Entscheidung, dass es sich um ein Geschäft der laufenden Verwaltung handelt, entscheidet er selbst

---

251 Erlenkämper, in: Articus/Schneider, Erl. 4.2 zu § 41; Rehn/Cronauge/von Lennep/Knirsch, Erl. IV.1 zu § 41; Smith, in: Kleerbaum/Palmen, § 41 VI.2; Wansleben, in: Held/Winkel, Erl. 4 zu § 41.
252 BGH, NJW 1980, 117; OVG NRW, OVGE 3, 1; 10, 311; 25, 186/193.

11 Zuständigkeitsordnung (Organkompetenzen)

in der Sache. Ist er aber der Auffassung, dass es sich nicht um ein solches Geschäft handelt, legt er die Angelegenheit dem Rat oder einem in der Sache entscheidungsbefugten Ausschuss vor.

Zu den Geschäften der laufenden Verwaltung gehört der tägliche Erlass der Vielzahl von Verwaltungsakten[253].

---

253 Für Beispiele aus der Rechtsprechung siehe Rehn/Cronauge/von Lennep/Knirsch, Erl. IV.2 zu § 41.

12 Beschlussvorbereitung und Beschlussausführung

12.1 Beschlussvorbereitung

Nach § 62 Abs. 2 Satz 1 GO bereitet der Bürgermeister die Beschlüsse des Rates, der Bezirksvertretungen und der Ausschüsse vor. Für dringliche Entscheidungen gem. § 60 GO sieht die GO nicht vor, dass sie vom Bürgermeister vorbereitet werden müssen, obwohl § 62 Abs. 2 Satz 2 GO die Ausführung dieser dringlichen Entscheidungen durch den Bürgermeister ausdrücklich vorschreibt. Dies könnte darin seinen Grund haben, dass eine besondere Eilbedürftigkeit im Einzelfall eine ausdrückliche Entscheidungsvorbereitung unmöglich machen könnte. Eine Vorbereitung einer dringlichen Entscheidung durch den Bürgermeister ist jedenfalls nicht unzulässig, denn schließlich sind diese Entscheidungen Rats- bzw. Ausschussbeschlüsse ersetzende Entscheidungen, so dass sich eine Berechtigung zur Vorbereitung durch den Bürgermeister aus § 62 Abs. 2 Satz 1 GO herleiten lässt.

In der Praxis ist eine schriftliche Vorlage auch zu dringlichen Entscheidungen durchaus üblich. Diese Vorlage dient dann – ergänzt um den Wortlaut der dringlichen Entscheidung – zugleich als Vorlage für den Genehmigungsbeschluss gem. §§ 60 Abs. 1 Satz 3 und Abs. 2 Satz 2 GO.

Vorbereitung der Beschlüsse bedeutet grundsätzlich die Erledigung aller Arbeiten und Beschaffung aller Informationen, die für die Entscheidungsfindung wesentlich sind. Was an Sachinformationen zur Vorbereitung der Beschlüsse vorgelegt wird und in welcher Form dies geschieht, liegt im Ermessen des Bürgermeisters[254].

Hinsichtlich der Form ist quasi eine Zusammenfassung der Vorbereitung in schriftlicher Form durch sog. Verwaltungsvorlagen zu den einzelnen Tagesordnungspunkten der Sitzungen praxisüblich.

Der Rat kann den Bürgermeister per Beschluss auch beauftragen, bestimmte Vorbereitungsmaßnahmen oder in einem konkreten Fall zusätzliche Vorbereitungsmaßnahmen zu treffen. Insoweit handelt es sich dann um die Ausführung von Beschlüssen (§ 62 Abs. 2 Satz 2 GO), die in der Vorbereitung weiterer Beschlüsse besteht.

Der Rat kann dem Bürgermeister die Zuständigkeit der Beschlussvorbereitung nicht entziehen. Er kann aber vorsehen, dass vor der Ratsentscheidung ein Fachausschuss sich mit der Angelegenheit beratend befasst[255]. Da diese Maßnahme ebenfalls der Entscheidungsfindung des Rates dient, ist es auch eine

---

254 Erlenkämper, in: Articus/Schneider, Erl. 4.1 zu § 62; Lübken, in: Kleerbaum/Palmen, § 62 VI.1a.
255 Rauball/Pappermann/Roters, Rn. 3 zu § 47.

12 Beschlussvorbereitung und Beschlussausführung

Vorbereitung von Ratsbeschlüssen, die aber die Zuständigkeit des Bürgermeisters nicht beeinträchtigt. Der Rat muss nämlich das Recht haben, außer den vom Bürgermeister gelieferten Stellungnahmen zur Vorbereitung der Beschlüsse weitere Informationen einzuholen, sei es durch Ausschussstellungnahmen, sei es durch Anhörung von Sachverständigen oder durch Erschließung anderer Informationsquellen[256]. Den den Ratsbeschluss vorbereitenden Ausschussbeschluss muss aber auch der Bürgermeister vorbereiten (§ 62 Abs. 2 Satz 1 GO). In der Praxis werden Ausschuss und Rat dieselbe Vorlage erhalten, die Vorlage für den Rat wird lediglich durch die Stellungnahme des Ausschusses ergänzt.

12.2 Beschlussausführung

Der Bürgermeister ist auch zuständig für die Durchführung der Beschlüsse des Rates, der Bezirksvertretungen und der Ausschüsse (§ 62 Abs. 2 Satz 2 GO). Bei den Ausschüssen kommen nur Beschlüsse der Ausschüsse mit Entscheidungsbefugnis in Betracht. Die Beschlüsse der übrigen Ausschüsse stellen nur Empfehlungen für den Rat dar. In diesen Fällen kann Beschlussausführung allenfalls Zuleitung an den Rat bedeuten.

Eine gesetzliche Einschränkung der Zuständigkeit des Bürgermeisters zur Ausführung der Beschlüsse ist darin zu sehen, dass nach § 59 Abs. 2 GO der Finanzausschuss die zur Ausführung des Haushaltsplanes erforderlichen Entscheidungen trifft. Es können auch andere Ausschüsse diese Befugnis erhalten (§ 59 Abs. 2 letzter Halbsatz GO). Weiterhin ist gem. § 53 Abs. 2 GO der allgemeine Vertreter des Bürgermeisters zuständig für die Ausführung der Beschlüsse, die

a) die Geltendmachung von Ansprüchen der Gemeinde gegen den Bürgermeister,

b) die Amtsführung des Bürgermeisters

betreffen.

Die GO trifft für die in § 53 Abs. 2 GO genannten Beschlüsse nur eine Regelung über die Ausführung dieser Beschlüsse abweichend von dem Grundsatz des § 62 Abs. 2 Satz 2 GO. Es fehlt eine entsprechende Regelung für die Vorbereitung dieser Beschlüsse. Auch hier kann nicht § 62 Abs. 2 Satz 1 GO gelten, wonach der Bürgermeister die Beschlüsse vorbereitet.

Gleiche Befangenheitsgesichtspunkte, die den Gesetzgeber veranlassten, die Durchführung der in § 53 Abs. 2 GO aufgeführten Beschlüsse aus dem Zuständigkeitsbereich des Bürgermeisters auszuklammern und den allgemeinen Ver-

---

[256] Erlenkämper, in: Articus/Schneider, Erl. 4.1 zu § 62; Plückhahn, in: Held/Winkel, Erl. 5.2 zu § 62.

12 Beschlussvorbereitung und Beschlussausführung

treter des Bürgermeisters für zuständig zu erklären, müssen auch dafür sprechen, die Vorbereitung dieser Beschlüsse dem allgemeinen Vertreter des Bürgermeisters zu übertragen. Folglich ergibt sich aus § 53 Abs. 2 GO, dass der allgemeine Vertreter des Bürgermeisters nicht nur für die Durchführung, sondern auch für die Vorbereitung der in § 53 Abs. 2 GO aufgeführten Beschlüsse zuständig ist.

Beschlüsse zur Durchführung der Geschäftsordnung führt der ehrenamtliche stellvertretende Bürgermeister aus, wenn der an sich zuständige Bürgermeister persönlich betroffen ist (§ 53 Abs. 1 Satz 2 GO).

Grundsätzlich hat der Bürgermeister die Beschlüsse unverzüglich nach der Beschlussfassung auszuführen. Er darf Ratsbeschlüsse nicht ausführen, wenn er dagegen Widerspruch gem. § 54 Abs. 1 GO eingelegt hat, wenn er einen solchen Beschluss beanstandet hat (§ 54 Abs. 2 GO) oder wenn die Aufsichtsbehörde ihn zur Beanstandung angewiesen hat (§ 122 Abs. 1 Satz 1 GO), da alle diese Maßnahmen aufschiebende Wirkung haben.

Aus gleichem Grunde darf der Bürgermeister einen Beschluss eines Ausschusses mit Entscheidungsbefugnis nicht ausführen, wenn er ihn beanstandet hat (§ 54 Abs. 3 GO), dazu von der Aufsichtsbehörde angewiesen worden ist (§ 122 Abs. 1 Satz 1 GO) oder wenn er oder ein Fünftel des betreffenden Ausschusses Einspruch dagegen eingelegt hat (§ 57 Abs. 4 Satz 2 GO).

Da die GO dem Bürgermeister für den Widerspruch gegen einen Ratsbeschluss drei Tage Zeit lässt (§ 54 Abs. 1 GO) und bezüglich des Einspruchs gegen einen Ausschussbeschluss die Geschäftsordnung eine Frist vorsieht (§ 57 Abs. 4 Satz 2 GO), muss der Bürgermeister erst den Ablauf dieser Fristen abwarten, bevor er die Beschlüsse ausführt. Er kann jedoch bereits vor Ablauf dieser Fristen die Beschlüsse ausführen, wenn er oder die Einspruchsberechtigten ausdrücklich erklären, vom Widerspruchs- bzw. Einspruchsrecht keinen Gebrauch machen zu wollen.

Die Durchführung der Beschlüsse geschieht unter Kontrolle des Rates und in Verantwortung gegenüber dem Rat (§ 62 Abs. 2 Satz 2 GO). Der Rat überwacht nicht nur die Durchführung seiner Beschlüsse, sondern auch der Beschlüsse der Bezirksvertretungen und der Ausschüsse (§ 62 Abs. 2 Satz 2 GO) und kann zu diesem Zweck vom Bürgermeister Einsicht in die Akten durch einen von ihm bestimmten Ausschuss oder einzelne von ihm beauftragte Mitglieder verlangen (§ 55 Abs. 3 GO).

Daraus ergibt sich auch, dass der Rat jederzeit vom Bürgermeister Auskunft über den Stand der Beschlussausführung verlangen kann[257].

---

257 Erlenkämper, in: Articus/Schneider, Erl. 4.2 zu § 62; Lübken, in: Kleerbaum/Palmen, § 62 VI.2; Rehn/Cronauge/von Lennep/Knirsch, Erl. III.2 zu § 62.

12 Beschlussvorbereitung und Beschlussausführung

Schaubild 16:
Entscheidungsabläufe
(Vorbereitung – Beschlussfassung – Ausführung)

Ratsentscheidungen

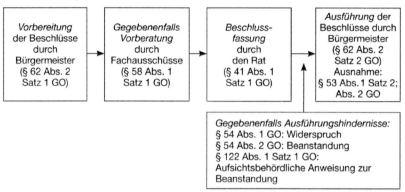

Entscheidungen von Ausschüssen mit Entscheidungsbefugnis

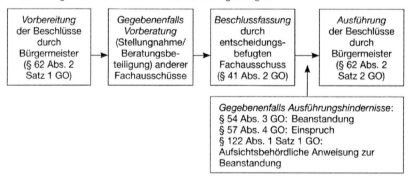

Entscheidungszuständigkeiten des Bürgermeisters

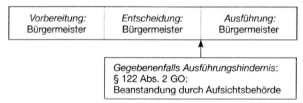

13 Stimmrecht des Bürgermeisters

13.1 Grundsatz

Nach § 40 Abs. 2 Satz 2 GO besteht der Rat aus den gewählten Ratsmitgliedern und dem Bürgermeister, wobei ihn die GO als „Mitglied kraft Gesetzes" bezeichnet.

Schon die Eigenschaft als Mitglied des Rates verleiht dem Bürgermeister Stimmrecht. Gleichwohl bestimmt § 40 Abs. 2 Satz 5 GO ausdrücklich, dass der Bürgermeister im Rat Stimmrecht hat.

13.2 Stimmrechtsausschluss (Mitwirkungsverbot)

Zur Frage, in welchen Fällen der Bürgermeister von der Mitwirkung bei der Beschlussfassung im Rat (und im Hauptausschuss) ausgeschlossen ist, enthält die GO in zweifacher Hinsicht entsprechende Regelungen.

13.2.1 Persönliche Ausschließungsgründe im Einzelfall

Gemäß § 50 Abs. 6 GO darf ein Mitglied (des Rates, eines Ausschusses), also auch der Bürgermeister, an der Beratung und Beschlussfassung nicht teilnehmen, wenn ein Ausschließungsgrund nach § 31 GO besteht (vgl. dazu im Einzelnen 4.2.2).

13.2.2 Genereller Stimmrechtsausschluss

§ 40 Abs. 2 Satz 6 GO enthält eine Aufzählung der Fälle, in denen der Bürgermeister generell kein Stimmrecht besitzt.

Dabei handelt es sich um

§ 47 Abs. 1 GO:	Verlangen eines Fünftels der Ratsmitglieder oder einer Fraktion zur unverzüglichen Einberufung des Rates
§ 48 Abs. 1 GO:	Vorschläge eines Fünftels der Ratsmitglieder oder einer Fraktion zur Aufnahme in die Tagesordnung
§ 50 Abs. 3 GO:	Einheitliche Wahlvorschläge für die Ausschussbesetzung, Beschluss über die Annahme dieser Wahlvorschläge;
	Beschluss über Wahlvorschläge, wenn kein einheitlicher Wahlvorschlag zustande kommt
§ 53 Abs. 2 GO:	Beschlüsse, die die Geltendmachung von Ansprüchen der Gemeinde gegen den Bürgermeister oder die Amtsführung des Bürgermeisters betreffen
§ 55 Abs. 3 GO:	Beschluss zum Verlangen von Akteneinsicht durch einen Ausschuss oder einzelne beauftragte Mitglieder

13 Stimmrecht des Bürgermeisters

§ 55 Abs. 4 GO:	Verlangen eines Fünftels der Ratsmitglieder oder einer Fraktion zur Akteneinsicht durch ein einzelnes benanntes Ratsmitglied
§ 58 Abs. 1 GO:	Beschluss über Zusammensetzung und Befugnisse der Ausschüsse
§ 58 Abs. 3 GO:	Beschluss über die Bestellung sachkundiger Bürger
§ 58 Abs. 5 GO:	Fraktionseinigung über die Verteilung der Ausschussvorsitze;
	Widerspruch eines Fünftels der Ratsmitglieder gegen diese Einigung
§ 66 Abs. 1 GO:	Antrag auf Einleitung des Verfahrens zur Abwahl des Bürgermeisters;
	Beschluss über diesen Antrag
§ 69 Abs. 1 Satz 2 GO:	Verlangen eines Fünftels der Ratsmitglieder oder einer Fraktion, dass der Bürgermeister zu einem Punkt der Tagesordnung vor dem Rat Stellung nehmen muss
§ 73 Abs. 1 GO:	Beschluss zur Festlegung des Geschäftskreises der Beigeordneten
§ 73 Abs. 3 GO:	Hauptsatzungsbeschluss zur Bestimmung des Mitwirkungsvorbehalts des Rates oder des Hauptausschusses bei bestimmten Personalentscheidungen für Bedienstete in Führungsfunktionen;
	Beschluss zum Ersatz des Einvernehmens bei diesen Personalentscheidungen
§ 96 Abs. 1 Satz 4 GO:	Beschluss über die Entlastung des Bürgermeisters

13.2.3 Umfang des Stimmrechtsausschlusses

§ 40 Abs. 2 Satz 6 GO formuliert: „In den (einzeln aufgeführten) Fällen stimmt er nicht mit".

Fraglich ist bei dieser Formulierung, ob der Bürgermeister in diesen Fällen nur von der Abstimmung oder auch von der Beratung ausgeschlossen ist.

An anderen Stellen formuliert die GO, bezogen auf die Mitwirkungsrechte, deutlicher und legt klar fest, ob ein Mitglied nur von der Abstimmung oder von Beratung und Abstimmung ausgeschlossen ist.

Prinzipiell kennt die GO drei Arten von Mitwirkungs- bzw. Teilnahmeberechtigungen:
1. Das „volle" Stimmrecht, kraft dessen z. B. ein Ratsmitglied mit beraten und mit entscheiden (abstimmen) kann, ist nicht ausdrücklich in der GO als Berechtigung positiv formuliert, sondern wird als „Normalfall" der Mitwirkungsberechtigung aufgrund der Gremienmitgliedschaft (Ratsmitglied, Ausschussmitglied) unterstellt.
2. Wenn die GO eine Mitwirkung mit „beratender Stimme" zulässt, darf das Mitglied mit beraten, nicht aber mit abstimmen.

    So bestimmt z. B. § 58 Abs. 1 Satz 3 GO, dass der Bürgermeister das Recht hat, an den Sitzungen der Ausschüsse „mit beratender Stimme" teilzunehmen.

    § 58 Abs. 1 Satz 9 GO sieht vor, dass die von den Fraktionen, die in einem Ausschuss aufgrund ihrer relativen „Kleinheit" nicht mit einem ordentlichen Sitz vertreten sind, benannten und vom Rat zum Ausschussmitglied bestellten Ratsmitglieder bzw. sachkundigen Bürger im Ausschuss mit „beratender Stimme" mitwirken

    Nach § 58 Abs. 4 GO können volljährige sachkundige Einwohner den Ausschüssen „als Mitglieder mit beratender Stimme" angehören.
3. Das „schwächste" Beteiligungsrecht ist das als Zuhörer, das weder zur Teilnahme an der Beratung noch zur Teilnahme an der Abstimmung berechtigt.

    Gemäß § 48 Abs. 4 GO können Mitglieder der Bezirksvertretungen und Mitglieder der Ausschüsse, die nicht zugleich Ratsmitglieder sind, an den nichtöffentlichen Sitzungen des Rates „als Zuhörer teilnehmen".

    An nichtöffentlichen Ausschusssitzungen können gem. § 58 Abs. 1 Satz 4 GO die stellvertretenden Ausschussmitglieder sowie alle Ratsmitglieder „als Zuhörer teilnehmen". Nach Maßgabe der Geschäftsordnung können auch Mitglieder der Bezirksvertretungen und Mitglieder anderer Ausschüsse, die nicht Ratsmitglieder sind, „als Zuhörer teilnehmen".

Als Ausnahme von den grundsätzlichen Mitwirkungsmöglichkeiten regeln §§ 43 Abs. 2, 31 GO die Fälle, in denen Ratsmitglieder und Ausschussmitglieder weder beratend noch entscheiden mitwirken" dürfen.

§ 50 Abs. 6 GO wiederholt diese Regelung insbesondere im Hinblick auf den Bürgermeister (der nicht gewähltes Ratsmitglied, sondern „Mitglied kraft Gesetzes" ist, vgl. § 40 Abs. 2 Satz 2 GO), indem dort bestimmt ist, dass ein „Mitglied", in dessen Person ein Ausschließungsgrund nach § 31 GO besteht, „an der Beratung und Abstimmung nicht teilnehmen" kann.

In den vorgenannten Fällen wird von der Beratung und Abstimmung oder nur von der Abstimmung ausgeschlossen.

13 Stimmrecht des Bürgermeisters

§ 40 Abs. 2 Satz 5 GO verleiht ausdrücklich dem Bürgermeister im Rat das Stimmrecht ohne Einschränkungen. Damit besitzt er das „volle" Stimmrecht im o. a. aufgeführten Sinne, das das Recht zur beratenden und entscheidenden Mitwirkung umfasst[258].

§ 40 Abs. 2 Satz 6 GO grenzt eben dieses grundsätzliche „volle" Stimmrecht des Bürgermeisters ein, indem für die aufgeführten Fälle bestimmt wird „... er stimmt nicht mit". In diesen Fällen besitzt also der Bürgermeister sein „volles" Stimmrecht, Beratung und Abstimmung umfassend, nicht. Er darf also weder mit beraten noch mit abstimmen.

Diese Auffassung entspricht auch dem Sinn und Zweck des Stimmrechtsausschlusses in den aufgeführten Fällen, nämlich dem Bürgermeister dann die Einflussnahme im Rat zu versagen, wenn er selbst Betroffener des Ratsbeschlusses ist oder es um die Selbstorganisation des Rates, also um Fälle der Organbeziehungen Rat – Bürgermeister oder des Organinnenbereiches des Rates geht.

13.3 Folgen unzulässiger Mitwirkung des Bürgermeisters

Wenn der Bürgermeister an der Beratung oder Beschlussfassung mitgewirkt hat, obwohl er davon ausgeschlossen war (Fälle des § 50 Abs. 6 i. V. m. § 31 oder Fälle des § 40 Abs. 2 Satz 6 GO), dann ist der Beschluss wegen dieses formellen Mangels rechtswidrig und müsste prinzipiell beanstandet werden.

In den Fällen des Mitwirkungsverbots gem. § 50 Abs. 6 i. V. m. § 31 GO kann allerdings nach Beendigung der Abstimmung die unzulässige Mitwirkung nur geltend gemacht werden, wenn sie für das Abstimmungsergebnis entscheidend war (§ 31 Abs. 6 GO). Insofern ist auch eine Beanstandung gem. § 54 Abs. 2 GO nur möglich, wenn die unzulässige Mitwirkung ergebnisentscheidend war.

Diese Unbeachtlichkeit der Mitwirkung, die nicht ergebnisentscheidend war – muss – wie dies in den Ausschließungsfällen gem. § 50 Abs. 6 i. V. m. § 31 GO in § 31 Abs. 6 GO ausdrücklich geregelt ist – auch dann gelten, wenn der Bürgermeister gem. § 40 Abs. 2 Satz 6 GO ausgeschlossen ist. Das bedeutet, dass die Mitwirkung des Bürgermeisters trotz Ausschlusses nach § 40 Abs. 2 Satz 6 GO nach der Abstimmung nur geltend gemacht werden kann, wenn sie für das Abstimmungsergebnis entscheidend war. Gleiche Gründe, die die Geltendmachung bei Vorliegen von Ausschließungsgründen nach § 50 Abs. 6 i. V. m. § 31 GO kraft ausdrücklicher gesetzlicher Regelung (§ 31 Abs. 6 GO) hindern, müssen auch im Rahmen des generellen Mitwirkungsverbots nach § 40 Abs. 2 Satz 6 GO gelten.

---

[258] Lange, S. 60.

14 Stellvertretung des Bürgermeisters

14.1 „Geteilte" Stellvertretung

Die GO unterscheidet die Vertretung im Amt durch den allgemeinen Vertreter (§ 68 GO) und die Vertretung durch ehrenamtliche Stellvertreter des Bürgermeisters (§ 67 GO).

14.1.1 Allgemeiner Vertreter

Der Rat bestellt einen Beigeordneten zum allgemeinen Vertreter des Bürgermeisters. Er führt die Amtsbezeichnung „Erster Beigeordneter". Weitere Beigeordnete sind zur allgemeinen Vertretung nur berufen, wenn der zum allgemeinen Vertreter bestellte Beigeordnete (Erster Beigeordneter) verhindert ist, und zwar nehmen sie diese Vertretungsbefugnis in der vom Rat festgelegten Reihenfolge wahr (§ 68 Abs. 1 Satz 3 GO).

Ist nur ein Beigeordneter vorhanden, ist er zum allgemeinen Vertreter zu bestellen. Hat die Gemeinde keinen Beigeordneten, so bestellt der Rat einen anderen Bediensteten der Gemeinde zum allgemeinen Vertreter des Bürgermeisters (§ 68 Abs. 1 Satz 4 GO).

14.1.2 Ehrenamtliche Stellvertreter (stellvertretende Bürgermeister)

Die ehrenamtlichen Stellvertreter werden vom Rat aus der Mitte des Rates für die Dauer der Wahlzeit des Rates gewählt (§ 67 Abs. 1 Satz 1 GO). Einzelheiten siehe unter 14.3.

14.2 Vertretungszuständigkeiten

Grundsätzlich wird der Bürgermeister in allen seinen Aufgaben durch seinen allgemeinen Vertreter vertreten.

Allerdings gibt es von dieser allumfassenden Vertretungsbefugnis des allgemeinen Vertreters sechs in der GO ausdrücklich und abschließend geregelte Ausnahmen:

1. Bei der Repräsentation wird der Bürgermeister durch ehrenamtliche Stellvertreter vertreten (§ 67 Abs. 1 Satz 2 GO).
2. Bei der Leitung der Ratssitzung wird der Bürgermeister ebenfalls durch ehrenamtliche Stellvertreter vertreten (§ 67 Abs. 1 Satz 2 GO).
3. Bei der Sitzungsleitung zur Wahl der ehrenamtlichen Stellvertreter sowie der Entscheidungen, die vor der Wahl der Stellvertreter getroffen werden müssen, wird der Bürgermeister vom Altersvorsitzenden vertreten (§ 67 Abs. 5 Satz 1 GO).

14 Stellvertretung des Bürgermeisters

4. Bei der Leitung der Sitzung zur Abberufung der ehrenamtlichen Stellvertreter wird der Bürgermeister ebenfalls vom Altersvorsitzenden vertreten (§ 67 Abs. 5 Satz 2 GO).
5. Bei der Wahrnehmung der Aufgaben als Vorsitzender des Hauptausschusses (§ 57 Abs. 3 Satz 1 GO) wird der Bürgermeister von dem aus der Mitte des Hauptausschusses vom Hauptausschuss gewählten Vertreter vertreten (§ 57 Abs. 3 Satz 2 GO).
6. Beschlüsse, die die Durchführung der Geschäftsordnung betreffen, führt der ehrenamtliche Stellvertreter durch, wenn der Bürgermeister persönlich betroffen ist (§ 53 Abs. 1 Satz 2 GO).

In allen anderen Zuständigkeiten und Befugnissen wird der Bürgermeister durch den allgemeinen Vertreter vertreten.

Die gesetzliche Regelung der Vertretung des Bürgermeisters ist weder unklar noch lückenhaft. Folglich besteht keine Notwendigkeit der Auslegung[259].

Gleichwohl führt systemisches Unbehagen an dieser an sich eindeutigen gesetzlichen Regelung in der Literatur zu Auslegungsversuchen mit von der gesetzlichen Regelung abweichenden Ergebnissen.

Zum Teil wird angenommen, dass der Bürgermeister bei der Festsetzung der Tagesordnung und der Einladung des Rates (§§ 47, 48 GO) beim Widerspruch gegen einen Ratsbeschluss (§ 54 Abs. 1 GO) und beim Einspruch gegen einen Ausschussbeschluss (§ 57 Abs. 4 GO) sowie bei Dringlichkeitsentscheidungen (§ 60 GO) vom ehrenamtlichen Stellvertreter vertreten wird[260].

Diesen abweichenden Auffassungen liegt hauptsächlich das Unbehagen an den „Systemabweichungen" bei den gesetzlich vorgesehenen Vertretungsregelungen zugrunde. Kritisiert wird u. a., dass die „politische Linie" und die „administrative Linie" bei der Vertretungsregelung nicht „sauber" eingehalten wird und z. B. der allgemeine Vertreter auch die Vertretungsbefugnis bei Befugnissen erhält, die der Bürgermeister in der Funktion als Ratsvorsitzender hat, wie z. B. bei den dringlichen Entscheidungen (§ 60 GO) oder wie bei der Einberufung des Rates und der Festsetzung der Tagesordnung (§§ 47, 48 GO), dem Widerspruchsrecht (§ 54 GO) und dem Einspruchsrecht (§ 57 Abs. 4 GO).

Diese Unzufriedenheit mit diesen Abweichungen von der „geraden Linie" ist durchaus verständlich. Aber m. E. ist es nicht Aufgabe des Schrifttums, systema-

---

259 Erlenkämper, in: Articus/Schneider, Erl. 3 zu § 67; ähnlich: Rehn/Cronauge/von Lennep/Knirsch, Erl. 3 zu § 67.
260 Lübken, in: Kleerbaum/Palmen, § 67 III.2; Küpper, NWVBl. 2001, 209; ähnlich, aber differenzierter und nicht festlegend: Plückhahn, in: Held/Winkel, Erl. 2 zu § 67, ebenfalls ohne Festlegung: Hofmann/Theisen, S. 366.

tisch „unpassende" Regelungen im Wege der Auslegung systemkonform zu deuten und so den Gesetzgeber gewissermaßen zu korrigieren.

Eine durchgehend systemgerechte Lösung der Vertretungsregelung könnte nur der Gesetzgeber selbst durch entsprechende Änderung der GO schaffen. Dies wäre auch gesetzestechnisch klar und ohne Schwierigkeiten möglich. Es böte sich hier eine Regelung durch Bezugnahme auf die einzelnen Vorschriften an, ähnlich der Regelung über das Entfallen des Stimmrechts des Bürgermeisters in § 40 Abs. 2 Satz 6 GO.

14.3 Einzelheiten ehrenamtliche Stellvertreter des Bürgermeisters

14.3.1 Allgemeine Stellung

Die ehrenamtlichen Stellvertreter sind Ratsmitglieder, die die Funktion des stellvertretenden Bürgermeisters zusätzlich zu ihrer Ratsaufgabe wahrnehmen und dafür eine zusätzliche Aufwandsentschädigung erhalten (§ 46 GO, § 3 EntschVO).

Sie werden vom Rat auf die Dauer der Wahlzeit des Rates gewählt. Ihre Amtszeit ist nicht an die Amtszeit des hauptamtlichen Bürgermeisters geknüpft, den sie vertreten. Folglich wird die Amtszeit der ehrenamtlichen Stellvertreter durch vorzeitiges Ausscheiden des Bürgermeisters nicht betroffen[261].

14.3.2 Anzahl

Die Anzahl der ehrenamtlichen Stellvertreter ist gesetzlich nicht vorgeschrieben. Aus der Formulierung des § 67 Abs. 1 Satz 1 GO, in der der Plural verwandt wird („ehrenamtliche Stellvertreter"), ist jedenfalls zu folgern, dass mindestens zwei zu wählen sind. Darüber hinaus liegt die Festlegung der Anzahl der ehrenamtlichen Stellvertreter im Ermessen des Rates[262].

Die Entscheidung über die Anzahl der Stellvertreter muss vor der Wahl der Stellvertreter getroffen werden. Während der Wahlperiode ist eine Wahl weiterer Stellvertreter nicht mehr zulässig. Das würde gegen das in § 67 Abs. 2 GO ausdrücklich vorgesehene Verhältniswahlsystem verstoßen.

Da der ehrenamtliche Stellvertreter als „Verhinderungsvertreter" den Bürgermeister bei der Repräsentation und der Sitzungsleitung in allen seinen diesbezüglichen Obliegenheiten vertritt, ist eine sachliche oder zeitliche Aufteilung der Stellvertretung unter den Stellvertretern unzulässig. Aus diesem Grund ergibt sich auch durch das Wahlverfahren eine Reihenfolge der Stellvertretung (§ 67 Abs. 2 Satz 3 GO).

---

261 Rehn/Cronauge/von Lennep/Knirsch, Erl. II zu § 67.
262 Lübken, in: Kleerbaum/Palmen, § 67 II.1; Plückhahn, in: Held/Winkel, Erl. 2.2 zu § 67.

14 Stellvertretung des Bürgermeisters

Wesentlich ist, dass eine Stellvertretung nur im Verhinderungsfall in Betracht kommt. Dabei sind objektive und subjektive Verhinderung denkbar. Objektive Verhinderung liegt vor, wenn der Bürgermeister tatsächlich verhindert (z. B. abwesend) ist. Subjektive Verhinderung wird jeweils vom Amtsinhaber selber erklärt. Sie kann auch für Teilfunktionen erklärt werden.

Beispiele:
Der Bürgermeister ist zwar während der Sitzung anwesend, erklärt sich aber aus Krankheitsgründen als verhindert, den Vorsitz zu führen.

Der Bürgermeister bittet den ersten stellvertretenden Bürgermeister, kurzfristig zu einem Punkt der Tagesordnung die Leitung der Sitzung zu übernehmen, da der Bürgermeister sich an der Sachdiskussion beteiligen möchte und sich während dieser Zeit außerstande sieht, Sitzungsleitungsfunktionen auszuüben.

Wenn der Bürgermeister sich lediglich weigert, bestimmte Aufgaben wahrzunehmen, ist der Vertretungsfall nicht gegeben.

14.3.3 Wahl

Die Wahl der ehrenamtlichen Stellvertreter leitet der Bürgermeister (§ 67 Abs. 5 GO). Er ist bei der Wahl auch stimmberechtigt. Im Falle der Verhinderung des Bürgermeisters wird die Wahl durch den Altersvorsitzenden geleitet (§ 67 Abs. 5 Satz 1 GO). Diese Regelung gilt auch für die Sitzungsleitung bei Entscheidungen, die vor der Wahl der Stellvertreter getroffen werden müssen.

Beispiele:
Beschluss zur Festlegung der Zahl der zu wählenden ehrenamtlichen Stellvertreter.
Beschluss zur Festlegung der Sitzungs- und Wahlregularien.

Altersvorsitzender ist das an Lebensjahren älteste Ratsmitglied. Im Falle der Verhinderung (oder Weigerung) des Altersvorsitzenden geht die Befugnis der Sitzungsleitung auf das nächstälteste Ratsmitglied über[263].

Der Altersvorsitzende darf auch dann die Sitzung leiten, wenn er selbst in einem Wahlvorschlag für das Amt eines Stellvertreters vorgesehen ist. Dies ergibt sich aus §§ 43 Abs. 2 und 31 Abs. 3 Nr. 2 GO[264].

Wählbar zum stellvertretenden Bürgermeister ist jedes Ratsmitglied, ohne dass in Ermangelung eines entsprechenden gesetzlichen Vorbehalts weitere Voraussetzungen – etwa in der Hauptsatzung – vorgeschrieben werden dürfen.

---

263 OVG NRW, RSpr.Entsch. Nr. 2 zu § 32 (alt); Lübken, in: Kleerbaum/Palmen, § 67 II.1; Rehn/Cronauge/von Lennep/Knirsch, Erl. II zu § 67.
264 Lübken, in: Kleerbaum/Palmen, § 67 II.1; Rehn/Cronauge/von Lennep/Knirsch, Erl. II zu § 67; a. A.: Rauball/Pappermann/Roters, Rn. 4 zu § 32 (alt).

14 Stellvertretung des Bürgermeisters

Beispiele:
Unzulässig wäre eine Regelung z. B. in der Hauptsatzung, wonach nur solche Ratsmitglieder zum Stellvertreter des Bürgermeisters wählbar sind, die ein bestimmtes Mindestalter haben oder eine bestimmte Anzahl von Jahren schon Bürger der Gemeinde sind.

Allerdings sind auch nur Ratsmitglieder („… aus seiner Mitte …") wählbar (§ 67 Abs. 1 Satz 1 GO).

Die Wahl hat nach § 67 Abs. 1 Satz 1 GO ohne Aussprache zu erfolgen, d. h., dass zur Person der vorgeschlagenen Kandidaten nicht gesprochen werden darf. Dadurch sollen die hernach Gewählten und auch das jeweilige Amt als solches vor Misskreditierung geschützt werden.

Die ehrenamtlichen Stellvertreter des Bürgermeisters werden nach den Grundsätzen der Verhältniswahl in einem Wahlgang gewählt. Dabei ist geheim abzustimmen (§ 67 Abs. 2 Satz 1 GO). Fraktionen, mehrere Fraktionen gemeinsam (z. B. Koalitionen), Gruppen von Ratsmitgliedern und auch einzelne Ratsmitglieder können Listen mit den von ihnen vorgeschlagenen Bewerbern einreichen bzw. mündlich entsprechende Wahlvorschläge in der Sitzung unterbreiten. Die Ratsmitglieder geben dann ihre Stimme für einen dieser Wahlvorschläge ab. Die auf die einzelnen Wahlvorschläge entfallenden Wahlstellen werden nach dem Höchstzahlverfahren d'Hondt ermittelt. Das bedeutet, dass die auf die einzelnen Wahlvorschläge entfallenden Stimmenzahlen durch 1, 2, 3 usw. geteilt werden. Aus der Reihenfolge der so ermittelten Höchstzahlen ergibt sich, wer in welcher Reihenfolge zum Stellvertreter gewählt worden ist.

Erster Stellvertreter des Bürgermeisters ist, wer an erster Stelle des Wahlvorschlages steht, auf den die erste Höchstzahl entfällt, zweiter Stellvertreter, wer an vorderster noch nicht in Anspruch genommener Stelle des Wahlvorschlages steht, auf den die zweite Höchstzahl entfällt, dritter Stellvertreter, wer an vorderster noch nicht in Anspruch genommener Stelle des Wahlvorschlages steht, auf den die dritte Höchstzahl entfällt usw. (§ 67 Abs. 2 Satz 3 GO).

Beispiel:
Gültig abgegebene Stimmen: 45, und zwar

Wahlvorschlag A	=	26 Stimmen
Wahlvorschlag B	=	14 Stimmen
Wahlvorschlag C	=	5 Stimmen

Berechnung:

	A	B	C
	26 (1)	14 (2)	5
: 2	13 (3)	7	2,5
: 3	8,6	4,6	1,6

14 Stellvertretung des Bürgermeisters

Erster Stellvertreter des Bürgermeisters ist, wer an erster Stelle des Wahlvorschlages A steht, zweiter Stellvertreter, wer an erster Stelle des Wahlvorschlages B steht, dritter Stellvertreter, wer an zweiter Stelle des Wahlvorschlages A steht.
Bei gleicher Höchstzahl in mehreren Wahlvorschlägen findet eine Stichwahl statt (§ 67 Abs. 2 Satz 4 GO).

Beispiel:
Gültig abgegebene Stimmen: 51, und zwar

Wahlvorschlag A	=	30 Stimmen
Wahlvorschlag B	=	15 Stimmen
Wahlvorschlag C	=	6 Stimmen

Berechnung:

	A	B	C
	30 (1)	15 (2)	6
: 2	15 (2)	7,5	3
: 3	10	5	2

In diesem Beispiel sind der zweite und dritte Stellvertreter durch Stichwahl zwischen den Wahlvorschlägen A und B (gleiche Höchstzahl) zu ermitteln. Den zweiten Stellvertreter stellt der Wahlvorschlag, auf den bei der Stichwahl die meisten Stimmen entfallen sind, den dritten Stellvertreter stellt der bei der Stichwahl unterlegene Wahlvorschlag. Auch die Stichwahl ist geheim, wenngleich das Gesetz dies nicht ausdrücklich vorsieht. Gleiche Gründe, die bei der Abstimmung über die Wahlvorschläge und bei der Wahl eines Nachfolgers für einen vorzeitig ausgeschiedenen Stellvertreter für die geheime Wahl sprechen, sind auch bei der Stichwahl für eine geheime Abstimmung maßgebend.

Bei Stimmengleichheit in der Stichwahl entscheidet das vom Bürgermeister zu ziehende Los (§ 67 Abs. 2 Satz 4 GO).

Problematisch ist es aber, wenn bei der Wahl und der Stichwahl die Stimmengleichheit sich bereits bei der ersten Höchstzahl ergibt, so dass nicht nur die ersten, sondern zwangsläufig auch die nachfolgenden Höchstzahlen in den verschiedenen Wahlvorschlägen gleich sind.

Beispiel:
Gültig abgegebene Stimmen: 57, und zwar

Wahlvorschlag A	=	25 Stimmen,
Wahlvorschlag B	=	25 Stimmen,
Wahlvorschlag C	=	7 Stimmen,

14 Stellvertretung des Bürgermeisters

Berechnung:

A	B	C
25	25	7
12,5	12,5	3,5
8,33	8,33	2,33

In diesen Fällen ist strittig, ob für jede Position (erster, zweiter, dritter Stellvertreter) eine getrennte Stichwahl und ein getrennter Losentscheid durchzuführen sind oder ob nur eine einmalige Stichwahl mit anschließendem Losentscheid mit Wirkung für den gesamten Wahlvorschlag zulässig ist.

Bei jeweils nach Positionen getrennt durchzuführender Stichwahl (jeder Stellvertreter separat) würde die in einem Wahlgang für die Stellvertreter durchzuführende Listenwahl (§ 67 Abs. 2 Satz 1 GO) praktisch wieder zu einer Einzelpersonenwahl werden, und dies würde eine Abkehr vom gesetzlich vorgesehenen System bedeuten. Daher ist eine Stichwahl mit Wirkung für alle Positionen mit ggf. anschließendem Losentscheid durchzuführen. Das bedeutet, dass bei Stimmengleichheit in der Stichwahl der geloste Wahlvorschlag (Liste) mit jeweils gleichen Höchstzahlen insgesamt den Vorrang vor den jeweils gleichen Höchstzahlen der anderen im Losentscheid unterlegenen Liste erhält[265].

Nimmt ein gewählter Bewerber die Wahl nicht an, so ist gewählt, wer an nächster Stelle desselben Wahlvorschlages steht. Im Beispiel 1 wäre der an zweiter Stelle der Liste A stehende (Höchstzahl 13) zum ersten Stellvertreter gewählt, wenn der an erster Stelle stehende (Höchstzahl 26) die Wahl nicht annehmen würde. In diesem Falle bleiben die höchsten Zahlen für jeden Wahlvorschlag unverändert erhalten. Lediglich die in dem Wahlvorschlag benannten Bewerber rücken einen Platz voran.

Sollte ein Wahlvorschlag erschöpft sein, tritt an seine Stelle der Wahlvorschlag mit der nächsten Höchstzahl.

Beispiel:

Gültig abgegebene Stimmen: 36, und zwar

Wahlvorschlag A = 23 Stimmen
Wahlvorschlag B = 13 Stimmen

Berechnung:

	A	B
	23 (1)	13 (2)
: 2	11,5 (3)	6,5 (5)
: 3	7,66 (4)	4,33

Wenn vier Stellvertreter zu wählen sind, ist zum ersten Stellvertreter gewählt, wer an erster Stelle des Wahlvorschlages A steht. Zum zweiten Stellvertreter ist

---

265 Plückhahn, in: Held/Winkel, Erl. 5 zu § 67.

14 Stellvertretung des Bürgermeisters

gewählt worden, wer an erster Stelle des Wahlvorschlages B steht. Dritter und vierter Stellvertreter sind wieder aus dem Wahlvorschlag A (3. und 4. Höchstzahl) gewählt.

Wenn der Wahlvorschlag A aber nur zwei Namen (Bewerber) enthalten würde, wäre nach der Wahl des dritten Stellvertreters der Wahlvorschlag A erschöpft, mit der Folge, dass nun der Wahlvorschlag B mit der unverbrauchten 5. Höchstzahl an seine Stelle tritt und der an zweiter Stelle stehende Bewerber des Wahlvorschlages B zum vierten stellvertretenden Bürgermeister gewählt wäre. Dieser Fall dürfte in der Praxis selten vorkommen, da die Parteien bemüht sein dürften, für eine mehr als ausreichende Besetzung ihrer Wahlvorschläge zu sorgen.

Wichtig ist, dass bei der Wahl der Stellvertreter nicht von der zahlenmäßigen Stärke der einzelnen Fraktionen, sondern von den auf die einzelnen Wahlvorschläge entfallenen Stimmenzahlen auszugehen ist. Die Zahl der Mitglieder der Fraktionen ist mit der Zahl der auf die Wahlvorschläge entfallenen Stimmenzahlen nur identisch, wenn

- jede Fraktion einen eigenen Wahlvorschlag eingereicht hat,
- sämtliche Ratsmitglieder anwesend sind und
- alle Ratsmitglieder eine gültige Stimme für den Wahlvorschlag der eigenen Fraktion abgegeben haben.

Die Stellvertreter des Bürgermeisters und die übrigen Ratsmitglieder werden vom Bürgermeister in ihr Amt eingeführt und in feierlicher Form zur gesetzmäßigen und gewissenhaften Wahrnehmung der Aufgaben verpflichtet (§ 67 Abs. 3 GO).

Weigert sich ein Ratsmitglied, sich verpflichten zu lassen, so verliert es dadurch nicht sein Mandat, da dies als Mandatsverlustgrund im KWahlG nicht vorgesehen ist. Ebenfalls sind Beschlüsse, an denen dieses Ratsmitglied mitwirkt, nicht rechtswidrig[266].

14.3.4 Nachwahl

Im Falle des Ausscheidens eines Stellvertreters während der Wahlperiode ist der Nachfolger für den Rest der Wahlzeit nach § 50 Abs. 2 GO zu wählen (§ 67 Abs. 2 Satz 7 GO). In diesem Falle stehen dann nicht Wahlvorschläge nach Listen, sondern einzelne Personen zur Wahl.

Auch diese Wahl ist geheim und ohne Aussprache durchzuführen.

Geleitet wird die Wahl durch den Bürgermeister. Gewählt ist in dieser „Ersatzwahl", wer mehr als die Hälfte der gültig abgegebenen Stimmen erhält, wobei

---

266 Rauball/Pappermann/Roters, Rn. 11 zu § 32; Rehn/Cronauge/von Lennep/Knirsch, Erl. V zu § 67.

Stimmenthaltungen und ungültige Stimmen zur Berechnung der Mehrheit nicht mitzählen (§ 50 Abs. 5 GO).

Wenn in diesem ersten Wahlgang niemand mehr als die Hälfte der gültigen Stimmen erreicht, so findet zwischen den Bewerbern, die die beiden höchsten Stimmzahlen erreicht haben, eine engere Wahl statt, in der gewählt ist, wer die meisten Stimmen auf sich vereinigt (§ 50 Abs. 2 Sätze 3 und 4 GO). Bei Stimmengleichheit in der engeren Wahl entscheidet das Los (§ 50 Abs. 2 Satz 5 GO), das der Bürgermeister zieht.

14.3.5 Abberufung

14.3.5.1 Verfahren

Nach § 67 Abs. 4 GO können die ehrenamtlichen Stellvertreter des Bürgermeisters vor Ablauf der Wahlzeit einzeln abberufen werden. Um einer übereilten Abberufung aus einer momentanen Verärgerung der Ratsmitglieder heraus einen Riegel vorzuschieben, hat der Gesetzgeber einige Sicherungen eingebaut. Erstens ist das Verfahren zweistufig. Erforderlich ist ein Antrag auf Abberufung, dem ein Beschluss über die Abberufung folgt. Zweitens muss zwischen Eingang des Antrages und Abberufungsbeschluss eine Frist von mindestens zwei Tagen liegen, und drittens werden an die notwendigen Mehrheiten für Antrag und Beschluss gesteigerte Anforderungen gestellt. Zur Antragstellung ist die gesetzliche Mehrheit erforderlich; der Abberufungsbeschluss bedarf sogar einer Mehrheit von zwei Dritteln der gesetzlichen Anzahl der Ratsmitglieder.

Bei der Abberufung ist eine Aussprache unzulässig. Aus diesem Grunde ist auch eine Begründung des Antrages während der Sitzung nicht zulässig, weil dies bereits eine Aussprache darstellen würde.

Der betroffene Stellvertreter des Bürgermeistes darf an der Abstimmung teilnehmen, obwohl er einen unmittelbaren Nachteil im Sinne von § 31 Abs. 1 GO durch die Entscheidung haben kann. Gemäß § 31 Abs. 3 Nr. 2 GO gelten die Ausschließungsgründe u. a. des § 31 Abs. 1 GO nicht bei Wahlen in ein Ehrenamt und für die Abberufung aus solcher Tätigkeit. Gemäß § 43 Abs. 2 Satz 1 GO gelten diese Vorschriften für Ratsmitglieder entsprechend. Das Amt des ehrenamtlichen stellvertretenden Bürgermeisters ist ein Ehrenamt i. S. v. § 31 Abs. 3 Nr. 2 GO (nicht aber i. S. v. § 28 Abs. 2 GO).

14.3.5.2 Folgen

Nach Abberufung eines stellvertretenden Bürgermeisters ist gem. § 67 Abs. 4 Satz 6 GO innerhalb von zwei Wochen für die Restwahlzeit des Rates ein neuer stellvertretender Bürgermeister in geheimer Abstimmung gem. § 50 Abs. 2 GO zu wählen.

15 Bezirksvertretungen kreisfreier Städte

Auch für kreisfreie Städte gelten die für alle Gemeinden geltenden Regelungen wie vorstehend beschrieben. Sämtliche Vorschriften der GO gelten grundsätzlich auch und in gleicher Weise für kreisfreie Städte.

Lediglich 5 Besonderheiten sind in der GO für kreisfreie Städte vorgesehen:
1. Der Bürgermeister führt die Bezeichnung Oberbürgermeister (§ 40 Abs. 2 Satz 3 GO).
2. Der Stadtkämmerer muss Beigeordneter sein (§ 71 Abs. 4 GO).
3. Kreisfreie Städte (ebenso Mittlere und Große kreisangehörige Städte) müssen eine örtliche Rechnungsprüfung einrichten (§ 102 Abs. 1 Satz 1 GO).
4. Bürgerbegehren und Bürgerentscheid können auch begrenzt auf einzelne Stadtbezirke durchgeführt werden (§ 26 Abs. 9 Satz 1 GO).
5. In kreisfreien Städten ist eine Bezirksverfassung (Stadtbezirke, Bezirksvertretungen, Bezirksvorsteher) zwingend (§ 35 Abs. 1 GO).

Für jeden Stadtbezirk ist eine Bezirksvertretung nach den Vorschriften des Kommunalwahlgesetzes zu wählen (§ 36 Abs. 1 GO). Die Bezirksvertretung besteht aus mindestens 11 und höchstens 19 Mitgliedern (§ 36 Abs. 2 Satz 1 GO).

15.1 Selbstorganisationsrecht

Die Bezirksvertretung hat, wie auch der Rat, Selbstorganisationsrecht. Sie wählt aus ihrer Mitte unter Leitung des an Lebensjahren ältesten Mitgliedes den Bezirksvorsteher und einen oder mehrere Stellvertreter nach den Wahlvorschriften für die ehrenamtlichen Stellvertreter des Bürgermeisters (§ 67 GO). Wählbar zum Bezirksvorsteher ist jedes Mitglied der Bezirksvertretung, nicht nur ein Ratsmitglied. Der Bezirksvorsteher und die Stellvertreter dürfen nicht zugleich Oberbürgermeister oder Stellvertreter des Oberbürgermeisters sein (§ 36 Abs. 3 Satz 4 GO). Im gleichen Verfahren, das für die Abberufung der ehrenamtlichen Stellvertreter des Bürgermeisters gilt (vgl. 14.35) können auch Bezirksvorsteher und Stellvertreter aus dieser Funktion abberufen werden (§ 36 Abs. 3 Satz 3, § 67 Abs. 4 GO). Ausschüsse dürfen von den Bezirksvertretungen nicht gebildet werden (§ 36 Abs. 5 Satz 1 GO).

Der Rat kann beschließen, dass der Bezirksvorsteher die Bezeichnung Bezirksbürgermeister führt (§ 36 Abs. 2 Satz 3 GO).

15.2 Verfahren

Auf das Verfahren in den Bezirksvertretungen finden grundsätzlich die für den Rat geltenden Bestimmungen entsprechende Anwendung (§ 36 Abs. 5 Satz 2 GO). Zeit und Ort der Sitzung sowie die Tagesordnung brauchen allerdings nicht öffentlich bekanntgemacht zu werden. Der bisherige Bezirksvorsteher be-

15 Bezirksvertretungen kreisfreier Städte

ruft die Bezirksvertretung zur konstituierenden Sitzung ein (§ 36 Abs. 3 Satz 1 GO). Der Oberbürgermeister hat das Recht und auf Verlangen einer Bezirksvertretung die Pflicht, mit beratender Stimme an den Sitzungen teilzunehmen, und er muss auf Verlangen gehört werden (§ 36 Abs. 7 Satz 1 GO). Gleiches Teilnahmerecht haben Ratsmitglieder, die im Bezirk wohnen oder dort kandidiert haben (§ 36 Abs. 6 Satz 1 GO). Ein Dringlichkeitsbeschluss durch den Hauptausschuss in den der Beschlussfassung der Bezirksvertretung unterliegenden Angelegenheiten ist unzulässig. Eine Dringlichkeitsentscheidung (vgl. 9.1) wird vom Bezirksvorsteher gemeinsam mit einem Mitglied der Bezirksvertretung getroffen (§ 36 Abs. 5 Satz 2 GO).

Der Oberbürgermeister oder der Bezirksvorsteher können einem Beschluss der Bezirksvertretung spätestens am 14. Tage nach der Beschlussfassung schriftlich begründet widersprechen, wenn sie der Auffassung sind, dass der Beschluss das Wohl der Stadt gefährdet (§ 37 Abs. 6 Satz 1 GO). Aufgrund eines Widerspruchs ist die Angelegenheit in einer neuen Sitzung der Bezirksvertretung zu beschließen. Wenn die Bezirksvertretung dann bei ihrem ersten Beschluss verbleibt, entscheidet auf Verlangen des Widersprechenden der Rat (§ 37 Abs. 6 Sätze 3 und 4 GO). Wird dieses Verlangen nicht geäußert, ist mit der erneuten Beschlussfassung der Widerspruch erledigt.

Der Oberbürgermeister muss einen Beschluss der Bezirksvertretung, der das geltende Recht verletzt, beanstanden (§§ 37 Abs. 6 Satz 5 und 54 Abs. 3 GO).

15.3 Aufgaben

Die Bezirksvertretung entscheidet gem. § 37 Abs. 1 GO unter Beachtung der Belange der gesamten Stadt und im Rahmen der vom Rat erlassenen allgemeinen Richtlinien in allen Angelegenheiten, deren Bedeutung nicht wesentlich über den Stadtbezirk hinausgeht (Generalklausel), insbesondere in folgenden Angelegenheiten:

a) Unterhaltung und Ausstattung der im Stadtbezirk gelegenen Schulen und öffentlichen Einrichtungen, wie Sportplätze, Altenheime, Friedhöfe, Büchereien und ähnliche soziale und kulturelle Einrichtungen;

b) Angelegenheiten des Denkmalschutzes, der Pflege des Ortsbildes sowie der Grünpflege;

c) die Festlegung der Reihenfolge der Arbeiten zum Um- und Ausbau sowie zur Unterhaltung und Instandsetzung von Straßen, Wegen und Plätzen von bezirklicher Bedeutung einschließlich der Straßenbeleuchtung, soweit es sich nicht um die Verkehrssicherungspflicht handelt;

d) Betreuung und Unterstützung örtlicher Vereine, Verbände und sonstiger Vereinigungen und Initiativen im Stadtbezirk;

e) kulturelle Angelegenheiten des Stadtbezirks einschließlich Kunst im öffentlichen Raum, Heimat- und Brauchtumspflege im Stadtbezirk, Pflege von vorhandenen Paten- oder Städtepartnerschaften;

f) Information, Dokumentation und Repräsentation in Angelegenheiten des Stadtbezirks.

Allerdings entscheidet die Bezirksvertretung nur, soweit in diesen Fällen nicht gem. § 41 Abs. 1 GO der Rat oder gem. § 41 Abs. 3 GO der Oberbürgermeister zuständig ist.

Es ist daher immer erst zu prüfen, ob sich eine Zuständigkeit des Rates aus dem Katalog des § 41 Abs. 1 GO ergibt. Ist dies nicht der Fall, muss geprüft werden, ob es sich bei der Entscheidung um ein Geschäft der laufenden Verwaltung handelt, das gem. § 41 Abs. 3 GO in die Zuständigkeit des Oberbürgermeisters fällt. Erst wenn auch das verneint wird, ergibt sich eine Entscheidungsbefugnis der Bezirksvertretung. Eine Übertragung von Entscheidungsbefugnis durch Ratsbeschluss gem. § 41 Abs. 2 GO kommt nicht in Betracht, da § 41 Abs. 2 GO lediglich die Übertragung auf Ausschüsse oder den Bürgermeister zulässt.

Allerdings kann der Rat der Bezirksvertretung aus dem Bereich der dem Oberbürgermeister obliegenden Geschäfte der laufenden Verwaltung für einen bestimmten Kreis von Geschäften oder für einen Einzelfall die Entscheidung gem. ausdrücklicher Bestimmung des § 41 Abs. 3 GO vorbehalten. Außerdem ist die Bezirksvertretung kraft Gesetzes im Rahmen der in § 37 Abs. 1 GO aufgeführten Angelegenheiten entscheidungsbefugt. Daher besitzt der Rat bezüglich dieser Aufgaben auch kein Rückholrecht[267]. Allerdings kann er allgemeine Richtlinien für die Entscheidungsmöglichkeiten der Bezirksvertretung erlassen und die in § 37 Abs. 1 Satz 1 GO aufgezählten Aufgaben im Einzelnen abgrenzen.

Darüber hinaus sind nähere Einzelheiten über die Zuständigkeit der Bezirksvertretungen in der Hauptsatzung zu regeln (§ 37 Abs. 1 Satz 2 GO).

Zentraler Punkt für die Zuständigkeitsabgrenzung ist, dass die Bedeutung der jeweiligen Einrichtung oder Angelegenheit nicht wesentlich über den Stadtbezirk hinausgeht.

Über die Entscheidungsbefugnisse hinaus besitzen die Bezirksvertretungen Anhörungs- und Anregungsrechte sowie Recht auf Stellungnahme (§ 37 Abs. 5 GO).

Die Bezirksvertretung ist zu allen wichtigen Angelegenheiten, die den Stadtbezirk berühren, zu hören. Insbesondere ist ihr vor der Beschlussfassung des Rates über Planungs- und Investitionsvorhaben im Bezirk und über Bebauungspläne für den Bezirk Gelegenheit zur Stellungnahme zu geben. Darüber hinaus hat

---

267 Eckhardt, in: Kleerbaum/Palmen, § 37 II.

15 Bezirksvertretungen kreisfreier Städte

die Bezirksvertretung bei diesen Vorhaben, insbesondere im Rahmen der Bauleitplanung, für ihr Gebiet dem Rat gegenüber ein Anregungsrecht. Der Rat kann allgemein oder im Einzelfall bestimmen, dass bei der Aufstellung von Bebauungsplänen von räumlich auf den Stadtbezirk begrenzter Bedeutung das Beteiligungsverfahren nach § 3 Baugesetzbuch den Bezirksvertretungen übertragen wird.

Die Bezirksvertretung kann zu allen den Stadtbezirk betreffenden Angelegenheiten Vorschläge und Anregungen machen. Insbesondere kann sie Vorschläge für vom Rat für den Stadtbezirk zu wählende oder zu bestellende ehrenamtlich tätige Personen unterbreiten. Bei Beratungen des Rates oder eines Ausschusses über Angelegenheiten, die auf einen Vorschlag oder eine Anregung einer Bezirksvertretung zurückgehen, haben der Bezirksvorsteher oder sein Stellvertreter das Recht, dazu in der Sitzung gehört zu werden (§ 37 Abs. 5 GO).

Die Bezirksvertretungen wirken gem. § 37 Abs. 4 GO an den Haushaltsberatungen mit.

16 Schema zur sicheren und schnellen Prüfung der Rechtmäßigkeit eines Rats- oder Ausschussbeschlusses

Um überprüfen zu können, ob einzelne oder sämtliche in einer Ratssitzung oder Ausschusssitzung gefassten Beschlüsse rechtmäßig sind, müssen folgende Fragen geklärt werden.

Ist die Gemeinde überhaupt für die beschlossenen Angelegenheiten zuständig (Verbandskompetenz)?

Ist der Rat (Ausschuss) für die Entscheidung zuständig (Organkompetenz)?

Wurde die Sitzung ordnungsgemäß einberufen?

War die Tagungsordnung in Ordnung?

War der Sitzungsverlauf (Sitzungsleitung, Öffentlichkeit/Nichtöffentlichkeit, Abstimmungsverfahren) ordnungsgemäß?

Waren alle Beteiligten mitwirkungsberechtigt?

War bei der Abstimmung jeweils die erforderliche Beschlussmehrheit gegeben?

Und schließlich: Sind die Beschlussinhalte in Ordnung?

Die Prüfung all dieser Fragen geschieht nach dem folgenden Schema, das gewissermaßen wie eine Schablone an den Sachverhalt gelegt werden kann.

Schema: Prüfung der Rechtmäßigkeit eines Ratsbeschlusses

A. Formelle Rechtmäßigkeit

  I. Zuständigkeit

   1. Verbandskompetenz der Gemeinde
      (Art. 28 Abs. 2 Satz 1 GG, § 2 GO)
   2. Organkompetenz des Rates
      (generell § 41 GO bzw. Spezialregelungen wie z. B §§ 29 Abs. 2, 47 Abs. 2, 52 Abs. 1 Satz 2, 57 Abs. 1, 58 Abs. 1 Satz 1, 67 Abs. 1 Satz 1, 68 Abs. 1 oder 71 Abs. 1 Satz 3 GO)

  II. Verfahren

   1. Ordnungsgemäße Einberufung
      > durch Bürgermeister (§ 4 Abs. 1 Satz 1 GO)
        >> im Verhinderungsfall durch allgemeinen Vertreter (§§ 67 Abs. 1 Satz 2 und 68 Abs. 1 GO)
        >> im Unterlassungsfall: Veranlassung der Einberufung durch die Aufsichtsbehörde (§ 47 Abs. 3 GO)
   2. Ordnungsgemäße Tagesordnung
      > Festsetzung durch Bürgermeister (§ 48 Abs. 1 Satz 1 GO)

16 Schema zur Prüfung eines Rats- oder Ausschussbeschlusses

>> im Verhinderungsfall durch allgemeinen Vertreter (§§ 67 Abs. 1 Satz 2 und 68 Abs. 1 GO)
> Verpflichtung zur Aufnahme fristgerechter Vorschläge einer Fraktion bzw. eines Fünftels der Ratsmitglieder (§ 48 Abs. 1 Satz 2 GO)
> Erweiterung der Tagesordnung in der Sitzung durch Ratsbeschluss nur unter den Voraussetzungen des § 48 Abs. 1 Satz 5 GO zulässig

sonstige Veränderungen der Tagesordnung (z. B. Absetzung, Zusammenfassung, Teilung von TOPs) in der Sitzung durch Ratsbeschluss grundsätzlich zulässig.

3. Öffentliche Bekanntmachung
   > rechtzeitige Bekanntmachung von Tagesordnung sowie Zeit und Ort der Sitzung (§ 48 Abs. 1 Satz 4 GO)
   > hinreichende Konkretisierung der Tagesordnungspunkte (Herleitung aus Veröffentlichungsgebot)

4. Funktionsfähigkeit des Rates
   > Leitung der Sitzung durch Bürgermeister (§§ 40 Abs. 2 Satz 4 und 51 Abs. 1 GO)
   >> im Verhinderungsfall durch ehrenamtlichen Stellvertreter (gem. Reihenfolge) nach § 67 Abs. 1 Satz 2 GO (siehe auch Sonderregelung gem. § 67 Abs. 5 GO)

5. Beschlussfähigkeit des Rates
   > Feststellung der Beschlussfähigkeit (§ 49 Abs. 1 Satz 1 GO)
   > Fiktion der Beschlussfähigkeit (§ 49 Abs. 1 Satz 2 GO)

6. Öffentlichkeit der Ratssitzung
   > Grundsatz: öffentlich (§ 48 Abs. 2 Satz 1 GO)
   > Ausnahme nichtöffentlich
   >> Ausschluss der Öffentlichkeit generell durch die Geschäftsordnung für Angelegenheiten einer bestimmten Art gem. § 48 Abs. 2 Satz 2 GO.
   (In diesen Fällen sieht der Bürgermeister bei der Einladung bereits den Tagesordnungspunkt für den nichtöffentlichen Teil der Sitzung vor.)
   >> Ausschluss der Öffentlichkeit im Einzelfall durch Ratsbeschluss in der Sitzung auf Antrag des Bürgermeisters oder eines Ratsmitglieds (§ 48 Abs. 2 Satz 3 GO)

7. Ordnungsgemäßes Abstimmungsverfahren
   > Grundsatz: offene Abstimmung (§ 50 Abs. 1 Satz 3 GO)

16 Schema zur Prüfung eines Rats- oder Ausschussbeschlusses

> namentliche oder geheime Abstimmung auf Antrag (§ 50 Abs. 1 Satz 4 und 5 GO)

Anmerkung: Die Frage der Beschlussmehrheit ist keine Frage der Rechtmäßigkeit, sondern gibt lediglich darüber Aufschluss, ob ein Antrag oder Vorschlag angenommen oder abgelehnt worden ist.

8. Keine Mitwirkung Ausgeschlossener (§§ 50 Abs. 6, 43 Abs. 2 und 31 Abs. 1 und 2 GO)

Zur Beachtung: Nach Beendigung der Abstimmung kann die unzulässige Mitwirkung eines wegen Befangenheit Betroffenen nur geltend gemacht werden, wenn sie für das Abstimmungsergebnis entscheidend war (§ 31 Abs. 6 GO). Der Rechtsgedanke des § 31 Abs. 6 GO muss auch Anwendung finden bei Mitwirkungsverboten des Bürgermeisters nach § 40 Abs. 2 Satz 6 GO.

Selbst diese entscheidungsrelevanten unzulässigen Mitwirkungen können durch Fristablauf unbeachtlich werden (§§ 7 Abs. 6 und 54 Abs. 4 GO).

B. Materielle Rechtmäßigkeit

(Prüfung der Beschlussinhalte)

1. Voraussetzungen nach jeweiliger Ausgangsnorm
2. Kein (sonstiger) Verstoß gegen geltendes Recht
3. Beachtung allgemeiner Rechtsgrundsätze

   (z. B. Verhältnismäßigkeit, Bestimmtheit; bei Ermessen: Ausschluss von Ermessensfehlern)

Für die Prüfung der Rechtmäßigkeit eines Ausschussbeschlusses gilt das Schema entsprechend.

Stichwortverzeichnis

A

Abberufung Bezirksvorsteher 176
Abberufung stellvertretender Bürgermeister 175
Abmahnung 91, 92
Abstimmungen 95
Abstimmungsform 100
Abstimmungsreihenfolge 98
Adressat des Widerspruchs 108
Akteneinsichtsrecht 23, 25, 39
Allgemeine Leistungsklage 45
Allgemeine Ordnungsgewalt 90
Allgemeiner Vertreter 167
Allzuständigkeit des Rates 146
Altersvorsitzender 167, 168, 170
Amtseinführung 23
Amtsträger 22
Angehörige 54
Anträge 95
Antragsarten 95
Antragsformulierung 98
Aufhebung von Dringlichen Entscheidungen 125
Aufwandsentschädigung
– Ratsmitglieder 26
– stellvertretende Bürgermeister 27
– Fraktionsvorsitzende 27
– stellvertretende Fraktionsvorsitzende 27
Ausführungshindernis 106
Auskunftsrecht 23, 25
Ausladung des Rates 75
Auslagenersatz 29
Ausnahmen
– vom Mitwirkungsverbot 57
– vom Vertretungsverbot 65
Aussagegenehmigung 50
Ausschließungsgründe 51
Ausschluss aus der Sitzung 91, 93
Ausschluss der Öffentlichkeit 24, 56
Ausschussbesetzung 133
Ausschussverfahren 140
Ausschussvorsitz nach Fraktionswechsel 140
Ausschussvorsitze 136
Ausschussvorsitzende 136
Ausübung des Rückholrechts 151
Auswärtige Sitzungen 85
Ausweisung aus der Sitzung 90
Ausweitung sozialnutzbarer Rechte 41

B

Beamtenrechtliches Grundverhältnis 147, 155
Beanstandung nach Beschlussausführung 112
Beanstandung von Ausschussbeschlüssen 115
Beanstandung von Ratsbeschlüssen 109
Beanstandungsgründe 109
Bedienstete in Führungsfunktionen 155
Bedingte Einberufung 74
Bedingte Stimmabgabe 100
Befangenheit 51
Behinderungsverbot 31
Bekanntgabe Sitzungsort, Sitzungszeitpunkt 79
Bekanntmachung von Beschlüssen 49
Benanntes Ausschussmitglied 130
Beratungspflicht 85
Beratungsrecht 23
Berechnung der Ausschusssitzzahl 134
Berechnung der Mehrheit 99
Beschlussausführung 159, 160

Stichwortverzeichnis

Beschlüsse 95
Beschlussfähigkeit 80
Beschlussfähigkeit nach zweiter Ladung 82
Beschlussfähigkeit von Ausschüssen mit sachkundigen Bürgern 141
Beschlussprotokoll 104
Beschlussvorbereitung 159
Besondere Ordnungsgewalt 91
Bestimmung von Ausschussvorsitzenden 136
Bestimmung von Tagesordnungspunkten 37
Beteiligungsfähigkeit im Kommunalverfassungsstreitverfahren 46
Beteiligungsrechte 23
Betriebsleiterbestellung 154, 156
Beweislast Mitwirkungsverbot 57
Bezirksbürgermeister 176
Bezirksvertretung 176
Bezirksvorsteher 176
Bildung von Ausschüssen 129
Bildungsurlaub 31

D

Delegationsarten 146
Dringliche Entscheidung 119
Dringliche Entscheidungen im Eigenbetriebsrecht 123
Dringlichkeitsbeschluss 119
Dringlichkeitsentscheidung 119
Dringlichkeitsstufen 119

E

Ehrenamtliche Stellvertreter des Bürgermeisters 167, 169
Ehrenordnung 65
Eilentscheidung 119
Einberufung auf Veranlassung der Aufsichtsbehörde 36, 75
Einberufung der Ausschüsse 140
Einberufung des Rates 35, 73
Einführung der Ratsmitglieder 23

Einheitlicher Wahlvorschlag 133
Einigungsverfahren Ausschussvorsitze 136
Einspruch gegen Ausschussbeschlüsse 40, 113
Einspruchsberechtigte 113
Einstimmigkeit 99
Einwohnerfragestunden 77
Einzelnutzbare Rechte 23
En-Block-Abstimmung 85
Engere Wahl 103
Entschädigungsrechte 23, 26
Entzug der Sitzungsentschädigung 91, 93
Erläuterungen zur Tagesordnung 78
Eröffnung der Sitzung 89
Ersatz von Verdienstausfall 26, 28
Erweiterung der Tagesordnung 78

F

Fahrtkostenerstattung 29
Festsetzung der Tagesordnung 76
Feststellung des Mitwirkungsverbots 60
Feststellung der Beschlussfähigkeit 80
Feststellungsklage im Kommunalverfassungsstreitverfahren 45
Fiktion der Beschlussfähigkeit 81
Folgen unzulässiger Mitwirkung 61, 166
Formelle Rechtmäßigkeit 180
Fragerecht der Ratsmitglieder 24
Fragestunden für Einwohner 77
Fraktion 33
Fraktionsbildung 33
Fraktionsrechte 34
Fraktionswechsel 34
Fraktionswechsel und Ausschussmitgliedschaft 34
Fraktionswechsel und Ausschussvorsitz 140
Freies Mandat 34
Freistellungsanspruch 30

Stichwortverzeichnis

Fünftelrechte 35, 37, 38, 39, 40, 136
Funktion der Tagesordnung 77
Funktionsfähigkeit 82

G

Geheime Abstimmung 38, 100
Geheimhaltung 49
Geltendmachung Haftungsanspruch 68
Geltendmachung unzulässiger Mitwirkung 61
Gemeinschaftlichnutzbare Rechte 32
Genehmigung Niederschrift 105
Genehmigung von dringlichen Entscheidungen 124
Geschäfte laufender Verwaltung 157
Geschäftskreis der Beigeordneten 154
Geschäftsordnung 69
Geschäftsordnungsanträge 95
Geschäftsordnungsinhalt 69
Geschäftsordnungsrechtscharakter 69
Geschäftsverteilungsbefugnis 153
Gesetzlich fingierte Delegation 119
Gesetzliche Delegation 146
Gewillkürte Delegation 147
Gleichzeitigkeit mehrerer Interventionsmittel 115

H

Haftung der Ratsmitglieder 67
Hauptausschussvorsitzender 137
Hausieren mit dringlichen Entscheidungen 121
Hausrecht 90
Höchstbeträge Verdienstausfallersatzes 29

I

Immunität 21
Indemnität 21
Interessenkollision 51
Interorganstreit 43

Interpretationskompetenz des Bürgermeisters 89, 99
Interventionsmittel gegen Ausschussbeschlüsse 106, 113
Interventionsmittel gegen dringliche Entscheidungen 122
Interventionsmittel gegen Ratsbeschlüsse 106
Intraorganstreit 43

K

Kinderbetreuungskosten 28
Kommunalparlament 21
Kommunalverfassungsstreitverfahren 35, 41, 43, 61
Konkretisierungsgebot 79

L

Ladungsfrist 75
Leistungsklage 45
Losentscheid 104

M

Materielle Rechtmäßigkeit 182
Mehrheiten 19
Minderheitenschutzrechte 41
Mitentscheidendes Ratsmitglied 121
Mitgliedschaftsrechte 23
Mitwirkungsenthaltungspflicht 51

N

Nachbesetzung der Ausschüsse 139
Nachwahl stellvertretender Bürgermeister 174
Namentliche Abstimmung 38, 100
Niederschrift 104

O

Offenbarungspflicht 58, 65
Offene Abstimmung 100
Öffentliche Sitzung 84
Öffentliches Amt 22
Ordnungsgeld 50

Stichwortverzeichnis

Ordnungsgewalt 90
Ordnungsruf 90, 91, 92
Organisationsgewalt 153
Organkompetenz 146

P

Personen des öffentlichen Dienstes 22
Personalgewalt des Bürgermeisters 154
Personelle Besetzung der Ausschüsse 133

Q

Quorum 41

R

Rat als Verwaltungsbehörde 21
Ratsentscheidungen 95
Ratsverfahren 69
Räumung des Sitzungsraumes 90
Rechte der Fraktion 34
Rechte der Ratsmitglieder 22
Rechte des Ratsfünftels 35, 37, 38, 39, 40
Rechtmäßiger Sitzungsverlauf 180
Rechtmäßigkeit von Ratsbeschlüssen 180
Rechtsfolge Geschäftsordnungsverstoß 70
Rechtsfolge unzulässiger Mitwirkung 61
Rechtsschutz der Fraktionen 35
Rechtsschutz der Ratsmitglieder 41
Regelstundensatz 28
Reisekostenvergütung 29
Rückholrecht 149
Ruf zur Sache 91

S

Sachanträge 95
Sachkundige Bürger 129
Sachkundige Einwohner 132
Schluss der Aussprache 95

Schluss der Rednerliste 96
Schriftführer 104
Selbstversammlungsrecht 73
Sitzungseröffnung 89
Sitzungsgeld 26, 33
Sitzungsleiter 87
Sitzungsöffentlichkeit 84
Sitzungsschließung 89
Sitzungsteilnehmer 87, 143
Sitzungsunterbrechung 89
Sonderrechtsverhältnis 22
Sonstiger Auslagenersatz 26, 29
Sozialnutzbare Rechte 23, 32
Stellungnahmepflicht des Bürgermeisters 25, 40
Stellvertretende Ausschussmitglieder 135
Stellvertretende Ausschussvorsitzende 136
Stellvertretende Bürgermeister 167, 169
Stichwahl 103
Stimmengleichheit 100
Stimmenmehrheit 99
Stimmenthaltung 99
Stimmrecht des Bürgermeisters 163
Stimmrechtsausschluss 163

T

Tagesordnung 37, 76
Teilnahme von Nichtmitgliedern 87
Teilnahmerechte 23
Tonbandaufzeichnungen 84
Treuepflicht 48

U

Unbeachtlichkeit unzulässiger Mitwirkung 61
Ungestörte Mandatsausübung 23, 30
Ungültige Stimmen 100
Unmittelbarkeit des Vor- oder Nachteils 52
Unterbrechung der Sitzung 89

Stichwortverzeichnis

Unterschied Beschluss und Wahl 105

V

Veränderung der Tagesordnung 78
Veränderung von Arbeitsverhältnissen in Führungsfunktionen 156
Verdienstausfallersatz 26
Verfahren der Ausschüsse 140
Verfahren der Bezirksvertretungen 176
Verfahren des Rates 69
Verfahrensanträge 95
Verhältniswahl 134
Verlangen bestimmter Tagesordnungspunkte 37
Verlangen unverzüglicher Einberufung 35
Verletzung der Einberufungspflicht 75
Veröffentlichung der Tagesordnung 79
Veröffentlichung des Sitzungsortes 79
Veröffentlichung des Sitzungszeitpunktes 79
Verpflichtung zur gewissenhaften Amtsführung 23
Verschwiegenheitspflicht 48
Vertretung des Bürgermeisters 107, 167
Vertretungsverbot Ratsmitglieder 63
Vertretungsverbot sachkundiger Bürger 65
Vertretungsverbot sachkundiger Einwohner 65
Verweisung des Sitzungsraumes 91
Volksvertretung 21
Vorlagen 78
Vorrang geheimer Abstimmung 100

W

Wahl stellvertretender Bürgermeister 170
Wahlen 95, 101
Weitestgehender Antrag 98
Widerspruch gegen Einigung zur Verteilung der Ausschussvorsitze 40
Widerspruch gegen offene Wahl 102
Widerspruch gegen Ratsbeschlüsse 106
Wortentzug 91, 92

Z

Zahl der Ausschussmitglieder 129
Zahl der Ausschusssitze 129
Zahl ehrenamtlicher Stellvertreter des Bürgermeisters 169
Zugriffsverfahren 136
Zuhörer in Ausschusssitzungen 143
Zuhörer in nichtöffentlichen Ratssitzungen 87
Zulässigkeit Kommunalverfassungsstreitverfahren 44
Zusammensetzungsbeschluss 129
Zusätzliche Aufwandsentschädigung 27
Zuständigkeitsordnung 146
Zuwendungsrecht der Fraktionen 34
Zweitladung 82

Ernst-Dieter Bösche

Kommunalverfassungsrecht in Nordrhein-Westfalen

Systematische Darstellung für Ausbildung und Praxis

▶ **Hand- und Lehrbuch**
3., völlig überarbeitete Auflage 2013,
418 Seiten, DIN A5, kartoniert

Das Kommunalverfassungsrecht ist insbesondere für die administrative und die politische Ebene der Kommunen von großer Bedeutung.

Dieses gleichermaßen als Hand- und Lehrbuch konzipierte Werk bietet eine systematische Darstellung des Kommunalverfassungsrechts in Nordrhein-Westfalen, das mit zahlreichen Diagrammen und Übersichten veranschaulicht und mit vielen Beispielen erläutert wird.

Die Darstellung wendet sich insbesondere an Studierende der Fachhochschule für öffentliche Verwaltung des Landes NRW und der Studieninstitute für kommunale Verwaltung. Die Studienpläne bzw. Stoffverteilungspläne beider Institutionen wurden berücksichtigt.

Auch dem engagierten kommunalen Mandatsträger bietet das Buch die Möglichkeit, sich zur Wahrnehmung seiner schwierigen Aufgabe mehr als nur einen Überblick über die kommunalverfassungsrechtliche Situation zu verschaffen.

Der Autor verfügt als Bürgermeister a. D. und Stadtdirektor a. D. sowie als Dozent an der Fachhochschule für öffentliche Verwaltung des Landes NRW und am Rheinischen Studieninstitut für kommunale Verwaltung über umfangreiche praktische und theoretische Erfahrungen.

„Das Buch vermittelt einen umfassenden Einblick in das Kommunalverfassungsrecht unter Berücksichtigung der aktuellen Literatur und Rechtsprechung sowie der zahlreichen Änderungen, die die Gemeindeordnung in den letzten zwei Jahren erfahren hat."
Städte- und Gemeinderat 9/2013

ISBN 978-3-7922-0126-8	
Preis	39,90 Euro

www.reckinger.de

Siegburg • Telefon 0 22 41 / 9 38 34-0 • Telefax 0 22 41 / 9 38 34-33